Hans-Dieter Leuenberger

Das ist Esoterik

Hans-Dieter Leuenberger

Das ist Esoterik

Verlag Hermann Bauer
Freiburg im Breisgau

Die Deutsche Bibliothek – CIP-Einheitsaufnahme

Leuenberger, Hans-Dieter. –
Das ist Esoterik / Hans-Dieter Leuenberger. –
8. Aufl., aktualisierter Nachdr. der 7. Aufl. –
Freiburg im Breisgau : Bauer, 1999
ISBN 3-7626-0722-2

Die 8. Auflage von *Das ist Esoterik* ist ein aktualisierter Nachdruck der 7. Auflage, die im Rahmen der Reihe *esotera-Taschenbuch* 1994 erschien.

8. Auflage 1999
ISBN 3-7626-0722-2
© 1999 by Verlag Hermann Bauer KG, Freiburg i. Br.
Das gesamte Werk ist im Rahmen des Urheberrechtsgesetzes geschützt. Jegliche vom Verlag nicht genehmigte Verwertung ist unzulässig. Dies gilt auch für die Verbreitung durch Film, Funk, Fernsehen, photomechanische Wiedergabe, Tonträger jeder Art, elektronische Medien sowie für auszugsweisen Nachdruck und die Übersetzung.
Einband: Werbeatelier Arkon, Basel; Illustration aus: The Works of Jacob Behmen; William Law, © Rick Young
Satz: CSF · ComputerSatz GmbH, Freiburg i. Br.
Druck und Bindung: Ebner Ulm
Printed in Germany

Inhalt

Vorwort 7
Vorwort zur achten Auflage 9

Erster Teil

Am Anfang war das Feuer 13
Pan – Sohn des Hermes 30
Strom durch die Jahrtausende 52
   Hermes Trismegistos 62
   Hellenismus 65
   Vom Berg Sinai zum Tempel in Jerusalem . 71
   Kirche und Gnosis 74
   Neuplatonismus: Apollonius von Tyana .. 81
   Die Kelten 83
   Die Templer 86
   Die Katharer 93
   Der Gral 95
   Renaissance 97
   Paracelsus 101
   Die Rosenkreuzer 103
   Das 18. Jahrhundert 107
   Das Jahr 1875 111
   Der Orden »The Golden Dawn« 126
   Aleister Crowley 132
   Gurdjieff und seine Schule 140
   Osho 143

Zweiter Teil

Vorbemerkung	171
Astrologie	173
Alchimie	179
Magie	183
Kabbala	190
Tarot	194
Theosophie und Anthroposophie	198
Reinkarnation und Karma	204
Symbolik	209
Schamanismus	211
Hexen	213
Esoterik und Heilen	215
Esoterik des Ostens	221
I Ging	228
Esoterische Belletristik	230
New Age	234
Zeitschriften	236
Wie anfangen?	238
Personenregister	239
Bibliographie	242

Vorwort

Das Interesse an Esoterik und der esoterischen Literatur ist in den letzten Jahren ständig gestiegen. Was früher als kleine Naturschutzecke für Spinner und sonstwie etwas verdrehte Menschen betrachtet wurde, ist seit ca. 1975 fast sprunghaft für immer mehr, namentlich junge Menschen interessant geworden. Gleichzeitig stieg die Nachfrage nach esoterischer Literatur und nach und nach entstanden sogar ausgesprochene Fachbuchhandlungen. Das Angebot an einschlägigen Büchern steigt und steigt, und wer zum ersten Mal damit konfrontiert wird, verliert leicht den Überblick und kann sich im Dschungel dessen, was unter dem Begriff Esoterik angeboten wird, leicht verirren; und wenn er wieder herausfindet, ist er in recht vielen Fällen genauso klug wie zuvor.

Was ist Esoterik? ist die Frage, die mir in der letzten Zeit am häufigsten gestellt wurde. Der Titel des vorliegenden Buches ist als Versuch einer Antwort zu verstehen und nicht etwa als dogmatische Umgrenzung des Begriffs Esoterik. Dabei darf freilich nicht übersehen werden, daß der Boom der letzten Jahre auch diesen Begriff nicht unbedingt hat transparenter werden lassen. Es ist mir ein Anliegen zu zeigen, daß Esoterik nicht einfach ein anderes Wort für alternativ, grün, versponnen oder gar verschwommen ist, sondern daß mit Esoterik eine jahrtausendealte geistige Tradition der Menschheit bezeichnet wird, zu der wir, wenigstens im Westen, im Verlauf der letzten Jahrhunderte mehr und mehr den Kontakt verloren haben, die aber nach meiner und auch anderer Meinung die einzige Chance bietet, die Herausforderungen der kommenden Epoche zu bestehen.

Der Weg zur Esoterik ist ein Weg, den jeder einzeln für sich allein gehen muß, selbst wenn er sich mit Gleichgesinnten verbindet. Der esoterische Weg ist der Weg des Individuums in einer Zeit der Vermassung. Das bedeutet Entscheidung. Dieses Buch will Fingerzeige geben und darauf hinweisen, wo etwas zu finden ist, wenn man danach sucht. Aber das Gefundene aufheben und bearbeiten muß jeder für sich selbst nach seiner eigenen Verantwortung. Somit bildet dieses Buch in etwa die Ansammlung einzelner Mosaiksteinchen, die jeder selbst zum fertigen Bild gestalten soll. Das Buch kann also nur Ansatzpunkte zeigen, wo und wie möglicherweise in das überaus komplexe Thema eingestiegen werden kann.

In ihrem tiefsten Sinn kann Esoterik weder gelehrt noch gelernt, sondern nur erlebt und – das ist das Wichtigste – gelebt werden.

Die in diesem Buch enthaltenen Informationen sind nach bestem Wissen und Können zusammengetragen worden. Keine ganz leichte Sache, da, besonders was Daten und Orthographie betrifft, auf diesem Gebiet die verschiedensten Varianten gebräuchlich und überliefert sind.

Frauenkappelen bei Bern
Jaggisbachau, im Juli 1985

Vorwort zur achten Auflage

Das vorliegende Buch stieß seit seinem ersten Erscheinen im Jahre 1985 auf unerwartet großes Interesse. Dies führte dazu, daß seither bereits mehrere Auflagen nötig wurden.

In dieser Zeitspanne haben sich im Bücherangebot zum Thema Esoterik sehr viele Veränderungen ergeben. Viele gute Bücher zu den hier behandelten Themen kamen neu dazu, einige der in den früheren Auflagen empfohlenen sind zur Zeit nicht erhältlich, manche erscheinen in anderen Verlagen. Es ist mein Bestreben, dem an der Esoterik Interessierten neben den thematischen Informationen auch möglichst genaue Angaben über diejenigen Bücher zu geben, die im einzelnen Fall zur vertieften Kenntnis weiterhelfen können. Ich nehme deshalb diese Neuauflage zum Anlaß, die Bücherempfehlungen neu zu überarbeiten und der gegenwärtigen Situation auf dem Büchermarkt anzupassen. So ist die achte Auflage aktualisiert und teilweise erweitert worden. Die Ausweitung, um nicht zu sagen Flut der seither publizierten Bücher zu den diversesten Themen der Esoterik macht es allerdings unmöglich, eine einigermaßen vollständige Übersicht zu geben. Ich habe deshalb vorwiegend Bücher angegeben, die dem Anfänger auf dem oder den Gebieten der Esoterik nach der Lektüre dieses vorliegenden Buches weiterhelfen können, sei es zur allgemeinen Thematik oder zu einzelnen Spezialgebieten.

Im Juni 1997

Erster Teil

Am Anfang war das Feuer

Furchteinflößende, gespenstische Laute schreien durch das Dunkel. Ein ohrenbetäubender Lärm von einer Vielfalt von Stimmen, deren einzelne Töne kaum mehr bestimmt werden können. Langsam hebt sich aus dem Dunkel der Nacht ein schwacher Schein ab. Zögernd wird das Feuer größer. Sein Licht fällt auf das barbarische Gesicht eines Menschen, der in einer scheinbar stumpfsinnigen Geborgenheit, kaum Anteilnahme zeigend, diesem Lärm lauscht. Die Szene wird erweitert durch glühende Augenpaare, die, scheinbar körperlos im Dunkel, beutegierig in den Lichtkreis starren. Kommt eines zu nahe, ergreift der Mensch einen Stab, schwingt ihn in die Richtung des drohenden Wesens, das sich mit einem Aufjaulen in die Sicherheit des Dunkels zurückflüchtet.

Was sich in dieser Schilderung anhört wie ein magisches Beschwörungsritual, ist die Eingangsszene des Filmes *Am Anfang war das Feuer*. Ein Mensch hütet mit Licht und Wärme sein Leben vor den herandrängenden Schrecken der ihn umgebenden Natur: 80 000 Jahre vor uns. Wir befinden uns mitten in der letzten Eiszeit. Ich weiß nicht, ob der Regisseur diese Szene bewußt so gestaltet hat, doch könnte ich mir keine bessere Darstellung der Situation des Menschen in seiner Frühzeit vorstellen. Damals brach er auf, um in der ihm von allen Seiten her feindlich gesonnenen Umwelt nicht nur zu überleben und seine Existenz zu behaupten, sondern auch, um zu leben und auf die Dauer das zu gewinnen, was wir heute Lebensqualität nennen. Der erwähnte Film erscheint mir in verschiedener Hinsicht bemerkenswert und hervorragend dazu geeignet, uns heutigen Menschen zu zeigen, wie alles eigentlich gekommen ist und mit welcher Hilfe der Mensch es wirklich bewältigte, sich aus seiner ihn allseits bedrohenden Situation zu erheben und in einen Zustand zu gelangen, den wir heute mit den Begriffen Kultur und Zivilisation bezeichnen. Auch wenn wir nicht rundum mit allem einverstanden sein können, was mit diesen beiden Ausdrücken verbunden ist.

Wer sich mit der Esoterik als Ausdruck des überlieferten Wissens der Menschheit näher beschäftigen will, findet in diesem Film ein ausgezeichnetes Mittel. Ja, die Auseinandersetzung damit empfehle ich sehr, um so mehr, als der Film heute in Videotheken leicht zugänglich ist. Freilich mag dieser Film für zartbesaitete Gemüter keine leichtverdauliche Kost sein, denn er zeigt ungeschminkt und ehrlich Szenen der Gewalt, Vergewaltigung und Roheit, wie sie in jenen fernen Zeiten an der Tagesordnung waren. Aber gerade dies ist, wie wir noch sehen werden, vielleicht das große Thema, das die Menschheit in ihrem Streben nach Höherem und nach dem Licht immer wieder von neuem beschäftigt.

Der Film enthält vier Szenen, die für mich gewissermaßen Schlüsselszenen sind. Sie zeigen in Ansätzen, mit welchen Aufgaben und Problemen die Menschheit zur Zeit ihres Aufbruchs konfrontiert war. Die erste ist die bereits erwähnte in der nächtlichen Höhle, wo dem Menschen vor der Überwältigung der Natur nur dieses seltsame Feuer Schutz bot. Dieses war in mehrfacher Hinsicht ein nicht faßbarer und nur unter Gefahren zu handhabender »Stoff«, der den archaischen Menschen buchstäblich nur als Geschenk der Götter zukam, als Blitz oder als glühende Lavamasse aus dem Innern der Erde. Ging dieses merkwürdige, so notwendige wie schreckenerregende Feuer einmal durch Unachtsamkeit, unglückliche Umstände oder gewaltsamen Raub verloren, dann blieb nichts anderes übrig, als sich hinauszuwagen in die schreckliche Umwelt – und dies ist der Inhalt des Filmes –, um das Verlorene wiederzugewinnen; wiederum durch Raub und Gewalt oder in der verzweifelten Hoffnung auf eine aus einer anderen Sphäre kommende Macht, wie Blitzschlag oder Vulkanausbruch, die der damalige Mensch wahrscheinlich kaum schon als göttlich oder transzendent erkennen und bezeichnen konnte.

Diese Suche nach dem lebenswichtigen, ja überlebenswichtigen Feuer, ohne dessen Besitz eine ganze Gemeinschaft in ihrem Bestehen bedroht war, kann ohne weiteres aus heutiger Sicht als Analogie zur Suche nach dem heiligen Gral gesehen werden. Diesen Vergleich können übrigens nur jene als Blasphemie bezeichnen, die geflissentlich über alle Gewalttätigkeiten und Ströme von Blut hinwegsehen, die gerade im Sagenkreis um Artus, Parzifal und den Heiligen Gral enthalten sind. In unserem Suchen nach dem Wesen der Esoterik werden wir übrigens immer mehr auf solche Übereinstimmungen stoßen, auf Spuren und Reste, die deutlich zeigen, wie nachhaltig die Erinnerung an Gefahr und Schrecken einer übermächtig und feindlich erfahrenen Umwelt die tiefsten Schichten der menschlichen Psyche prägen kann.

Einer der wichtigsten Schritte der menschlichen Evolution mag gewesen sein, als der Mensch den ersten Schritt tat, um die Dualität Ich-Natur zu überwinden, indem er anfänglich vielleicht noch zaghafte und verängstigte Versuche unternahm, sich mit dieser Natur zu verbünden und sich mit ihr ins Einvernehmen zu versetzen. Auch diesen Schritt finden wir im Laufe der Filmhandlung dargestellt. Die Männer, die ausgezogen sind, um das verlorengegangene Feuer wiederzufinden, sind plötzlich in der Steppe von zwei Gefahren eingekreist. Von einer Seite werden sie von einer Horde von Männern angegriffen, und auf der anderen Seite ist ihnen der Fluchtweg durch eine Gruppe von Mammuts versperrt, eine Situation größtmöglicher Ausweglosigkeit. Was nun folgt, gehört für mich zu den eindrücklichsten Szenen des Films. Einer der Männer reißt einen Büschel Gras ab und geht zitternd und bebend vor Angst, aber stetig, auf die

Mammuts zu, das Grasbüschel vor sich hintragend wie eine Feuerfackel, ein verzweifelter Versuch, den gigantischen Tieren mitzuteilen: »Wir sind nicht feindlich, wir wollen euch nicht angreifen, im Gegenteil, wir wollen euch Gutes tun. Ihr nehmt das Gras von der Steppe, hier, ich bringe euch das Gras, nehmt es von mir und erkennt uns dadurch als euch wohlgesinnte Wesen, die wissen, was Nahrung bedeutet und bereit sind, Nahrung zu geben, wo Nahrung benötigt wird.« Die Kommunikation gelingt. Die Rüssel der riesigen Tiere ergreifen die Grasbüschel, essen sie, und etwas wie ein Bündnis wird geschlossen, denn als die Horde der Angreifer naht, gehen die Mammuts in Abwehrstellung und vertreiben sie. Das Ritual hat seine Wirkung getan. Das Opfer ist angenommen worden. Der Mensch hat erfahren, daß die Kräfte der Natur seinesgleichen sind, daß er sie berechnen und sich mit ihnen verbünden kann, gleichsam nach dem Motto: Wir sind dieselben, denn ich habe Hunger und esse, und du hast Hunger und ißt; ich gebe dir Nahrung und dann gibst du mir Schutz. Diese Szene zeigt auf, wie der Mensch in den Kräften der Natur das Göttliche erkannte, das ihm in seinem Grundwesen gleicht, und daß er sich selbst als zwar schwacher, aber doch Teil dieser Natur verstehen lernte und sie von seinem eigenen Empfinden und Fühlen her begriff. So gesehen verbildlicht diese Szene nichts anderes als die Geburt der Religion oder sogar der Mystik als dem Streben nach der Vereinigung mit diesen als übergroß erfahrenen Kräften.

Der Schluß des Filmes zeigt, wie die lange, gefahrvolle und mühselige Suche nach dem Feuer Erfolg hat. Es wird zu den verlassenen, unter der Kälte leidenden Menschen zurückgebracht. Aber das Wiedergefundene geht sogleich durch Achtlosigkeit wieder verloren. Auch hier ist die Parallele zum Grals-Mythos unübersehbar. Nun ist es die Frau, die Rettung bringt. Sie, die Angehörige eines fremden Stammes, die der Gruppe aus einem archaisch aufkeimenden Gefühl, worin sich die ersten Keime der Liebe zeigen, gefolgt ist, beherrscht die Kunst des Feuermachens. Der Mensch war nicht mehr länger abhängig von einem zufälligen Eingreifen einer transzendenten, göttlichen Sphäre, denn das Feuer wurde machbar. Das Zeitalter der Magie fing an, denn Magie und Machen entstammen der gleichen Wurzel.

Ich kann mir gut vorstellen, daß nun manche, die auf meine Anregung hin diesen Film angeschaut haben, irritiert oder gar enttäuscht sind. »Was soll das?« werden sie fragen. »Ich bin durchdrungen vom Streben nach Höherem. Ich wende mich dem uralten Wissen, der geheimen Überlieferung, dem Geistigen der Menschheit zu, um mich in ehrlichem Bestreben aus den üblichen Niederungen dieser Welt emporzuschwingen, und nun werde ich genau mit dieser Welt konfrontiert, mit all der Gewalt, dem Primitiven und Niedrigen, das ich zu überwinden und dem ich zu entkommen trachte. Wir begegnen hier einem Mißverständnis, das zugleich eine der Gefahren der Esoterik beinhaltet. Die Beschäftigung mit der Esoterik geschieht bei vielen Menschen nicht nur im Sinne eines ernsthaften Strebens und Ringens um höhere Erkenntnis, sondern allzuoft verbirgt sich dahinter die bloße Flucht vor der Konfrontation mit ganz banalen und andrängenden Lebensproblemen und deren Bewältigung. So ist es natürlich nicht gemeint. Esoterik will nicht aus dem Leben hinausführen, sondern mitten ins Leben hinein. Das bedeutet deshalb auch Konfrontation mit dem sogenannt Häßlichen, dem Tierischen, ganz einfach der Welt, wie sie nun einmal beschaffen ist. Wer einen Gegner überwindet und besiegt, lernt ihn zuerst einmal in all seinen Eigenheiten und seiner Beschaffenheit kennen. Wer dies unterläßt, führt einen von vornherein verlorenen Kampf. Das esoterische Wissen ist nicht dazu da, um der Welt zu entfliehen, sondern um in ihr zu leben und auf bestmögliche Weise zu bestehen.

Wer dies begreift und akzeptiert, wird die Entdeckung machen, daß man sich nicht unter Strapazen und Gefahren in abgelegene Klöster des Himalaja zurückzuziehen braucht, sondern daß die esoterischen Geheimnisse und das Ziel, auf das sie einen zuführen, gerade in dieser Welt und vielfach auch durch diese Welt vorhanden sind. Ein persönliches Erlebnis mag dies illustrieren.

Am Fuße des Himalaja begegnete ich einst in einem Kloster einem Heiligen. Wenigstens wurde er mir als ein solcher gepriesen, und mein Begleiter, der gemerkt hatte, daß ich an solchen Dingen Interesse habe, ermöglichte mir eine Begegnung mit ihm und diente zugleich als Dolmetscher. Der Heilige lebte buchstäblich in einem Schrank, dessen Bodenfläche vielleicht knapp zwei Quadratmeter umfaßte, gerade Platz genug, um sich in der Nacht zusammengekrümmt diagonal hineinzulegen. Am Tage wurden die beiden Flügel des Schrankes geöffnet, den der Heilige wahrscheinlich nur verließ, um seine Notdurft zu verrichten. Seine Anhänger brachten ihm Lebensmittel und Wasser. Vor nahezu zwanzig Jahren war er aus den Ebenen Indiens hier heraufgezogen und hatte diesen Schrank zu seiner Welt gemacht.

Mein Begleiter schilderte mich offenbar als einen westlichen Menschen, der sich auf dem mühevollen Pfad nach Erkenntnis und des Strebens nach Höherem befindet und nun das Bedürfnis nach weiterer Weisheit verspürt. Und so begann der Heilige, mich zu unterrichten. Er sagte gute und kluge Dinge, Worte, zu denen ich von ganzem Herzen ja sagen konnte, einzig ich kannte Sinn und Inhalt seiner Rede schon. Sie enthielt nichts Neues für mich, und alle Lehren, die er mir gab, hatte ich bereits auf eine andere Weise selbst erhalten und erfahren. Der einzige Unterschied zwischen uns war, daß ich keine Zeit meines Lebens in einem Schrank verbracht hatte. Ich bin nach Freiheit und Weite bestrebt, um das ganz alltägliche banale Leben so mit seinen Höhen wie auch Tiefen in vollen Zügen auszukosten. Der Anblick dieses »Heiligen« machte mich traurig. Ich dachte an all seine Jahre, die er möglicherweise zwar tatsächlich ohne Haß und Zorn in einer weisen Abgeklärtheit zugebracht hatte, die aber wahrscheinlich auch leer waren von Liebe, Lust und Freude. Da saßen wir uns beide Auge in Auge gegenüber, er ein Heiliger, ich ein ganz simpler Weltmensch; doch beide waren wir auf zweierlei Wegen zur gleichen Erkenntnis gekommen. Mit einer neuen Erkenntnis ging ich allerdings von dannen, mit dem Wissen darum, daß ich wirklich viel lieber ein weltlicher Mensch bin als ein Heiliger. Was aber nichts gegen die Heiligen sagen will, denn ob Weltmensch oder Heiliger hängt nur von der freien Willensentscheidung ab, ist eine Sache des Temperamentes. Auf beiden Wegen kann man zum Zentrum gelangen.

Aber kehren wir nun mit unseren Betrachtungen zum Film *Am Anfang war das Feuer* zurück. Ich weiß nicht, wieviele diesen Film gesehen haben oder noch sehen werden, aber ihre Zahl mag in die Hunderttausende gehen. Wieviele davon sind es hingegen, die gemerkt haben, daß dieser Film nicht nur den äußeren, naturgeschichtlichen Entwicklungsweg der Menschheit zeigt, sondern auch tiefe Geheimnisse über die esoterisch-geistige Evolution des Menschen enthält? Gesehen haben alle den gleichen Film, dieselbe Abfolge von Bildeinheiten, womit ihnen die gleiche Geschichte mit all ihren Einzelheiten erzählt wird. Das bedeutet, daß auch derjenige, der den tieferen Sinn erfaßt, mit seinem äußeren Auge nicht mehr sieht als jener, der im Film vor allem das Erlebnis eines spannenden und abenteuerlichen Spektakels hat. Was macht nun den Unterschied aus? Er kann mit zwei Begriffen der modernen Psychologie ausgedrückt werden: Bewußtsein und Unbewußtsein. Jeder Besucher des Films hat die genau gleichen Informationseinheiten zur Verfügung, aus denen die erwähnten Schlüsse gezogen werden können. Doch werden es etliche nicht getan haben. Bedeutet das nun, daß jene gegenüber den Wissenden, den Sehenden, minderwertig oder, was noch schlimmer wäre, ohne Aussicht sind, mit ihrem Denken und Erkennen eine höhere Stufe zu erreichen, womit sie zur ständigen bloßen Konsumation ohne Vorwärtskommen verurteilt sind? Nein.

Den Erkennenden gelingt es, aus den Informationen, die ihnen zugeführt werden, Wissen zu ziehen, das nicht unbedingt nach einem gerne gehörten Zitat »Macht« bedeutet, aber dazu dient, Werkzeuge zu bereiten, mit denen etwas bewirkt und gebaut werden kann. Doch auch jene, für die eine spannende Geschichte ausschließlich Unterhaltung ist, gehen nicht leer aus. Denn sie haben das ganze Wissen in den gigantischen Speicher ihres Unbewußten aufgenommen, wo es bewahrt wird, bis der Zeitpunkt kommt, zu dem es ins Licht der Bewußtheit gehoben und gebraucht werden kann. Dies mag Monate, Jahre, Jahrzehnte, in manchen Fällen auch Jahrhunderte dauern.

Dieser Gedanke gibt auch Antwort auf eine Frage, die wahrscheinlich dem einen oder anderen längst schon aufgestiegen ist: »Haben die Produzenten des Films, der Regisseur, die Schauspieler bewußt, mit Willen, all dieses esoterische Gedankengut in diesen Film hineingelegt wie ich zu verdeutlichen versucht habe?« Ich vermute nein, denn die Produzenten des Films sind eher nüchterne Naturwissenschaftler, denen es darum ging, aus archäologisch-naturwissenschaftlich gesicherten Erkenntnissen heraus aufzuzeigen, unter welchen Bedingungen der Mensch der Eiszeit sein Leben behauptete. Und wenn man sie darauf hinweisen würde, daß sie in ihrem Film manches aus Mythen und Esoterik aussagten, so würden sie sich wahrscheinlich entrüstet zur Wehr setzen und dies bestreiten. Doch die Botschaft ist drin, sie ist nicht zu übersehen, wenn man mit wissendem Auge zu erkennen vermag. Sie ist von den Produzenten mit in den Film hineingelegt worden, wenn auch nicht mit bewußter Absicht, so doch aus den Tiefen des Unbewußten heraus, wo dieses Wissen und diese Geheimnisse seit Zehntausenden von Jahren unerweckt und geduldig warten. Wir alle sind Wissende, ohne Ausnahme. Aber nur bei einem Teil der Menschheit gelangte dieses Wissen bisher schon ins Licht der Bewußtheit, so daß es zugänglich und handhabbar wird. Der Zeitpunkt, zu dem dies geschieht, ist vielleicht unter anderem einer der Aspekte eines Geschehens, das gemeinhin mit »Einweihung« bezeichnet wird. Einweihung steht immer am Ende eines langwierigen und schwierigen Weges, wenn der Mensch vom dunklen Hindämmern in Unbewußtsein die Schwelle ins Licht der Bewußtheit überschreitet.

Wenn nun durch diese letzten Sätze der Eindruck entstand, daß ich einer elitären Weltanschauung huldige und daß die Menschheit in zweierlei Klassen, Esoteriker und Nichtesoteriker beziehungsweise Eingeweihte und Nichteingeweihte, eingeteilt sei, dann ist es höchste Zeit, diesen Irrtum zu berichtigen. Darum wollen wir uns etwas mehr mit dem Ausdruck Esoterik und seiner eigentlichen Bedeutung befassen, um so mehr, als gerade mit diesem Begriff so viel Mißbrauch getrieben wird, sei es aus Absicht oder Unverständnis heraus. Er hat seinen Ursprung im griechischen Wort »esoterikos«, was innen, geborgen, geheim bedeutet, oder ganz allgemein »nicht für die Öffentlichkeit bestimmt«. Der gegensätzliche Begriff dazu ist exoterisch und bedeutet »nach außen gerichtet«. Mir persönlich sagen diese Übertragungen »nach innen gerichtet« beziehungsweise »nach außen gerichtet« am meisten zu, da mit anderen Übersetzungen wie etwa »geheim« und dergleichen viel Schindluder und Mißbrauch getrieben wird. In der heutigen Zeit können wir die Definition für das Wort »esoterisch« sehr gut noch erweitern mit »mir ist etwas klar geworden« oder »mir ist ein Licht aufgegangen«. Dabei spielt es keine Rolle, ob dieses Klarwerden durch äußere Einflüsse und Lehren erfolgt oder aus einer inneren Erkenntnis heraus. Damit ist das Wort »esoterisch« hoffentlich vom Beigeschmack des Elitären und Diskriminierenden befreit worden.

Esoterik ist nun aber, wenn wir auf die Geschichte der Menschheit zurückblicken, immer nur etwas für wenige gewesen, was in manchen Fällen weitgehende soziale Konsequenzen zur Folge hatte. Daher fordert uns die soziale Umschichtung und Veränderung, die in der heutigen Zeit so gewaltig erfolgt, heraus, den Begriff »esoterisch« neu zu betrachten und über ihn nachzudenken. Dabei werden wir feststellen, daß diesem Wort heute eine andere Bedeutung zukommt, als sie aus der Vergangenheit überliefert ist.

Auch ein nichtesoterischer Mensch wird sicher der Behauptung zustimmen, daß wir gegenwärtig alle Zeugen einer enormen Umwertung aller Werte sind. Es ist unübersehbar, daß wir uns im Übergang zwischen zwei Epochen befinden, daß die eine zu Ende geht und eine neue beginnt. Im esoterischen Sprachgebrauch wird dieser Wechsel mit dem Übergang vom Fische-Zeitalter in das Zeitalter des Wassermanns bezeichnet. Was ist damit gemeint?

»Fische« beziehungsweise »Wassermann« sind Namen, die man in der Tradition einzelnen Abschnitten des Tierkreises gegeben hat. Der Tierkreis oder Zodiak ist ein Meßkreis, vom Menschen gedanklich an den Himmel projiziert, mit dessen Hilfe die Bewegungen der Sonne und ihrer Planeten gemessen werden können. Der Tierkreis ist in zwölf Tierkreiszeichen eingeteilt, deren jedes den Namen eines Sternbildes trägt, mit dem es vor mehreren tausend Jahren zusammenfiel. Heute sind die Tierkreiszeichen aber nicht mehr in Übereinstimmung mit den nach ihnen benannten Sternbildern. Der Grund dafür gibt gleichzeitig auch Anlaß, vom Fische- beziehungsweise Wassermann-Zeitalter zu reden. Daß die Tierkreiszeichen aus den betreffenden Sternbildern hinauswandern, hat seinen Grund in der Präzession der Erdachse. Die Präzession kommt durch eine langsame kreisförmige Drehbewegung der Erdachse zustande. Dies kann experimentell leicht nachvollzogen werden, indem man einen Kreisel in eine rasche Drehung versetzt. Man wird dann beobachten können, daß die Achse des Kreisels nicht stabil bleibt, sondern sich ebenfalls, allerdings viel langsamer, entgegengesetzt der Drehrichtung des Kreisels dreht. Die gleiche Erscheinung zeigt auch unsere Erdachse. Die Rotation des Kreisels entspricht somit der täglichen

Drehung der Erde um ihre Achse, und im Verhältnis dazu wandert die in Gedanken verlängerte Erdachse, entsprechend langsam, rückwärts durch den Tierkreis.

Im Verlaufe von 25 868 Jahren durchläuft die gedankliche Erdachsenverlängerung einmal den ganzen Tierkreis, und diesen Umlauf nennt man im esoterischen Sprachgebrauch ein Weltenjahr oder ein Platonisches Jahr. Teilt man die Anzahl der Jahre durch zwölf, so resultiert daraus, daß die einzelnen Weltenmonate in etwa zweitausend Jahre betragen. Die Esoterik behauptet nun, daß die Entwicklung der Menschheit durch diese zweitausendjährigen Epochen geprägt wird, der besonderen Eigenart des jeweiligen Tierkreiszeichens entsprechend.

Die frühesten archäologischen Daten entstammen der Zeit vor zirka zehntausend Jahren, als die letzte Eiszeit zu Ende ging. Auf das Weltenjahr bezogen würde dies dem Zeitalter des Löwen entsprechen. Ein Schlüsselwort für das Sternzeichen Löwe ist »Kreativität«, und aus dem Zeitalter des Löwen sind auch die ersten künstlerischen Werke des Menschen überliefert, wie Knochenschnitzereien und die Fels- und Höhlenmalereien im westlichen Europa und in Nordafrika.

Während des Zeitalters des Krebses, das ungefähr von achttausend bis sechstausend vor Christus dauerte, begann der Mensch sein Sammler- und Jägerleben aufzugeben; er wurde seßhaft und wandte sich dem Ackerbau zu. Es war auch die Zeit, in der in China, Ägypten und Mesopotamien die ersten festen Siedlungen und Städte entstanden. Aus dieser Epoche sind auch die ersten Fruchtbarkeitsriten überliefert, die für eine ackerbautreibende Menschheit von größter Bedeutung waren.

Um das Jahr viertausend vor Christus erfolgte der Übergang ins Zeitalter der Zwillinge, einer Zeit, in der die Menschheit begann, sich geistig mit ihrer Umwelt und auch mit sich selbst auseinanderzusetzen. Die Entwicklung der verschiedenen Schriften und die Verbreitung des Rades entsprechen den ausgeprägten Zwillings-Merkmalen von Kommunikation und Ausweitung.

Das erdhafte Zeitalter des Stiers, das nach Dauer und Beständigkeit strebte, brachte die Grundlagen der ägyptischen Kultur mit ihren Tempeln und Pyramiden. In Mesopotamien wurde mit astronomisch-astrologischen Mitteln gezielt versucht, den Ablauf der Zeit in eine dauerhafte und berechenbare Ordnung zu fassen.

Mit dem beginnenden Widder-Zeitalter, etwa um zweitausend vor Christus, wurden die Fundamente unserer heute noch bestehenden geistigen Kultur gelegt. Aus dieser Zeit sind uns die frühesten literarischen Zeugnisse erhalten. In Babylon wurde das Epos »Gilgamesch« geschaffen, und die »Rishis«, die Weisen und Priester der aus den Steppen Zentralasiens in den indischen Subkontinent eingewanderten Arier, faßten die Bilder, die sie »schauten«, in Worte und schufen so die Texte der Veden. Im Widder-Zeitalter wurden also auch die großen, heiligen Bücher der Menschheit geschrieben und zusammengestellt, durch welche die religiösen Erfahrungen von Generation zu Generation weitergegeben wurden. Gleichzeitig war es eine Epoche großer politischer Umwälzungen, in deren Verlauf mit feurigem und stürmischem Impetus neue Kultur- und Weltreiche errichtet wurden, wie Griechenland und seine Kolonien, das Römische Reich und der gigantische, aber unvollendete Versuch Alexanders des Großen, etwas wie eine erste Welteinheit zu vollbringen. Das nach unserer Zeitrechnung um das Jahr Null beginnende Fische-Zeitalter zeichnete sich besonders durch die geistige und kulturdominierende Ausbreitung und Einflußnahme des Christentums aus, die ihren Höhepunkt Mitte unseres Jahrtausends im Versuch fand, der ganzen Welt das christlich-europäische Kulturbewußtsein aufzuprägen. Mit dem Ende des Zweiten Weltkrieges, mit der Explosion der ersten Atombombe, wurde die Endzeit dieses Zeitabschnittes eingeleitet, und seitdem befinden wir uns in einem kontinuierlichen Übergang zu einer neuen menschlichen Kulturära, die wieder von anderen Grundwerten erfüllt sein wird.

Die Erwartungen an das vor der Schwelle stehende Wassermann-Zeitalter oder New Age sind hoch. Erhofft wird der Aufbruch in eine neue Menschlichkeit, in eine neue Humanität, in der die Chance besteht, daß sich die Wissenschaft und das ganze technische Potential mit einer Rückbesinnung und einem mehr oder weniger schmerzlichen Wachrütteln verbinden, wo die Gelegenheit geschaffen wird, eine neue, höhere Evolutions- und Bewußtseinsstufe der Menschheit zu erringen. Es wird zwar Zusammenbrüche und Umwälzungen geben, aus denen aber schließlich eben eine neue freiheitlich orientierte Humanität entstehen wird. Ein tröstlicher Hinweis mag sein, daß im alten Babylon das Sternbild des Wassermanns mit der Göttin der Heilung und der Geburt in Verbindung gebracht wurde.

Für mich ist das Zeitalter des Wassermanns vor allem das der Information und der Datenverarbeitung. Es ist heute teilweise fast eine Modeerscheinung in esoterischen Kreisen alles, was mit Computer und moderner Technologie zusammenhängt, als Ausgeburt des Teufels oder des Schattenreiches von Ahriman zu betrachten, oder sie beschwören damit die beängstigenden Visionen der totalen Kontrolle und Freiheitsbeschränkung in Orwells 1984 herauf. Gewiß, auch diese Schattenseiten sind vorhanden und genau zu beachten. Aber ein esoterisch denkender Mensch, der um die Polarität der Dinge weiß, kann sich bemühen, seinen Sinn für die Ganzheit offenzuhalten. Und da stehen wir nun einmal vor der Tatsache, daß noch nie in der Menschheitsgeschichte so vielen Menschen so viele Informationen zugänglich waren und zur Verfügung standen, bereit, ausgewertet und angewandt zu werden. Das bedeutet auch konkret, daß sich die Art und Weise, in der das esoterische Wissensgut der Menschheit vererbt wurde und sich in den vergangenen Zeiten zweifellos bewährt hat, von nun an ändern wird. Die Übersetzung »für wenige« des Wortes Esoterik wird mehr und mehr an Bedeutung verlieren zugunsten von »nach innen gerichtet«, das Wesentliche erfassend.

Wir Menschen des ausgehenden 20. Jahrhunderts, für welche die Medienvielfalt längst eine unreflektierte Selbstverständlichkeit wurde, vergessen immer wieder, daß der freie Zugang zu Informationen vor noch gar nicht allzu langer Zeit ein Privileg war, das nun wirklich nur wenigen vorbehalten war. Es ist ein knappes halbes Jahrtausend her, seit Johannes Gutenberg den Buchdruck erfand, durch den es überhaupt erstmals gelang, Wissen und Information in größerer Zahl zu verbreiten. Vor der Erfindung des Buchdrucks mußten die Bücher, die ganze geistige Tradition der Menschheit, immer wieder mühselig von Hand kopiert werden. Ein Mönch in seiner Zelle schrieb vielleicht sein ganzes Leben lang an ein bis zwei Büchern. Dies führte dazu, daß das Produkt solcher Arbeit nur für sehr wenige wirtschaftlich Begünstigte überhaupt erwerbbar war. Dieser Umstand führte weiterhin zu einer Verquickung des Wissens, auch des esoterischen, mit wirtschaftlicher und politischer Macht; eine Erscheinung, auf die wir in der Geschichte der Esoterik immer wieder stoßen werden.

Nach meiner Auffassung wird der Wechsel vom Fische- zum Wassermann-Zeitalter für die Tradition der Esoterik folgenschwere Konsequenzen mit sich bringen, sowohl was die Art der Wissensvermittlung betrifft als auch ihre Sprache. Wie wir noch sehen werden, erfolgte die Pflege und die Weitergabe des esoterischen Wissensgutes der Menschheit vorwiegend in zahlenmäßig kleinen Vereinigungen, Logen und Mysterienschulen, deren Angehörige sorgfältig ausgewählt und entsprechend auf ihre Aufgaben vorbereitet wurden. Dies bewährte sich in der Regel, und, von Ausnahmen natürlich abgesehen, verschonte es die Esoterik vor dem Schicksal der Säkularisierung, wie sie den großen Weltreligionen geschah.

Dafür, daß es sich so verhalten haben könnte, gibt es für mich zwei gewichtige Indizien in Politik und Geschichte. Bis in die Mitte unseres Jahrhunderts waren die Länder im Gebirgsmassiv des Himalaja, Tibet, Nepal, einer weitverbreiteten Auffassung nach Hort, wenn nicht gar Ursprung esoterischer Tradition, sogenannte verbotene Länder, in die zu gelangen äußerst schwierig war und die sich vor jedem fremden Einfluß abschirmten. Mitte dieses Jahrhunderts wurde Tibet von China erobert und annektiert. Im Jahre 1950 gelang dem König von Nepal die Flucht aus der Gefangenschaft der Rana-Sippe, die das Land seit dem 19. Jahrhundert quasi als ihr Privateigentum despotisch beherrschte. Dies brachte den Zusammenbruch der Rana-Herrschaft, und Nepal öffnete die Grenzen zu seinen Nachbarländern. Vor dem chinesischen Ansturm floh der Dalai Lama, der Gott-König von Tibet, und residiert seither in Indien, während im Land selber die religiöse Tradition von den Invasoren weitgehend zerstört wurde. Die einzige Möglichkeit, unter diesen Umständen das Urwissen der Menschheit zu bewahren, bestand darin, die Geheimsiegel zu brechen, die Archive zu öffnen, das Wissen um die Tradition möglichst weit zu verbreiten, allgemein zugänglich zu machen, selbst auf das Risiko der Profanierung und Verfälschung hin. Dies ist die Entwicklung wie wir sie etwa seit dem Jahre 1975 in steigendem Maße miterleben.

In früheren Zeiten – ich erinnere da wieder an die Rishis, denen wir die frühesten erhaltenen religiösen Schriften der Menschheit verdanken – oblag die Pflege des esoterischen Wissens fast stets der Priesterklasse. Somit war die Sprache der Esoterik seit jeher eine theologische, die sich an den jeweils gültigen religiösen Systemen orientierte. Dieser Umstand war in der Vergangenheit gut und vernünftig, denn er gewährleistete in einem gewissen Grade die Einheitlichkeit und Verbindung des esoterischen Traditionsgutes mit den exoterischen Weltreligionen. Eine beachtenswerte Ausnahme bildet allerdings das Christentum in der westlichen Hemisphäre, in dem sich die offizielle Kirche in einer langwierigen und auf Vernichtung hinzielenden Auseinandersetzung von der gnostischen Richtung loslöste, die versucht hatte, das esoterische Wissen in ein exoterisches religiöses System zu integrieren, wie dies in den östlichen Religionen, beispielsweise Hinduismus und Buddhismus, der Fall ist.

Mit der Ausmerzung der Gnosis (siehe Seite 74 ff.) wurde die Esoterik im Abendland eine Angelegenheit der Philosophie, was allerdings an der Sprachregelung nicht viel änderte, da die Philosophie sich bis in das 18. Jahrhundert, der Zeit der Aufklärung, weitgehend der gleichen theologischen Sprache bediente wie die Kirche. Aber seit dem 19. Jahrhundert begab sich auch die Philosophie des Westens auf eigene Wege, und wenn wir nicht rasch und entschlossen handeln, dann droht die Gefahr, daß uns im Westen das esoterische Wissen wirklich verlorengehen könnte, denn im allgemeinen sind die Theologen keine Esoteriker, das heißt, sie können wohl lesen, aber nicht verstehen, und die Esoteriker sind keine Theologen, was bedeutet, daß sie wohl verstehen würden, aber oft nicht mehr lesen können. Heute ist es die Psychologie, die sich vermehrt der esoterischen Überlieferung annimmt, besonders unter dem Einfluß von C. G. Jung und, nicht ganz so offensichtlich, auch von Sigmund Freud und Wilhelm Reich. Aber da die Psychologen meist weder die theologische Denkweise noch Sprache pflegen, sehen wir uns augenblicklich mit dem Umstand konfrontiert, daß die echte hermetische Tradition des Westens zunehmend von fremden, schamanistischen Systemen durchwachsen wird. Dies will nicht gegen die Bedeutung schamanistischen Geistes sprechen, der für unsere ökologisch bedrohte Welt zweifellos von hohem Wert ist, sondern nur eine Mahnung sein, die genuine westliche Tradition nicht zu vergessen. Daher kann meiner Auffassung nach der Versuch gewagt werden, die westliche esoterische Tradition in ein Sprachgewand zu kleiden, das dem Erlebnis- und Bewußtseinsrahmen des heutigen Menschen entnommen ist. Das vorliegende Buch will als ein solcher Versuch gelten.

Dabei wird sich vielleicht im einen oder andern Falle

herausstellen, daß das vermeintlich Geheime sich in manchen Fällen mehr als geheimnisvoll denn geheim entpuppen wird und die Esoterik als eine Angelegenheit und Aufgabe des alltäglichen Lebens begriffen wird. Das aber ist es ja genau, was die Esoterik will, seitdem vor achtzigtausend Jahren der Kampf um das Feuer tobte: dem Menschen helfen zu leben.

Für uns Zeitgenossen des ausgehenden 20. Jahrhunderts heißt dies einmal mehr: überleben. Ja, wir werden vielleicht sogar erkennen, wie wenig unsere Situation, trotz aller äußeren Verschiedenheit, sich von der unterscheidet, die ich am Anfang des Kapitels schilderte.

Pan – Sohn des Hermes

Im letzten Kapitel stellte ich die These auf, daß das kommende Zeitalter, in dessen Übergang wir jetzt sind, ein Zeitalter der Information in dem Sinne sein wird, daß Wissen frei zugänglich und so weit verbreitet sein wird wie noch in keiner Menschheitsepoche zuvor. Diese Entwicklung wird auch das, was wir Esoterik nennen, prägen und, was die äußere Form betrifft, verändern. Wie wir im nächsten Kapitel, das sich vorwiegend mit der Geschichte der Esoterik befaßt, sehen werden, zeichneten sich ihre äußeren Formen dadurch aus, Botschaften, und das heißt hier Informationen, die für die Menschheit äußerst wichtig sind, möglichst rein zu bewahren und so an die nächsten Generationen weiterzuvermitteln. Damit können sie diese entsprechend gebrauchen und den notwendigen Nutzen daraus ziehen.

Dies kennen wir heute auch in einem nicht esoterischen Gebiet, wofür unsere Zeit sogar einen ganz besonderen Namen und Begriff fand, nämlich: Datenverarbeitung. Somit kann ich die Behauptung aufstellen, daß die Beschäftigung mit der Esoterik zunächst sehr viel mit Datenverarbeitung zu tun hat. Ich kann mir gut vorstellen, daß diese Aussage bei manchen ein Kopfschütteln auslösen, möglicherweise sogar als blasphemisch und arrogant empfunden wird. Wo bleiben denn da Ehrfurcht, Geistigkeit und Streben nach Höherem, wenn alles dies in den so gewöhnlichen Begriff Datenverarbeitung verpackt wird, womit vielleicht mancher esoterisch Suchende in seinem beruflichen Alltagsleben mehr als genug konfrontiert ist?

Ich denke, es ist nun an der Zeit, eine recht bekannte

Anekdote zu erzählen oder wiederzuerzählen. Im Fernen Osten kam einmal ein junger Schüler zu einem als eingeweiht geltenden Meister und bat ihn um Unterricht und Einweihung in die esoterischen Geheimnisse. Im Osten ist es üblich, daß der Schüler in einer engen Lebensgemeinschaft mit dem Meister und dessen Familie lebt und die Schüler für das materielle Auskommen des Meisters zuständig sind, entweder mittels materieller Gaben oder durch Dienstleistungen. Daher gab ihm der Meister sein schmutziges Eßgeschirr und wies ihn an, dies unten am Fluß auszuwaschen. Wenn er dies ein halbes Jahr lang getan habe, dann werde er, der Meister, ihm die Geheimnisse enthüllen.

Eifrig gab sich der Schüler dieser banalen Tätigkeit hin, wusch täglich das Eßgeschirr des Meisters und zählte die Tage, bis das halbe Jahr vorbei war. Dann trat er erneut vor den Meister und bat ihn um Einweihung. Der Meister aber sagte zu ihm: »Einweihung kann dir erst dann zuteil werden, wenn du ein weiteres halbes Jahr mein Eßgeschirr auswäschst.« Der Schüler fühlte sich betrogen und spürte Zorn in seinem Herzen aufwallen. Da er aber ein kluger Kopf war, ließ er sich nichts anmerken, nahm das Eßgeschirr entgegen und ging innerlich murrend erneut zum Fluß hinunter. Nach einem Jahr trat er wieder vor den Meister und ersuchte ihn um die versprochene Einweihung. Der Meister sprach zu ihm: »Ich kann dir die Einweihung erst geben, wenn du zwei weitere Jahre mein Eßgeschirr am Fluß wäschst.« Diesmal fühlte der Schüler keinen Zorn mehr, sondern eine tiefe Traurigkeit, daß es so schwer war, Zugang zu den großen Geheimnissen der Welt zu erlangen, und er ging wieder an den Fluß und wusch das Eßgeschirr. »Jetzt, wo ich schon anderthalb Jahre sein Eßgeschirr wasche, kommt es auf zwei Jahre auch nicht mehr an.« Da, plötzlich, nach einem Jahr, kam der Meister zu seinem Schüler an den Fluß und sprach zu ihm: »Du bist ein geduldiger und eifriger Schüler. Du hast bewiesen, daß du würdig bist, in die großen Geheimnisse eingeweiht zu werden. Ich bin gekommen, um dir den

Schleier des Verborgenen zu lüften.« Der Schüler aber schüttelte lächelnd den Kopf und sagte: »Das ist nicht mehr nötig. In all den Jahren hier am Fluß haben sich meine Ohren geöffnet, und die Wellen des Flußes, das Rauschen des Windes, die Stimmen der Vögel, die Sonne, der Mond, ja selbst der Schmutz in deinem Eßgeschirr haben mir längst die Geheimnisse enthüllt.« Da legte ihm der Meister die Hände auf den Kopf und sprach: »Du hast deine Lehrzeit beendet, ich heiße dich willkommen im Kreise der Meister; nun gehe und lehre andere!«

Ich sagte, daß es eine alte Geschichte sei und nehme an, daß viele Leser sie in der einen oder anderen Fassung bereits kennen. Das ist der Grund, warum ich sie auswählte in der Hoffnung, daran das Grundlegende über das Wesen der esoterischen Datenverarbeitung darlegen zu können. Wer die Geschichte bereits seit längerer Zeit kennt und mit sich herumtrug, kann selbst Bilanz ziehen, inwiefern meine These ihre Richtigkeit hat oder nicht.

Jede Datenverarbeitung umfaßt grundsätzlich drei Schritte:

1. Die Daten werden gesammelt und auf irgendeine Weise archiviert.
2. Die Daten werden bearbeitet: das heißt geordnet miteinander verglichen und auf Gemeinsamkeiten hin untersucht.
3. Aus den bearbeiteten Daten werden die entsprechenden Schlüsse gezogen.

Ich übertrage nun diese Dreiteilung auf Inhalt und Aussage unserer Geschichte. Wie der Schüler zu seinem Meister kommt und von ihm Zugang zu den großen Geheimnissen der Welt verlangt, will er nichts anderes als Zugang zum Datenarchiv und dessen Inhalt kennenlernen. Am Ende der Geschichte wird uns klar, daß der Meister sofort die Bitte des Schülers erfüllt und ihm das Tor zum Datenarchiv öffnet, indem er ihn mit dem Eßgeschirr an den Fluß schickt. Das ist dem Schüler aber noch nicht bewußt, denn er meint, der Meister unterziehe ihn im Vorhof des Tempels zuerst einer ausgedehnten Prüfung, und er erkennt nicht, daß er sich bereits mitten im innersten Heiligtum befindet. Eine Situation, die für viele Menschen, die sich mit Esoterik beschäftigen, typisch ist und offenbar seit jeher war, sonst gäbe es diese Erzählung nicht. Dabei darf allerdings nicht verschwiegen werden, daß auch das Umgekehrte geschehen kann:

Gewisse Gurus verkünden lauthals, sie säßen mitten im zentralen Heiligtum, während sie in Tat und Wahrheit erst den äußersten Vorhof erreicht haben. Das Geheimarchiv, das die großen Geheimnisse der Welt enthält, ist ganz einfach die Welt selbst mit allem, was in ihr kreucht, fleucht und fließt.

Was der Schüler lernen kann, ist, die Daten zu bearbeiten und, wieder in der Sprache unserer Zeit: lernen, den Computer in Gang zu setzen und zu bedienen, mit dessen Hilfe die Daten zu sprechen beginnen. Als Inhaber einer Firma kann ich unbesorgt Datenträger mit den bestgehüteten Geheimnissen herumliegen lassen, solange niemand in der Lage ist, sie mit Hilfe des geeigneten Computers zu lesen. Esoterische Schulung besteht also im wesentlichen darin. den Umgang mit dem »Computer« zu lernen, um damit die sei Jahrtausenden in der Welt gespeicherten Daten zu erfassen und auszuarbeiten. Alle die heute bekannten esoterischen Systeme, Hermetik, die östlichen Yogawege, Schamanismus und andere, bilden jedes für sich ein solches Computer-System, die untereinander überraschenderweise fast die gleichen Kompatibilitätsschwierigkeiten aufweisen wie die heutigen elektronischen Computer-Systeme. Das bedeutet, daß man zwar mit jedem System Daten erfassen und bearbeiten kann, aber die verschiedenen Systeme können nicht ohne weiteres miteinander verbunden und gleichzeitig benutzt werden.

Der Schüler lernt in der Zeit, die er am Fluß zubringt, nicht nur den »Computer« zu bedienen, sondern, was in der Esoterik in gewissen Fällen noch viel wichtiger ist, er setzt seinen eigenen Computer zusammen, der in der Folge ihm und nur ihm zur ständigen Verfügung steht. Damit kann der Schüler beginnen, die Daten, die buchstäblich um ihn herum liegen, zu sammeln und zu bearbeiten. Daß der Schüler diese Aufgabe gelöst hat, erkennt der Meister, als er ihn am Fluß besucht. Er erklärt sich bereit, das zu tun, was er in Tat und Wahrheit bereits am ersten Tag getan hat. Aber – und es ist sehr wichtig, dies im Auge zu behalten – damit sind nur die beiden ersten Stufen der esoterischen Datenverarbeitung durchlebt. Der Schüler hat Zugang zur Datenbank erhalten und gelernt, damit umzugehen. Nun bleibt noch der dritte Punkt: die gesammelten und bearbeiteten Daten in der richtigen Weise zu handhaben und zu lernen; die entsprechenden Schlüsse und Erkenntnisse daraus zu ziehen. Erst wenn dieser dritte Punkt erfüllt ist, kann das geschehen, was wir mit den Ausdrücken »Erleuchtung« oder »Einweihung« zu bezeichnen pflegen. Darüber zu befinden, ob dieser Punkt erfüllt ist oder nicht, ist nicht mehr Sache irgendeines Meisters, der im Rahmen unserer irdisch-materiellen Sphäre greif- und sichtbar ist. Darum sendet der irdische Meister seinen Schüler in die Welt hinaus und vertraut ihn gleichzeitig auch der Obhut des nächsthöheren und größeren Meisters an.

Mit der Sprache der Computer ausgedrückt ist auch diese Geschichte, wie ich sie erzählt habe, ein Datenträger, auf dem Informationen gespeichert sind. Wenn ich jemandem eine bespielte Tonbandkassette gebe, dann hat der Betreffende, solange sie in seinem Besitz ist, die Gesamtheit der darauf gespeicherten Informationen zu seiner Verfügung. Das gilt sogar dann, wenn das Tonband äußerlich unansehnlich oder unbeschriftet ist. Es enthält alle Geheimnisse und Schönheiten einer Fuge von Bach oder die tiefsinnigen Gedanken eines Dichters und Denkers, auch wenn ich nicht weiß, was dieses Tonband enthält. Solange ich es in meiner Hand halte, sind auch alle darauf gespeicherten Informationen in meinem Besitz. Aber das hilft mir nicht viel, wenn es mir nicht gelingt, sie zu lesen, was am Beispiel des Tonbandes dann geschieht, wenn ich es abspiele. Dann erst erklingt Musik, dann erst höre ich die Worte. Aber auch damit ist die Gewähr noch nicht gegeben, daß mir die Musik gefällt, daß ich die formale Komposition einer Bachfuge verstehe oder wirklich erkenne, was der Dichter und Denker mit seinen Worten gemeint hat.

Die ganze sichtbare Welt um uns kann als eine riesige Ansammlung von Datenträgern und Tonbändern betrachtet werden, voller Daten und Informationen, die man lesen und bearbeiten kann, wenn man weiß, auf welche Weise. Aber auch jeder einzelne Mensch ist ein solcher Datenträger, und jedes echte esoterische Bemühen besteht darin, den Inhalt der in uns gespeicherten Informationen wachzurufen, darauf zu hören und für die entsprechende Wirkung Raum zu lassen.

Hier gilt es einen wichtigen Umstand zu beachten, der in der Esoterik und besonders für die Beurteilung von Esoterikern große Bedeutung hat. Falls die Tonbandkassette ein Bewußtsein hätte und wer weiß, vielleicht hat sie auf ihrer Stufe eins, würden wir es als höchst vermessen und lächerlich empfinden, wenn sie behaupten würde, die Musik, die auf ihr gespeichert ist, sei auch von ihr komponiert worden. Jeder echte und wahre esoterische Lehrer weiß, daß er bestenfalls nur eine Schallplatte ist, die Träger einer Musik ist, die weder von ihm komponiert noch von ihm auf die Platte geschrieben wurde. Seine Aufgabe besteht darin, sie abzuspielen und die Musik erklingen zu lassen. Dies geht (jedenfalls vor der Erfindung der Compact-Disc) kaum ohne Nebengeräusche ab, je nachdem, in welchem Zustand die Schallplatte ist, wieviel Schmutz und Staub sich auf ihr abgelagert hat, wieviel Kerben und Kratzer durch unsachgemäße und nachlässige Behandlung auf ihr entstanden sind. All das hat wesentlichen Einfluß darauf, wie rein, klar und gut vernehmbar die Musik ertönen kann. Es wird immer wieder Fälle geben, in denen die ursprünglich reine Musik vor lauter Nebengeräuschen kaum oder überhaupt nicht mehr wahrnehmbar ist. Man muß dann mit sehr feinem Ohr hinhören oder das Notenbild, das man vielleicht einmal erblickt und verinnerlicht hat, zu Hilfe nehmen, um die ursprüngliche Musik zu hören und sie gegebenenfalls mit dem inneren Ohr zu rekonstruieren.

Dies führt uns zu einem wichtigen Problem, womit jeder konfrontiert ist, der sich in die Vielfalt der heutigen Esoterik hineinbegibt. Er steht vor der Notwendigkeit, das Echte vom Unechten zu unterscheiden, wofür er gewisse Kriterien benötigt. Ich kann dafür natürlich keine allgemeinen Richtlinien aufstellen, sondern nur ganz persönliche Erfahrungen weitergeben.

Als erstes versuche ich, bei jedem Lehrer und seiner Schule herauszufinden, ob er sich für den Komponisten hält oder sich als Datenträger versteht. Dies ist allerdings nicht ganz so einfach, denn kaum jemand wird so plump sein und gleich mit der Tür ins Haus fallen, womöglich mit den Worten eines Messias: »Ich bin die Wahrheit und das Leben.« Der Anspruch, der Komponist zu sein, wird sich in der Wirklichkeit meistens hinter einer guten Tarnung verstecken, die, und auch das ist zu beachten, vielleicht nicht einmal vom betreffenden selbst durchschaut wird. Meist verbirgt sich dieser Anspruch hinter sogenannten Geistführern, Engeln und ähnlichem, was die Frage nach außen verlagert, denn auch bei diesen gilt es, die echten von den unechten zu unterscheiden.

Ich kann wieder nur sagen, wie ich diese Frage angehe. Ich halte Ausschau nach dem scheinbar Unlogischen und nicht Erwartungsgemäßen. Was ich damit meine, möge vielleicht das folgende Beispiel erläutern: Wenn ich mich mit einem überdurchschnittlich intelligenten Menschen unterhalte, der auch eine höhere Ausbildung hat, und er erzählt mir etwas über die Einsteinsche Relativitätstheorie, dann bin ich darüber nicht erstaunt. Ich wäre eher verwundert, wenn er nichts darüber wüßte. Wenn mir aber ein geistig behinderter Mensch, der auch nur eine geringe Schulbildung erhalten hat, plötzlich Fragmente der Einsteinschen Relativitätstheorie berichtet, dann werde ich aufmerksam. Ich beobachte weiter und brauche noch mehr Hinweise, bis ich mich entschließe anzuerkennen, daß hier wirklich etwas Transzendentes einfließt. Bei der Beurteilung von sogenannten Geistführern und transzendenten Meistern gehe ich ähnlich vor. Ich versuche zu erkennen, inwiefern die oder der Geistführer ein Spiegel- oder Schattenbild des betreffenden Lehrers ist. So wie jemand vor einem Spiegel steht und spricht und allen Ernstes behauptet: »Nicht ich spreche, sondern die Erscheinung im Spiegel.« Dabei ist allerdings zu beachten, daß es nicht nur Spiegel gibt, die wirklich spiegelgetreu reflektieren, sondern auch Zerrspiegel, wie wir sie im Lachkabinett eines Jahrmarkts finden, deren Effekt darin besteht, daß sie ein bis an die Grenzen der Unkenntlichkeit verzerrtes Bild wiedergeben können. Auch hier halte ich Ausschau nach etwas, das nicht widergespiegelt werden kann, weil es im Originalbild nicht enthalten ist, jedoch in der Erscheinung plötzlich auftaucht. Aber, wie gesagt, das sind nur meine persönlichen Methoden, weder Maßstäbe noch Kriterien, weil sie sehr stark auch von mir selbst und meinem persönlichen Zustand abhängen.

Bei dieser Gelegenheit soll noch ein Umstand zur Sprache kommen, der erfahrungsgemäß für jemanden, der zum ersten Mal mit der Esoterik in Berührung kommt, traumatisch werden kann. Hierzu gehen wir wieder von der Schallplatte aus. Die Qualität der Schallplatte sagt nichts über die Qualität der Komposition aus, die auf ihr eingraviert ist. Eine Fuge von Bach bleibt eine Fuge von Bach in all ihrer Schönheit und Harmonie, auch wenn die Schallplatte noch so gräßlich verschmutzt und zerkratzt ist. Umgekehrt kann eine technisch mit aller Sorgfalt hergestellte und sich in tadellosem Zustand befindende Schallplatte eine auf ihr enthaltene banale oder schlechte Musik qualitativ nicht verbessern. Sie ist und bleibt banal oder schlecht. Freilich kommt es auch vor, daß gute Musik und eine qualitativ gut angefertigte und instand gehaltene Schallplatte sich zu einem Ganzen verbinden. Aber nach meiner Erfahrung ist das, auch in esoterischen Kreisen, eher die Ausnahme. Esoteriker sind eben ihrer Veranlagung nach ganz gewöhnliche Menschen, mit all dem versehen, was für einen gewöhnlichen Menschen typisch ist. Ein weiterer Anhaltspunkt für die Beurteilung esoterischer Schulen und Lehrer ist für mich die Antwort auf die Frage: »Wie gehen diese mit der Menschlichkeit um? Sagen sie ja zu dieser Menschlichkeit, und lassen sie ihre Schüler und Anhänger auch wirklich Menschen sein?« Es gibt immer wieder Lehrer und Gurus, die nach außen hin bestrebt sind, dem, was sie lehren und sagen, vermehrten Rückhalt zu geben, indem sie versuchen, ein gottähnliches Leben jenseits von Gut und Böse zu führen, womit sie aber ihre Anhänger auch unter Druck setzen, gleiches anzustreben. Dies kann auf irgendeine Art nur schiefgehen. Wir alle kennen die sich immer wieder ereignende Geschichte vom weisen Guru, der seinen Anhängern das Leben in »Reinheit und Keuschheit« vordemonstriert, bis eines Tages ans Licht kommt, daß er seine jungen Schülerinnen verführt. Die Empörung ist dann jeweils groß, und die Ereignisse werden als Beweis gegen die Richtigkeit der Lehre des Gurus gewertet, was meiner Auffassung nach falsch ist, denn die Lüge des Gurus besteht in diesen Fällen immer darin, daß er seine Menschlichkeit verleugnet, was aber nicht unbedingt dem Abbruch tut, was er sagt und lehrt. Die Tragik ist, daß er selbst von der Durchschlagskraft seiner Lehren nicht hundertprozentig überzeugt zu sein scheint und meint, sie mit äußeren Demonstrationen aufwerten zu müssen.

Der Schüler seinerseits soll aber an seinen Lehrer auch nicht übertriebene Forderungen stellen, die dieser niemals erfüllen kann, weil er eben auch nur ein Mensch ist. Wie ich bereits erwähnt habe, war und ist es vielleicht heute noch im Osten, namentlich in Tibet, Brauch, daß der Schüler in enger Lebensgemeinschaft mit seinem Lehrer und dessen Familie lebt, was unvermeidlich zur Folge hat, daß der Schüler den Lehrer auch in seiner ganzen Menschlichkeit kennenlernt. Gerade von den großen tibetischen Heiligen wie etwa Milarepa und Drukpa Künleg – wird uns neben allem Spirituellen auch soviel Menschliches übermittelt, einschließlich Ehestreit und anderem, daß einem richtig warm ums Herz werden kann. Umgekehrt ist im Westen die Gestalt von Jesus, dem es ja vor allem um dieses Menschliche ging, durch die Tradition der Kirche mehr und mehr dieser menschlichen Selbstverständlichkeit entkleidet worden.

Nun möchte ich noch auf die dritte Bedingung hinweisen, die für mich entscheidend ist, ob ich einem Lehrer oder einer Schule Vertrauen schenke: Wie geht der Lehrer oder die Schule mit der persönlichen Entscheidungsfreiheit des Schülers um? Für mich gilt da nur eines – kurz und bündig: Wenn jemand die persönliche Entscheidungsfreiheit eines Schülers nicht respektiert, dann: Hände weg! Ferner halte ich auch nichts von Seminar- und Workshopleitern, die in ihrer biographischen Prospektskizze mehr als zwei Gebiete anführen, die sie studiert haben und sich darin für so kompetent ausgeben, um sie anderen sorgfältig und verantwortungsbewußt weiterzuvermitteln. Die Wahrscheinlichkeit ist groß, daß sie keines davon soweit beherrschen, um es verantwortungsbewußt und nutzbringend zu lehren.

Wer das Gebiet der Esoterik und namentlich der Esoteriker betritt, muß sich mit dem Umstand vertraut machen, daß ihn nicht eine rein ätherische, in harmonischer Schwingung sich befindende Sphäre erwartet, sondern das gleiche Panoptikum menschlicher Stärken und Schwächen, Tugenden und Laster wie anderswo. Der Unterschied ist höchstens, daß er sie womöglich wie durch ein Vergrößerungsglas wahrnimmt. Aber gleichzeitig ist dieser ganze »Irr«-Garten die Ansammlung der Rohstoffe, die Erde gleichsam, aus der heraus die Pflanze der Erkenntnis keimen, wachsen und endlich zum Blühen kommen kann.

Nach diesen Gedanken über die esoterischen Lehrer, die, um wieder zur Computersprache zurückzukehren, der »Hardware« entsprechen, also den technischen Geräten, mittels derer die Daten erfaßt und verarbeitet werden können, wollen wir uns nun der »Software« zuwenden, das heißt dem, was mit diesen Geräten verarbeitet werden kann, den Daten selbst. Wir wollen das an einem Beispiel Schritt für Schritt verfolgen und dabei zweierlei lernen:

1. Auf welche Weise in der vortechnologischen Epoche der Menschheit esoterische Daten und Informationen gespeichert und verarbeitet wurden und
2. gleichzeitig ein Grundwissen erwerben, das zum Verständnis, was Esoterik überhaupt enthält, unerläßlich ist.

Das am häufigsten angewandte Mittel esoterischer Datenverarbeitung sind die Mythen der Menschheit. Diese erzählen meist Taten und Geheimnisse aus dem Leben der Götter und sind eng auch mit der menschlichen Ebene verflochten. Sie enthalten die grundlegenden Informationen, die für so wichtig gehalten wurden, daß sie immer wieder von einer Generation zur anderen weitergegeben wurden, damit die Menschen auf dieser irdisch-materiellen Ebene überleben und leben können. Ich wähle dafür den aus dem Umfeld der ägyptisch-griechischen Mythologie stammenden Sagenkreis um Pan, weil ich überzeugt bin, daß die in diesem Sagenkreis enthaltenen Informationen gerade für unsere Generation eine ganz besondere Bedeutung und Wichtigkeit haben.

Alle Traditionen, die sich um den ziegengestaltigen Hirtengott Pan ranken, sagen übereinstimmend, daß Pan der Sohn von Hermes und eine Nymphe gewesen sei. Der Name der Nymphe wird verschieden überliefert, einmal als Salmatis, dann wiederum als die »Tochter des Dryops«; in einigen Fassungen als Penelope, versehen mit einem Hinweis auf

Pan – Sohn des Hermes

den Sagenkreis um Odysseus, dessen Gattin den gleichen Namen trägt. Uns interessiert in diesem Zusammenhang nur die Tatsache, daß Pan der Sohn eines Gottes, Hermes, und einer Nymphe ist. Der Gott Hermes ist eine in allen Farben schillernde Götterfigur, die in der Esoterik einen ganz zentralen Platz einnimmt, wie in einem anderen Namen für Esoterik, nämlich Hermetik, zum Ausdruck kommt. Hermes selbst ist der Sohn des Göttervaters Zeus, das heißt des urgöttlichen Prinzips, und einer Tochter des Riesen Atlas, der das Universum, den Kosmos, auf seinen Schultern trägt. Hermes ist der Bote der Götter. Mit seinen geflügelten Füßen – sie allein sind schon ein Symbol der Verbindung zwischen Himmel und Erde – durchzieht er die Welt, um überall den Willen der Götter zu verkünden und notfalls zu vollstrecken. Er ist auch der Bringer des Schlafes und der Träume, in denen Zeus den Menschen seine Botschaften zukommen läßt. Hermes ist aber auch der Begleiter der Toten in die jenseitige Dimension.

Mit dieser kurzen, skizzenhaften Darstellung des Wesens von Hermes haben wir bereits einen Abriß der gesamten Esoterik. Esoterik entspringt dem obersten göttlich-kosmischen Prinzip und ist dazu bestimmt, die Verbindung zwischen dieser oberen Ebene und der menschlichen Ebene herzustellen. Die Esoterik ist also göttlich-kosmischen Ursprungs und soll sich auf der menschlich-irdischen Ebene konkretisieren. Die wichtigsten Kontaktstellen (Yoga) zwischen Göttlichem und Menschlichem, nämlich Schlaf und Traum, und dem großen Bruder des Schlafes, dem Tod, befinden sich demnach auch in der Obhut von Hermes. Von besonderer Wichtigkeit ist sein Aspekt als Hirtengott. In dieser Funktion segnet er die Fruchtbarkeit der Herden und hält sie zusammen, das heißt, er kümmert sich auch um die verlorenen Schafe. Ein Bild von Hermes, die sogenannte Herme, stand sehr oft an Wegkreuzungen und diente als Wegweiser. Hermes tritt also dort in Erscheinung, wo es gilt, den richtigen Weg zu bestimmen und zu gehen.

Ich habe schon erwähnt, daß Hermes eine durch und durch schillernde Götterfigur ist. Dies zeigt sich unter anderem darin, daß Hermes auch ein virtuoser Dieb und Lügner ist. Eine der ersten Taten des neugeborenen Hermes war, daß er dem Gott Apollo fünfzig Kälber stahl und dies so geschickt leugnete und vertuschte, daß ihm die Tat nicht nachzuweisen war. Das verhinderte allerdings nicht, daß Hermes und Apollo, der Gott der Kunst, später enge Freunde wurden.

Wir können anhand der Darstellung des Charakters von Hermes auch grundlegend erklären, was Esoterik ihrem Wesen gemäß ist. Wenn in früheren Zeiten die Geschichte von Hermes von Mund zu Ohr erzählt wurde, ausgeschmückt mit den entsprechenden Details, konsumierte der Hörer nicht nur eine unterhaltsame Story, sondern gleichzeitig wurde unmerklich sein Unbewußtes mit allen wichtigen und notwendigen Informationen versehen. Die Geschichten von Hermes enthalten also Daten, und das Unbewußte des Menschen ist der Speicher, in dem diese Daten aufbewahrt werden; und die esoterische Schule vermittelt die Methoden und Fähigkeiten, mit denen diese Daten entziffert und für ihre praktische Verwendung zubereitet werden können.

Als Pan geboren wird, erschrickt seine Mutter entsetzlich über sein Aussehen: gehörnt, eselsköpfig, geißfüßig und den ganzen Unterleib mit einem dichten Tierpelz versehen. Die Nymphenmutter weigert sich, diesen Sohn zu akzeptieren und läßt das hilflose Kind liegen. Der Vater aber, Hermes, nimmt den kleinen Pan auf, wickelt ihn in ein Hasenfell und trägt ihn auf den Olymp, wo die Götter ihre helle Freude an dem Kleinen haben. Aber Pan darf nicht auf dem Olymp bleiben, er muß auf die irdische, naturhafte Ebene zurück. Er durchstreift ungestüm die Gebirgswelt Arkadiens, wie sein Vater ein Gott der Hirten und Herden, verbreitet allerdings überall, wo er auftaucht, Schrecken und Panik. Pan liebt die Musik innig, aber mit seinen Geißhufen gelingt es ihm kaum, der Lyra einen anständigen Ton zu entlocken; und auch sein Flötenspiel ist eher archaisch einfach und eintönig. Was Pan in seiner unglücklichen Liebe zur Musik hervorbringt, ist nicht Klang und Gesang, sondern Lärm, und seine Sehnsucht nach Heiterkeit und Freude kann sich nicht anders äußern als in einem unbändigen Gelächter, das aber wieder nur Schrecken und Verwirrung stiftet.

Betrachten wir nun gemeinsam, welche esoterischen Daten die Geschichte von Pans Geburt und Heranwachsen enthält und wie wir sie lesen und auswerten können: Pan ist der Sohn des Hermes. Dies ist von eminenter Wichtigkeit, denn Sohn und Vater können nicht voneinander getrennt werden. Was der Vater ist, das ist auch der Sohn, vor allem in der patriarchalischen Gesellschaft, in der dieser Sagenkreis entstanden ist. Der Sohn hat eine Sonderstellung, er ist der Träger des Erbes. Was der Vater erarbeitet und erwirtschaftet hat, alles, was der Vater verkörpert, geht auf den Sohn über, der es auf seine Weise verwalten und vertreten muß. Wir sehen also die Gegensätze: Hermes, der Gott der Esoterik, der Verfeinerung, und Pan, der Rohe, Ungeschlachte, sind aus einem Stamm. Das Urgöttliche, Kosmische ist der Urquell einer großen, allumfassenden Energie, die Pan auf der irdisch-materiellen Ebene in einer rohen und vielleicht verzerrten Form widerspiegelt. Zwischen dieser kosmischen Urenergie und ihrer naturhaften Verkörperung, Pan, steht als Vermittler und Medium Hermes, und wie wir später noch sehen werden, ist in dieser Konstellation bereits alles enthalten, worum es in der Esoterik eigentlich geht.

Es ist Hermes, der seinen Sohn in einem Hasenfell auf den Olymp bringt, wo dieser zwar Freude und Vergnügen auslöst, aber als Bastard doch nicht im olympischen Pantheon der Götter akzeptiert wird. Pan erfährt also zum zweiten Mal Ausgestoßensein und Abspaltung. In diesen Details oder Daten spiegelt sich ziemlich genau die Situation wider, in der sich der archaische Mensch anfangs in seinem Überlebenskampf befunden haben muß. Allein und gleichsam verlassen erfuhr er sich einer übermächtigen Naturgewalt ausgeliefert, in der er nur auf zwei Arten überleben konnte: Entweder begegnete der Mensch dieser ihn bedrohenden Natur mit der gleichen, möglichst noch größeren Gegengewalt, um Sieger und so Überlebender zu sein, oder es blieb ihm nur die entgegengesetzte Möglichkeit offen, vor dieser Bedrohung zu flüchten, oder, wenn dies nicht gelang, ihr wehrloses Opfer zu werden. Ein Symbol dieser kreatürlichen Wehrlosigkeit, die sich der Gewalt nur durch schnelle Flucht entziehen kann, wenn sie nicht deren Opfer werden will, ist der Hase. Deshalb wickelt der schlaue Hermes seinen Sohn in ein Hasenfell, um ihn den Göttern zu präsentieren. Er nimmt Pan zwar auf diese Weise das Schreckenerregende, aber gleichzeitig nehmen die Götter Pan auch nicht ernst.

Somit gibt uns Pan ein Bild der zwei Grundmuster menschlichen Verhaltens: Aggression und Flucht. Beide Verhaltensweisen sichern das bloße Überleben, aber nicht mehr. Wenn der Urmensch bei drohender Gefahr seinen Feind mit Gewalt überwand, indem er ihn tötete, überlebte er zwar, verharrte aber in Isolation und Abgespaltenheit in bezug auf die ihn umgebende Natur, wie Pan. Die gleiche Wirkung hat das gegenteilige Verhalten der Flucht. Auch sie ermöglicht das Überleben, aber wiederum zugunsten der Isolierung. Statt einen organischen Bestandteil der Natur zu bilden, wird der Hasen-Pan das Opfer dieser Natur, der er sich nur entziehen kann, wenn er jede Konfrontation meidet und sich im Versteckten aufhält.

Aggression und Flucht durchziehen wie ein Leitmotiv den ganzen Sagenkreis um Pan. Der eselsköpfige und geißfüßige Pan ist von einer zügellosen sexuellen Triebhaftigkeit befallen, die sich bei ihm durch direkte Aggression äußert. Er lebt diese Aggression gemäß seinem Wesen auf einer unteren naturhaften Stufe, indem er, Sohn einer Nymphe, den Nymphen nachstellt. Aber immer wieder erleidet er das gleiche Schicksal, das ihm schon seine Nymphen-Mutter bereitet hat. Seine Sehnsucht nach Liebe, der er nur in brutaler Aggression Ausdruck geben kann, erregt Schrecken und Angst. Die Nymphen entziehen sich seinem ungestümen Andrang und seiner angsteinflößenden Gestalt durch Flucht; Pan kann sein Ziel nur erreichen, indem er sie, wenn sie im Schlafe liegen, heimlich überrascht oder brutal vergewaltigt. In diesem Zusammenhang taucht ein besonderes Motiv immer wieder auf. Wenn von Pan verfolgte Nymphen in eine ausweglose Situation geraten, in der die Konfrontation mit dem Aggressor unvermeidlich wird, flehen sie zu den Göttern, sie vor dieser andrängenden Gewalt des Pan zu erretten. Die Götter entsprechen dieser Bitte, indem sie die Nymphen in Pflanzen verwandeln, in eine Fichte etwa oder in Schilf. Die Bedeutung ist klar. Die Nymphen verkörpern die unterste Schicht des menschlichen Bewußtseins. Sie sind Gestalten, die eben erst die Stufen des Vegetativen und rein Animalischen verlassen haben und ihre ersten Schritte auf der Ebene des menschlichen Bewußtseins erproben. Ihre Bitte um Errettung vor Pan wird von den Göttern erfüllt, gleichzeitig werden sie aber auf die Ebene der vegetativen Pflanzenwelt zurückgestuft. Das heißt, sie müssen sogar noch das Tierreich überspringen und wieder fast von vorn anfangen. Dadurch zeigt sich, daß die Konfrontation mit Pan und seiner Aggression eine Prüfung ist, von der es abhängt, ob die Nymphen ihren Evolutionsweg im Menschenreich weitergehen können oder ins Pflanzenreich zurückfallen.

Sich mit der von Pan symbolisierten Urkraft auseinanderzusetzen und zu lernen, mit ihr umzugehen, ist eine grundsätzliche Voraussetzung für die Existenz in der Menschenwelt. Pan ist der Enkel der kosmischen Urzeugungskraft und deren Repräsentant auf der menschlich-materiellen Ebene. Wer Pan also ablehnt und zurückstößt, lehnt das Göttliche ab und stößt es zurück. Die kosmisch-urzeugende Kraft will aber, ja muß sich durchsetzen, wenn Leben weiterbestehen soll. Wenn wir uns einmal vorstellen, daß alle weiblichen Lebewesen auf dieser Erde vor der Aggression Pans flüchten würden, dann müßte zwangsläufig durch die Verweigerung der sexuellen Vereinigung alles höhere Leben auf dieser Erde verschwinden. Deshalb bleibt als allerletztes, verzweifeltes Mittel, um das Erlöschen allen Lebens, das ja den Sinn des Kosmos ausmacht, zu verhindern, nur noch die Gewalt, ganz speziell die Vergewaltigung. Wir sehen nun, warum der Akt der Vergewaltigung, ob auf direkte aggressive oder heimliche, verführende und überlistende Art, zum Wesen von Pan gehört. Er ist der Hüter des Lebensfunkens mit der Aufgabe, dieses Lebensfeuer um jeden Preis zu erhalten. Der Preis, den er dafür zahlt, ist hoch: Er besteht in Liebelosigkeit, Ausgestoßenwerden und Verfemung.

Es ist nun von äußerster Wichtigkeit, daß hier keine Mißverständnisse entstehen. Ich plädiere nicht für eine Verwahrlosung oder gar Legitimierung von Vergewaltigung. Vergewaltigung, ganz gleich in welcher Art, ist und bleibt ein verabscheuungswürdiges Verbrechen. In einer Epoche, in der die Erde äußerst dünn mit Leben besiedelt war, mag sie im oben erwähnten Sinne als letztes verzweifeltes Mittel, dem Leben das Überleben zu sichern, ihre Berechtigung gehabt haben. Aber heute, wo die Welt vor Überbevölkerung beinahe aus den Nähten birst, ist sie absolut und in jeder Beziehung überholt und darf nicht mehr angewandt werden. Ich bin mir durchaus bewußt, daß ich mit dem eben Gesagten eine äußerst brisante Sache anpacke, denn meine Ausführungen könnten jederzeit und von jedem Menschen aufgenommen und entstellt werden, um seine ganz persönliche Gewalt und Vergewaltigung zu rechtfertigen und zu etablieren. Es ist nicht auszudenken, was alles geschehen könnte, wenn Menschen, die in keiner Hinsicht die nötige Reife erlangt haben, sich dieses Wissens bemächtigten, um es für ihre persönlichen und höchst eigensüchtigen Bestrebungen einzusetzen und diese sogar dadurch noch zu rechtfertigen. Dies ist auch der Grund, warum esoterisches Wissen zu allen Zeiten mit dem Schleier des Geheimnisses bedeckt worden ist: um Geheimnisse zu verbergen, zu denen nur Auserwählte nach einer besonderen Schulung und einem dahin ausgerichteten Training Zugang erhalten haben.

Es kann nicht deutlich genug betont werden, daß wahres esoterisches Wissen immer einen doppelten Keim in sich birgt: einen, der Leben konstruktiv fördert, und einen, der es destruktiv verhindert. Es ist Heilmittel wie Gift zugleich, und nur der entsprechend Geschulte und Wissende, der Eingeweihte, kann damit in der rechten Weise umgehen und ermessen, was darin heilbringend und was zerstörend ist. Gelangt ein solches Geheimnis dem Unbefugten zur Kenntnis, der nicht über die nötigen Voraussetzungen verfügt, ist die Gefahr groß, daß er damit Unheil anrichtet und nicht zuletzt gleich dem mit einer Granate spielenden Kind sich selbst in die Luft sprengt.

Es stellt sich nun natürlich die Frage, warum gerade in unserer Zeit, nachdem diese Geheimnisse jahrtausendelang streng bewahrt worden sind, so offensichtlich und allgemein Zugang dazu möglich ist. Ich meine persönlich, daß dies die letzte Chance ist, die der vom Untergang bedrohten Menschheit noch bleibt. Die Mächte, die über die Fortentwicklung der Menschheit wachen, sehen offenbar kein anderes Mittel mehr, als die Perlen des Wissens weit auszustreuen, in der verzweifelten Hoffnung, daß nicht nur Säue sie finden. Denn es bedarf der exoterischen Zusammenarbeit vieler, um das drohende Unheil abwenden zu können. Noch besteht die Chance, daß die Menschen anhand der ihnen zugänglich gemachten esoterischen Geheimnisse erkennen, auf welch tödlichem Abweg sie sich befinden, auf dem sie wie Bakterien das Gesetz des Kosmos auf der ihnen zugewiesenen Ebene zu stören und zu zerstören trachten. Aber so oder so ist diese große kosmische Ordnung die stärkere. Uns bleibt nichts anderes übrig, als sie zu erkennen, ihr gemäß zu handeln oder von ihr zerstört zu werden.

Kennen Sie die folgende kleine Geschichte? Alle paar hunderttausend Jahre trifft sich die Erde im Weltall mit einem Kometen. Der Komet fragt die Erde: »Wie geht es Ihnen?« Die Erde antwortet: »Danke, wieder gut; der Schnupfen, den ich bei unserer letzten Begegnung hatte, ist vorbei.« Jetzt gewinnt die Tatsache an Bedeutung, daß Pan der Sohn von Hermes ist, und als Sohn des Zeus steht Hermes in direkter genealogischer Beziehung zum Göttlichen und darüber hinaus zur kosmischen Urzeugung. In der ägyptischen Version des Mythos von Hermes, auf die im nächsten Kapitel näher eingegangen wird, ist Hermes identisch mit dem Gott Thoth. Thoth ist der Gott des Wissens überhaupt. Er gilt als der Erfinder der Schrift, der Hieroglyphen, was heilige Bilder bedeutet. Alles, was gemessen und vermessen werden kann, steht unter seiner Regentschaft; er ist der Gott der Zahl, der Musik, der Begründer der Sternkunde und der Verfasser heiliger Bücher, in denen alle Geheimnisse der Welt enthalten sind. Folglich gilt er auch als der Schutzgott der Tempelbibliotheken. Kurz: Thoth-Hermes ist der Gott der Esoterik und des esoterischen Wissens.

In unserer Betrachtung ist auch von besonderer Bedeutung, daß der Gott Thoth auch der Lehrer der Isis gewesen sein soll. Thoth-Hermes ist also die natürliche Vermittlerfigur, das natürliche Medium zwischen Pan und dem Göttlichen. Mit anderen Worten: Hermes und Pan repräsentieren letztlich das gleiche. Vater und Sohn sind vom gleichen Fleisch und Blut. Aber während Pan den Zustand der naturnahen Primitivität verkörpert, zeigt sich in Hermes, daß dieser Zustand überwunden werden kann. In seiner Obhut ist all das Wissensgut, das befähigt, sich aus dieser Urprimitivität zu befreien und eine Höherentwicklung anzustreben. Von ihm erhält der Mensch alle Kenntnisse, die notwendig sind, um mit den beängstigenden Naturgewalten konstruktiv umzugehen, statt sie mit brutaler Gewalt destruktiv einzusetzen oder vor ihnen hasenfüßig davonzulaufen.

Thoth-Hermes ist also der Vater von Pan und der Lehrer der Isis. Isis ist die Göttin, die das Weibliche als solches und gleichzeitig das Naturprinzip verkörpert. Der männliche

Pan und die weibliche Isis, beide dem Naturhaften verbunden, müssen nun lernen. Pan muß lernen, seine schrankenlose Aggression zu zügeln und mit seiner Kraft so umzugehen, daß sie nicht Panik und Abscheu auslöst, sondern sich organisch und harmonisch in das große Ganze der kosmischen Ordnung einfügt, um dem lebenserhaltenden und lebensfördernden Prinzip auf andere Art zu dienen als durch Roheit und Vergewaltigung. Isis muß lernen, sich mit der Kraft des Pan zu konfrontieren und ihr standzuhalten, statt vor ihr davonzulaufen. Das bedeutet, ihr als der Frau schlechthin obliegt es, den von seiner Mutter Verstoßenen zu erlösen und aus seiner abgespaltenen Einsamkeit in die Ganzheit des Kosmos zurückzuholen. Das lernt sie, indem ihr die Aufgabe zuteil wird, den zerstückelten Osiris Stück für Stück neu zusammenzusetzen und ihn, das männliche Prinzip, dadurch neu zu beleben und es wieder auferstehen zu lassen. Dies tut sie unter der Mithilfe des Anubis, der niemand anderes ist als Thoth-Hermes. Pan muß lernen, seine Ziegen-und Eselsgestalt allmählich abzulegen, mehr und mehr wahre Menschlichkeit zu entwickeln, nicht mehr mit wilder, unberechenbarer Gewalt und Übermut die Herden zu jagen und zu verstreuen, sondern seinem Vater Hermes gemäß Hüter und Hirte zu werden. Das heißt, Pan wie Isis müssen, beide auf ihre Weise, lernen, die aggressive Naturgewalt zu überwinden, zu akzeptieren und schließlich in Liebe umzuwandeln. Wenn dieser Entwicklungsweg gelingt, dann ist der wilde Pan zum guten Hirten geworden und Isis zur liebenden Frau. Und hier wird auch ein ganz besonderes Geheimnis plötzlich klar: Christus, der gute Hirte, ist kein anderer als der zu Liebe gewordene Pan. Und Isis wiederum ist die Nymphe Maria, die ihren Sohn Pan neu gebären muß, um ihn diesmal nicht mehr zu verstoßen, sondern ihn anzunehmen (»Ich bin des Herrn Magd; mir geschehe, wie du gesagt hast.«) und bei ihm zu bleiben.

Pan – Isis – Hermes sind nicht über alles Menschliche erhabene Götterfiguren, sondern tief in uns selbst. Sie sind wir. Jeder Mensch hat die Aufgabe, mit den natürlichen Urgewalten fertig zu werden, sie zu zähmen, seine Angst vor ihnen zu überwinden, sie stufenweise zu läutern, bis das Ziel der Liebe erreicht ist. Dies kann aber nur mit Hilfe von Hermes geschehen, weshalb dieser Entwicklungsweg eben der esoterische, der hermetische Weg heißt.

Der griechische Schriftsteller Plutarch erzählt, daß zur Zeit des Kaisers Tiberius, während dessen Regierungszeit Jesus gekreuzigt wurde, ein Schiff an der Westküste Griechenlands entlangfuhr. Als er bei der Insel Paxos vorbeikam, hörte die Besatzung eine mächtige Stimme: »Wenn ihr nach Epirus kommt, so verkündet dort: Der große Pan ist tot!« Als dann die Seeleute dort die Botschaft verkündeten, da begannen alle Felsen, Bäume, Pflanzen und Tiere laut zu klagen. Die ganze Natur weinte in großer Traurigkeit. Man hat diese Geschichte, gestützt auf die Interpretation des Kirchenvaters Eusebius, immer so gedeutet, als sei mit Jesus eine neue Zeit, die Zeit des Christentums, angebrochen und gleichzeitig die alte Naturreligion gestorben. Das mag wohl auch so sein. Aber für uns Menschen des ausgehenden 20. Jahrhunderts bekommt das große Klagen und Weinen der Natur um ihren Schutzgott, der beim Erscheinen des neuen Gottes sterben mußte, eine ganz besondere Bedeutung. Es ist höchste Zeit, daß Pan, der Hüter und Bewahrer allen Lebens in der Natur, aufersteht und seinen angestammten Platz neben seinem Vater Hermes-Christus wieder einnimmt.

All das mag für uns heutige Menschen vielleicht befremdend, verwirrend oder gar beängstigend wirken. Aber die Menschen früherer Jahrtausende standen diesem Wissen viel näher, wie das von Plato überlieferte Gebet des Sokrates zeigt:

»Geliebter Pan und ihr andern Götter hier um uns, gebt mir, daß ich schön werde in der Seele und daß alles, was mir zukommt, zu meiner Seele freundlich strebe. Gebt

mir, daß ich den Weisen für reich halte, und vom Golde sei mir stets nur soviel, als der Mäßige bedarf.
Soll ich noch mehr sagen, Phaidros? Ich habe um alles gebeten, was ich brauche.«

Strom durch die Jahrtausende

Für diejenigen, die darum bemüht sind, sich in dem heute überreich vorhandenen Angebot an esoterischer Literatur zurechtzufinden, ist es unerläßlich, ein gewisses Grundwissen zur Verfügung zu haben, das ihnen ermöglicht, das, was ihnen auf ihrer Suche begegnet, als einen Teil zu erkennen, der in größere Zusammenhänge eingefügt ist. Kenntnisse dieser Zusammenhänge und Verknüpfungen sind nicht nur unerläßlich, um die Spreu vom Weizen zu trennen, sondern auch, um den eigenen Ausgangspunkt und Standort zu finden, von dem aus erkennbar ist, was in diese Umgebung gehört und was getrost beiseite gelassen werden kann, ohne Abwertung dessen, was nicht unbedingt in diesen Rahmen paßt. Ich möchte deshalb in diesem Kapitel einiges Grundwissen vermitteln, bin mir aber im klaren darüber, daß dies auf diesen wenigen Seiten, die mir zur Verfügung stehen, unvollständig bleiben muß und ich meine persönlichen, subjektiv bestimmten Anschauungen in den Vordergrund schiebe. Ich kann dies jedoch getrost tun, weil ich weiß, daß es Werke gibt, die eine andere Meinung vertreten, andere Akzente setzen und damit das, was hier gezwungenermaßen fragmentarisch und subjektiv bleiben muß, ergänzen, vervollständigen und von anderen Perspektiven her zeigen. Solche Bücher werde ich im zweiten Teil kommentieren. (Siehe Seite 171.)

Vor der historischen Darlegung der Esoterik ist zuerst eine ganz klare und bedeutsame Entscheidung und Unterscheidung wichtig. Esoterik kann von zwei Standpunkten aus betrachtet und erläutert werden: Der eine ist der philosophisch-geisteswissenschaftliche, der die Esoterik als Teil der menschlichen Geistesentwicklung mit Hilfe der Philosophie und der Theologie betrachtet. Die andere Sichtweise ist eine mehr magisch-religiös orientierte. Sie zieht zu den Kriterien der geisteswissenschaftlich-philosophischen Ansicht den Aspekt des Numinosen, des letztlich nicht durch und durch Versteh- und Erklärbaren mit hinzu. Das erfordert die Bereitschaft, das Unerklärbare, Paradoxe auch als eine Gegebenheit zu akzeptieren. Ferner fordert es Einsicht, daß gewisse Dinge letztlich nicht verstanden werden können. Sie können wohl als Erscheinung wahrgenommen werden, man kann sogar mit ihnen innerhalb eines gewissen Bereiches umgehen, aber man muß von vornherein den Verzicht leisten, sie in irgendeinem Raster einzuordnen, der auch nur von Ferne dem Begriff Wissenschaft, so wie er heute in unserer Gesellschaft allgemein verstanden wird, genügen würde. Ich entscheide mich für diesen zweiten magisch-religiös orientierten Aspekt, weil er meiner persönlichen Sichtweise und Erfahrung entspricht. Und ich kann dies um so mehr tun, wenn ich den anderen Weg als gleichberechtigt anerkenne, mit dem einzigen Unterschied, daß er eben anders ist. Um diese Entscheidung wird niemand herumkommen, der sich tiefer mit der Esoterik einlassen will. Sie ist die Antwort auf die Frage: Will ich betrachten oder erleben? Diese Entscheidung kann nicht im Sinne von richtig oder falsch getroffen werden, sondern nur im Lichte der jeweiligen Persönlichkeit und des damit verbundenen Temperaments.

Jeder geschichtliche Abriß beginnt mit der Frage: Wo ist der Anfang? Dies ist bei der Esoterik nicht anders. Aber bereits hier zeigt sich, daß die beiden Betrachtungsweisen, die philosophische und die magische, jede auf ihre Weise die Antwort zu finden suchen. Der Philosoph und Wissenschaftler sucht nach den greifbaren Quellen und Belegen, den frühesten schriftlichen Zeugnissen, archäologischen Funden und dergleichen und setzt den Anfang dort, wo für ihn etwas greifbar und nachweisbar ist. Dieser Weg führt, was unsere westliche Welt betrifft, zu den frühen Hochkulturen des Mittleren Ostens, Chaldäa, Ägypten und womöglich noch zu den Höhlenmalereien in Südfrankreich und Spanien. Wer sich mehr von der magischen Sichtweise angezogen fühlt, geht eher einen Weg, wie er im letzten Kapitel beschrieben ist. Er sucht nach verborgenen Spuren, Anhaltspunkten, die nicht ohne weiteres erkennbar sind, die sich im Dunkel des Mythos verlieren und höchstwahrscheinlich durch die weiten Maschen wissenschaftlichen Denkens schlüpfen. Es gibt viele solcher Urmythen. Beinahe jeder Kulturkreis und jedes Naturvolk hat seine eigenen. Mit zwei davon wollen wir uns näher befassen, weil sie unseren eurasischen Raum betreffen (zu dem ich auch Nordamerika als dessen kulturellen Ableger zähle). Die eine dieser Urerzählungen ist im Westen dieses Raumes angesiedelt, die andere im Osten.

Es gibt eine Tradition, die berichtet, daß sich irgendwo im westlichen Meer ein Inselkontinent mit dem Namen Atlantis befunden habe, dessen Bewohner eine äußerst hochentwickelte, magisch orientierte Kultur besaßen. Vor etwa zwölftausend Jahren (die Angaben variieren allerdings nach den verschiedenen Quellen) sei diese Insel Atlantis infolge einer Naturkatastrophe innerhalb eines Tages und einer Nacht in den Fluten des Meeres versunken. Der erste greifbare Bericht über Atlantis befindet sich in den Werken des griechischen Philosophen Plato, der sich seinerseits auf ältere Berichte ägyptischer Priester beruft. Trotz vieler Untersuchungen konnte bis heute wissenschaftlich nicht geklärt werden, ob dieser Kontinent Atlantis wirklich existiert hat oder nicht. Es gibt auch Theorien, die ihn nicht, wie allgemein vermutet, westlich der afrikanischen Küste ansiedeln (nach dieser Ansicht wären die Azoren, Madeira und eventuell die Kanarischen Inseln die letzten Berggipfel dieses versunkenen Kontinentes), sondern ihn in der Nordsee vermuten, mit Helgoland als dessen letztem Rest. Es gibt auch Meinungen, die sagen, daß mit der Erzählung von Atlantis eine verheerende Vulkankatastrophe gemeint sei, welche die Insel Santorin im Ägäischen Meer zerstörte.

Der Überlieferung gemäß war die hohe Kultur der Atlanter eine Frucht ihres immensen magischen Wissens. Daß dieses magische Wissen im Laufe der Zeit dann mehr und mehr korrumpierte und mißbraucht wurde, sei letztlich die Ursache des Unterganges von Atlantis gewesen. Die Kräfte, welche die Atlanter zwar magisch evozierten, aber nicht mehr in der richtigen Weise handhabten, hätten sich dann schließlich gegen sie selbst gerichtet und ihren Untergang herbeigeführt. Die Atlanter sollen ihren politischen und kulturellen Einfluß auch in gewissen Gebieten beiderseits des Atlantischen Ozeans ausgeübt haben, so im heutigen Mittelamerika, in Irland und im westlichen Großbritannien, ferner im Baskenland und vielleicht, für unser Thema am wichtigsten, im heutigen Ägypten. Dorthin sollen sich auch einige Atlanter, denen es gelang, die Katastrophe zu überleben, geflüchtet haben, um dort mit Hilfe ihres magischen Wissens neu zu beginnen. Dies könnte eine Antwort auf die für die heutige wissenschaftliche Ägyptologie bislang unbeantworteten Fragen sein: Warum entstand die ägyptische Kultur so plötzlich, gleichsam aus dem Nichts heraus, und warum bestand sie über Jahrtausende hinweg in einer so stabilen Form?

Es fällt auch auf, daß, wenn wir die ehemaligen »Kolonien« von Atlantis in Betracht ziehen, viele Gemeinsamkeiten zu entdecken sind. So gibt es sowohl in Mittelamerika wie in Ägypten Pyramiden. Die Papyruspflanze als Rohstoff des Trägers schriftlicher Aufzeichnungen wächst ebenfalls in beiden Regionen. Die keltische Kultur Irlands und Großbritanniens, so verschieden sie äußerlich von den Kulturen des östlichen Mittelmeerraums auch sein mag, zeigt gewisse Parallelen dazu. Man vergleiche beispielsweise nur den Sagenkreis um König Artus und seine Tafelrunde mit der Geschichte von Christus und seinen zwölf Jüngern. Daß das spanische Baskenland seit jeher als ein Zentrum naturnaher Volksmagie gilt, kann ebenfalls in diese Betrachtung mit einbezogen werden.

Was nun die östliche Überlieferung betrifft, so gibt es dafür keine Quelle als so klaren Ausgangspunkt wie Plato für Atlantis, sondern sie muß, ähnlich einer Mosaikarbeit, mühsam aus kleinsten Teilchen, die sich weitzerstreut in verschiedenen Quellen finden, zusammengesetzt und rekonstruiert werden. Dabei ergibt sich etwa folgendes Bild: Im nördlichen Gebiet des Himalaja bis weit unterhalb der Wüste Gobi soll sich ein weitverzweigtes Höhlensystem, gewissermaßen ein unterirdisches Reich befinden. Bewohnt wird dieses unterirdische Reich von Weisen und Eingeweihten, die einst auf der Oberfläche der Erde lebten, sich dann aber unter dem Einfluß der ständig sich vergrößernden Entwicklung des menschlichen Geschlechtes, oder, nach einer anderen Version, infolge einer großen Katastrophe im Gebiet der Wüste Gobi (Atomexplosion?) in diese unterirdische Welt zurückgezogen haben. Diese Eingeweihten seien im Besitz einer ganz besonderen kosmischen Energie, die es ihnen ermöglicht, ihr unterirdisches Reich zu bauen und auszugestalten. Es trägt den Namen Agartha, und sein Zentrum soll die geheimnisvolle Stadt Shambhala sein. Von Agartha aus durchzieht ein weitverzweigtes Netz unterirdischer Gänge die ganze Erde. Eine solche unterirdische Verbindung soll auch zwischen Atlantis und Agartha bestanden haben.

An bestimmten, natürlich geheimgehaltenen Stellen erreichten diese Gänge die Erdoberfläche, so vor allem im Himalaja-Gebirge. Namentlich erwähnt wird auch der Potala-Palast des Dalai Lama im Lhasa. Diese Höhlen bilden also gleichsam Tore, durch die noch heutzutage in ganz bestimmten Fällen ein Kontakt zwischen den Weisen von Agartha und der Erdbevölkerung stattfinden kann. Agartha mit seiner unterirdischen Stadt Shambhala sei auch der Sitz eines geheimnisvollen »Königs der Welt«.

Ein anderer Zweig der Überlieferung berichtet, daß sich

im Laufe der Zeit die Eingeweihten von Agartha in zwei Gruppen gespalten und sich innerhalb des weitverzweigten unterirdischen Höhlensystems voneinander abgesondert hätten, um die geheimnisvolle kosmische Kraft auf verschiedene Weise zu nutzen. Dieses Detail spielt wahrscheinlich auf das an, was in der östlichen Esoterik der Pfad zur linken oder zur rechten Hand und im Bereich der westlichen Esoterik der Pfad der schwarzen und weißen Magie genannt wird.

So verschieden die Traditionen von Atlantis und Agartha, äußerlich betrachtet, auch sind, so enthalten sie doch viele Gemeinsamkeiten. Beiden Überlieferungen ist gemeinsam, daß sie eine frühe, hochentwickelte magische Tradition zum Ausdruck bringen, auch, daß diese hochentwickelte magische Kultur unter dem Einfluß negativer Entwicklung versinkt. Atlantis wurde buchstäblich von den Fluten des Meeres verschlungen. Agartha entstand durch die Eingeweihten, die sich unter die Erdoberfläche zurückzogen. Dies bedeutet aber nicht, daß das alte Wissen auf immer und ewig verloren ist. Es gibt Möglichkeiten, es wiederzufinden, wenn auch nur sehr fragmentarisch und in nicht immer reiner Form. In der auf Atlantis zurückgehenden Tradition geschieht dies durch mühsames Suchen von allfällig noch vorhandenen Spuren und Indizien, die in den verschiedensten Disziplinen der westlichen Esoterik noch enthalten sind. Im Fall von Agartha treten die Eingeweihten von sich aus ab und zu noch in persönlichen Kontakt mit ausgewählten Erdenmenschen, doch wahrscheinlich sehr selten und auf verborgene Weise. Ein sehr interessantes Detail ist, daß beide Namen, Atlantis wie Agartha, mit A beginnen, dem Buchstaben, der in der Esoterik das Symbol des Uranfangs ist.

Man kann nun die Berichte von Atlantis und Agartha auf zweierlei Arten betrachten. Vom magischen Standpunkt aus kann man sie als eine materielle Realität akzeptieren. Die Realität bleibt, auch wenn sie in keiner Weise archäologisch oder mittels eines anderen Wissenschaftszweiges erfaßbar ist. Symbolhaftes und psychologisches Denken sind die

Schlüssel, um Aufschluß darüber zu bekommen, wie das Wissen und die Kenntnisse, welche der Menschheit einst bewußt waren, im Laufe der Zeit infolge der menschlichen Entwicklung ins Unbewußte abgesunken sind, dort zwar noch vorhanden, aber äußerst schwierig anzugehen sind.

Da dieses Buch sich an die Leser der westlichen Hemisphäre wendet, ist es natürlich, daß wir von jetzt an diese esoterische Tradition in den Vordergrund stellen. Das heißt: die Esoterik, die mit dem Namen Agartha verbunden ist, muß zwangsläufig in den Hintergrund treten zugunsten jener Strömungen, die sich von Atlantis her ableiten. Dies ist aber in keiner Weise ein Werturteil, sondern als ein Hinweis zu verstehen, daß jeder dort graben soll, wo er sich befindet und wo er geboren worden ist. Denn unser Geburts- und Aufenthaltsort ist kein Zufall, sondern hat, wie jeder bald merken wird, der tiefer in dieses Gebiet einsteigt, seine ganz besondere Bedeutung.

Atlantis versank in den Fluten des Ozeans und wurde damit für einen direkten Kontakt unerreichbar. Deshalb müssen wir uns einem Ort zuwenden, der uns mit einer gewissen Wahrscheinlichkeit möglichst nahe an dieses Ursprüngliche, dieses A hinführt, das Atlantis für die westliche Esoterik bedeutet. Dieser Ort ist, wie bereits angedeutet, das alte Ägypten. Es gibt wohl kein Land, das ebenso die Phantasie der westlichen Menschheit beflügelt und zu den kühnsten Spekulationen geführt hat wie das alte Ägypten. Dies ist nicht nur den gigantischen archaischen Bauwerken, den Pyramiden, zu verdanken oder der vielleicht noch geheimnisvolleren Sphinx, von welcher der griechische Schriftsteller Plutarch sagt, daß sie das Geheimnis des esoterischen Wissens symbolisiert. Vielmehr sind es auch die ehemals straff organisierten Priesterschulen, von denen man zu allen Zeiten glaubte, daß sie alle Geheimnisse der Welt hüteten, um sie nur den besonders dafür Auserwählten, den Eingeweihten, zu offenbaren.

Hier begegnen wir wieder dem vielzitierten, umrätselten

Wort Einweihung, das in der Esoterik eine so große Rolle spielt. Einweihung hat nichts, wie manche vermuten, mit Wissen zu tun, und Wissen wiederum auch nichts mit Einweihung. Es gibt Menschen, die einen fast höchstmöglichen Wissensstand erreicht haben, ohne Eingeweihte zu sein, und umgekehrt gibt es Eingeweihte, die den Wissensanforderungen einer durchschnittlichen Abiturientenprüfung kaum gewachsen wären. Ich möchte Einweihung definieren als eine Veränderung und Erweiterung des Bewußtseins- und Seinszustandes überhaupt, der definitiv und nicht mehr rückgängig zu machen ist. Wissen kann vergessen werden, Einweihung nicht. Ferner kann man Einweihung, und hier gilt es eine weitverbreitete Meinung unter Esoterikern zu korrigieren, sich nicht selbst erteilen, sondern sie wird einem immer von außen her gegeben, auch wenn einem dies nicht oder erst später bewußt wird. Jedermann kann und soll sich auch auf eine Einweihung hin vorbereiten, aber ob er sie erhält oder nicht, hängt letztlich nicht von ihm selbst ab, sondern von einer höheren oder transzendenten Instanz außerhalb seines Einflußbereiches, die seine persönliche Entwicklung, seinen Reifegrad dafür beurteilt. Dies will nun nicht heißen, daß Nichteingeweihte weniger wert seien als Eingeweihte. Nach meiner Auffassung ist jeder Mensch zur Einweihung berufen, nur der Zeitpunkt, an dem ein Mensch sie erlangt, ist verschieden. So gleicht Einweihung, und dies gilt besonders heutzutage, wo die wahren Einweihungsschulen selten geworden sind und im verborgenen wirken, einer Prüfung, über die man erst dann etwas erfährt, wenn man sie bestanden hat, und dies einem eröffnet wird. Es wird zugleich klar, daß es Unsinn ist, sich auf Literatur, Workshops oder sogar Orden zu verlassen, die Einweihung öffentlich versprechen.

Das wahre Wesen der Einweihung ist vielleicht am treffendsten im Gleichnis vom verlorenen Sohn beschrieben, in dem Jesus erzählt, daß der Sohn den bitteren und beschwerlichen Weg zurück zum Hause des Vaters unter die Füße nimmt und daß der Vater, als er seinen Sohn herannahen sieht, ihm entgegengeht, ihn in seine Arme schließt und über die Schwelle seines Hauses zieht. Es gibt Indizien dafür, daß für jeden Schritt, den wir in Richtung unseres Ziels tun, auch jemand oder etwas uns von jenseits entgegenkommt. Wo und wann aber schließlich die Begegnung stattfindet, bleibt Geheimnis.

Die ägyptischen Tempelschulen waren bestrebt, dem nach Einweihung Suchenden den Weg dazu möglichst klar und deutlich zu zeigen und ihm, soweit dies überhaupt möglich ist, dabei zu helfen. Dies geschah allerdings in einem für unsere heutigen Begriffe äußerst hohen Grad von Perfektion. Der Schüler wurde innerhalb des Tempelbezirks auf eine symbolische Reise geschickt, deren Wegstrecke und Ziel er nicht kannte und die durchaus reale Gefahrenmomente enthielt, denen er sich spontan aus dem jeweiligen Hier und Jetzt zu stellen hatte. Entweder er bestand diese Gefahren, dann ging der Weg zum Ziel für ihn weiter, oder er kam darin um, womit der Versuch – »vorerst wenigstens« – scheiterte. Der Zugang zur Einweihung ging durch eine Türe, die nur Eingang war und niemals mehr Ausgang sein konnte. Darin erkennen wir die Endgültigkeit, das nicht mehr rückgängig zu machende Wesen der Einweihung. Wer nicht bereit ist, alles zu wagen und zu riskieren, ohne zu wissen, was er dafür erlangen wird, ist auch nicht würdig und fähig, alles zu bekommen.

Damit wird auch verständlich, warum die Einweihungsriten der alten Mysterienschulen stets vom dichten Schleier des Geheimnisses abgeschirmt waren.

Jeder sollte nur voraussetzungs- und wissenslos diesen Weg antreten. Es gibt Vermutungen, und ich glaube zu Recht, daß die Pyramiden gerade zu diesem Zwecke gebaut wurden, daß in ihren »Grabkammern« und Sarkophagen nie jemand wirklich begraben wurde, sondern nur symbolisch, um den Einzuweihenden während einer gewissen Zeit sich selbst und dem Einfluß der durch die Form der Pyramiden hervorgerufenen Energien zu überlassen, ohne jegliche Sicherheit, aus dieser durch und durch ungemütlichen Lage jemals wieder befreit zu werden. Das, was in dieser von höchstem seelischen Streß gekennzeichneten Lage dem Kandidaten als Erfahrung und Erkenntnis zuteil wurde, war wahrscheinlich Ziel und Inhalt der Einweihung.

Die Ägyptologen haben die Kultur des alten Ägyptens angesichts der Grabkammern, Sarkophage, Totenstädte und Mumien stets als vom Totenkult geprägt dargestellt, als Bestreben, dem Menschen auch über den Tod hinaus eine dauernde Existenz zu sichern. Der Text, der heute allgemein herangezogen wird, um dies zu belegen und der angeblich die Vorstellungen der Ägypter über das Leben nach dem Tode enthalten soll, wird *Das ägyptische Totenbuch* genannt. Das ägyptische Wort Tod im Titel dieses Buches kann indessen auch anders, mit Einweihung übersetzt werden, und in Konsequenz dazu wäre die altägyptische Kultur kein Totenkult, sondern ein Kult der Einweihung gewesen. Weiter würde das ägyptische Totenbuch nicht die Vorstellung der Ägypter über das Leben nach dem Tode enthalten, sondern das beschreiben, was der menschlichen Seele bei ihrer Reise in die tiefsten Tiefen ihres eigentlichen Selbst begegnet und widerfährt. Die Grenzen zwischen Leben und Tod wären damit wahrhaftig aufgehoben und Tod nichts anderes als eine andere Form des Lebens und das Leben eine andere Form des Todes. Vielleicht war das die Erfahrung, welcher der Neophyt im Verlauf der Einweihung ausgesetzt wurde.

Jedenfalls können die Ausdrücke Individuation oder Selbstfindung, die heute in der modernen Psychologie als Synonyme für Einweihung ab und zu gebraucht werden, nur unvollkommen das widerspiegeln, was in der Einweihung wirklich geschieht oder im alten Ägypten geschah; und eines ist sicher: Ohne höchste Risikobereitschaft, alles zu verlieren und vielleicht alles zu gewinnen, ist auch heute keine Einweihung möglich. An diesem Punkt entscheidet sich, ob einer zum Wissenden oder zum Eingeweihten wird.

Hermes Trismegistos

Der andere Zweig der Esoterik, das Wissen, wird in der Tradition des alten Ägypten durch den Namen Hermes Trismegistos vertreten. In der Überlieferung ist Hermes Trismegistos eine legendäre Figur, halb Gott, halb Mensch, die Verkörperung des esoterischen Prinzips an der Schwelle zwischen der Epoche des alten ägyptischen Reiches und dem Hellenismus der Antike. In der Götterwelt Ägyptens ist Hermes Trismegistos niemand anderes als der Gott Thoth, der Gott des Wissens, der die heiligen Schriftzeichen erfand, der den Kalender schuf, die Zeit maß und überhaupt jedes Meßsystem aufstellte, und der alles Wissen der Welt in einem geheimnisvollen Buch, dem *Buch Thoth*, aufzeichnete. Es soll in den Katakomben seines Tempels zu Hermepolis verwahrt worden sein. Vom aufdämmernden Hellenismus her gesehen verkörpert Hermes Trismegistos vor allem das geistige, philosophische Prinzip, das für viele Menschen der damaligen Zeit nicht mehr unbedingt mit dem Göttlichen und Transzendenten in Verbindung stand. Eine Legende berichtet, daß Alexander der Große, nachdem er das ägyptische Reich erobert hatte, an der Stelle, wo heute die Stadt Alexandria steht, das Grab des Hermes Trismegistos gefunden habe. Als Alexander die Grabkammer betrat, lag da die Mumie von Hermes Trismegistos, die in der Hand eine Tafel aus Smaragd hielt, auf der die Grundgesetze des Kosmos eingraviert waren.

Sie gilt auch heute noch als Grundtext der gesamten abendländischen Esoterik. Die smaragdene Tafel hat folgenden Wortlaut:

1. Wahr, wahr, kein Zweifel darin, sicher, zuverlässig!
2. Siehe, das Oberste kommt vom Untersten, und das Unterste vom Obersten; ein Werk der Wunder von einem Einzigen.

3. Wie die Dinge alle von diesem Grundstoff durch ein einziges Verfahren entstanden sind.
4. Sein Vater ist die Sonne, seine Mutter der Mond; der Wind hat ihn in seinem Bauch getragen, die Erde hat ihn ernährt.
5. Er ist der Vater der Zauberwerke, der Behüter der Wunder, vollkommen an Kräften; der Beleber der Lichter.
6. Ein Feuer, das zu Erde wird.
7. Nimm hinweg die Erde von dem Feuer, das Feine von dem Groben, mit Vorsicht und Kunst.
8. Und in ihm ist die Kraft des Obersten und des Untersten. So wirst du zum Herrscher über das Oberste und das Unterste. Weil mit dir ist das Licht der Lichter, darum flieht vor dir die Finsternis.
9. Mit der Kraft der Kräfte wirst du jegliches feine Ding bewältigen, wirst du in jegliches grobe Ding eindringen.
10. Gemäß der Entstehung der großen Welt entsteht die kleine Welt, und das ist mein Ruhm.
11. Das ist die Entstehung der kleinen Welt, und danach verfahren die Gelehrten.
12. Darum bin ich Hermes der Dreifache genannt worden.

Wer den Mythos von Pan, dem Sohn des Hermes, im letzten Kapitel verstanden hat, dem wird ohne weiteres klar, warum der Name Hermes wieder in Erscheinung tritt. Auch hier vertritt Hermes das Prinzip der Veredelung, der Emporentwicklung und Verfeinerung, wie wir es im Mythos von Pan und Hermes kennengelernt haben. Der Text der smaragdenen Tafel als Gesetz des Kosmos will Einsicht verschaffen in die großen Zusammenhänge und damit den Weg zur Erkenntnis freilegen. Auf eine Kurzformel gebracht bedeutet dies: Wer den Text der smaragdenen Tafel begriffen hat, hat auch das Universum begriffen. Er wird dadurch in den Stand versetzt, diesem Wissen entsprechend zu handeln, sein ganzes Leben aus dieser Erkenntnis heraus zu gestalten und als Teil dieser großen Kosmischen Ordnung zu leben. Die hermetischen Gesetze von Hermes Trismegistos können in vier Grundprinzipien zusammengefaßt werden:

1. Alles, was auf einer oberen Ebene geschieht, findet seine Entsprechung auch in den unteren Ebenen. Was auf der oberen Ebene geschieht, wirkt auf die untere Ebene ein; und umgekehrt gesehen ist alles, was auf einer unteren Ebene vorhanden ist, ein Abbild dessen, was auf den oberen Ebenen ist und wirkt. In der Kurzfassung wird dieses Prinzip oft zitiert als: »Wie oben so unten«.
2. Alles in der Welt ist polar. Das bedeutet, daß alles, was ist, gewissermaßen in zwei Ausgaben, in zwei Polen vorhanden ist, die zueinander in einem Spannungsverhältnis stehen, wie etwa männlich-weiblich, positiv-negativ, hell-dunkel, oben-unten, sichtbar-unsichtbar und so weiter.
3. Zwischen diesen mit unterschiedlichen Spannungsverhältnissen ausgestatteten Polen herrscht ein gegenseitiger Kraftfluß, der etwas Neues, ein Drittes, entstehen läßt, das mit den zwei ersten Polen zusammen eine neue Einheit bildet, die wiederum zum Spannungspol wird. Wenn beispielsweise ein Mann und eine Frau zusammen ein Kind erzeugen, so entsteht als neue Einheit die Familie, die sich mit einer anderen Familie zusammen zu einer Wohngemeinschaft entwickeln kann. Zwei Wohngemeinschaften können Ausgangspunkt für eine Siedlung sein und so fort. Das Beispiel kann beliebig fortgesetzt werden bis hin zur ganzen Menschheit.
4. Alles im Kosmos läuft zyklisch, rhythmisch ab und untersteht dem Gesetz der Balance und der Ausgewogenheit. Beispiele dafür sind der Herzschlag, der Atem oder das Gesetz der Gravitation im Weltall, das die Gestirne genau berechenbare Bahnen ziehen läßt, die sich in Jahrmilliarden so eingependelt haben, daß sich eine ganz deutlich erkennbare, ausgewogene Ordnung ergibt. Bestünde diese Ausgewogenheit nicht, wäre der Kosmos längst aus den Fugen geraten und zerstört. Jeder aktiven Betätigung

entspricht eine ihr gemäße Ruhephase. Ausdehnung und Zusammenziehung des Herzens machen den Herzschlag aus, Einatmen und Ausatmen den Atem. Und all das geschieht in einer ganz bestimmten Harmonie, damit es überhaupt funktionieren kann.

Mit diesen vier Grundprinzipien ausgerüstet, kann fast alles, was in der Esoterik vorkommt, erfaßt und begriffen werden.

Hellenismus

Das alte ägyptische Reich überdauerte in einer stabilen Form mehrere tausend Jahre, vom Blickwinkel der abendländischen Geschichte mit ihren zahllosen Umwälzungen und Grenzverschiebungen aus gesehen eine schier unglaubliche Tatsache.

Sie ist sicher nicht zuletzt darauf zurückzuführen, daß die politische Führung Ägyptens bestrebt war, dieses Reich aufgrund des esoterischen Wissens zu verwalten und seinen Bestand zu sichern. Da aber nichts auf dieser Erde von ewiger Dauer ist, kam unweigerlich der Zeitpunkt, an dem dieses geheimnisvolle Land und seine Rolle und Funktion in der Geschichte der Menschheit an andere jüngere Völker übergehen mußte. Lange bildete das ägyptische Einweihungssystem, die strikte Exklusivität seiner eingeweihten Priesterklasse, deren Geschlossenheit und weitgehende Isolierung vom Leben des Volkes die besten Voraussetzungen, dieses Wissen möglichst unverfälscht und rein zu bewahren. In der Endzeit des Reiches drohte aber die Gefahr, daß mit dem Verschwinden dieser Priesterklasse auch deren Wissen verlorengehen könnte.

Während am Südufer des Mittelmeeres das ägyptische Reich langsam ins Dunkel der Geschichte sank, erstrahlte an seinem nördlichen Ufer Griechenland zu seiner höchsten

Blüte. Das griechische Volk war denn auch dazu erwählt, aus den Händen des ermattenden Ägyptens die Mysterien entgegenzunehmen, um sie für die kommende Epoche zu hüten und zu bewahren. Das bedeutete allerdings, daß dieses Wissen in eine neue, dem neuen Volk angepaßte Form umgegossen werden mußte. Ein Volk, das seiner Eigenart gemäß nicht mehr geheimnisvolle, dunkel-dämmernde, massive Tempel und gewaltige Pyramiden errichtete, sondern von Leichtigkeit und Schönheit erfüllte Statuen schuf und seine Tempel von den Strahlen des Lichtes durchfluten ließ. Dieses Leichte und Spielerische zeigte sich nicht nur in den körperlichen Wettkämpfen der Olympischen Spiele, sondern auch in der Sorgfalt und Eleganz, womit der Geist und die Kraft des Gedankens gepflegt wurden. Für die griechischen Weisen war das Denken eine sportliche Herausforderung, verbunden mit dem Bestreben, der Tiefe des Gedankens auch ein schönes und leichtes Kleid zu verleihen. Dadurch verschmolzen Esoterik und Literatur manchmal zu eins.

Diesen Übergang kennzeichneten besonders zwei Namen: Pythagoras und Plato. (Beide Namen beginnen mit dem Buchstaben P, der in der Symbolbedeutung des Hebräischen Alphabetes die Bedeutung »Mund« hat.) Von *Pythagoras* (ca. 582 bis 500 v. Chr.) sind praktisch keine direkten Zeugnisse mehr vorhanden, obgleich niemand bezweifelt, daß er wirklich gelebt hat. Exoterisch ist Pythagoras ausschließlich als Mathematiker und Entdecker des pythagoräischen Lehrsatzes bekannt. Seine eigentliche Bedeutung liegt aber in der Tradition des esoterischen Wissens. Er soll in seinem langen Leben fast alle Länder der damals bekannten Welt besucht haben; manche behaupten sogar, daß er in Indien den Unterricht der Brahmanen genoß, um dann schließlich in Ägypten im Zeitraum von zweiundzwanzig Jahren alle Stufen der Einweihung zu durchschreiten. (Diese Zahl hat auch ihre symbolische Bedeutung, denn zweiundzwanzig ist sowohl die Anzahl der Buchstaben des Hebräischen Alphabetes als auch die Anzahl der großen Arkana des Tarot.) Während seines Aufenthaltes in Ägypten wurde Pythagoras Zeuge der wachsenden Anstürme der barbarischen Völker aus dem Osten an die Grenzen des alten Reiches. Mit der wachen Erkenntnis des nahenden Endes fand Pythagoras seine Aufgabe, das alte Wissen in eine neue Zeit hinüberzuretten. Es ist nicht auszuschließen, daß ihm diese Aufgabe von Priestern Ägyptens speziell übertragen wurde. Nachdem Pythagoras seine Lehrzeit in Ägypten beendet hatte, kehrte er nach Griechenland zurück, vermochte dort aber nicht Fuß zu fassen und ließ sich schließlich in Crotona im südlichen Italien nieder, wo er nach ägyptischem Vorbild eine Einweihungsschule gründete. Äußerlich gesehen hatte diese Schule große Ähnlichkeit mit einer Klostergemeinschaft, in der allerdings Frauen und Männer gemeinsam lebten. Wer Mitglied dieser Gemeinschaft werden wollte, mußte eine Reihe von strengen Prüfungen bestehen und wurde erst dann stufenweise in das esoterische Wissen eingeweiht.

Damit schuf Pythagoras, was wir im heutigen esoterischen Sprachgebrauch als Orden bezeichnen. Absolute Geheimhaltung von allem, was den Orden und seine Lehren betraf, war auch hier oberstes Gebot. Dies wurde so strikt eingehalten, daß alles, was wir heute über die Lehren des Pythagoras kennen, als eine mehr oder weniger gelungene Rekonstruktion zu betrachten ist. Diesen Rekonstruktionen zufolge wurde der Schüler zuerst dazu angehalten, seinen Charakter zu schulen und sein persönliches Leben den ethischen Prinzipien des Ordens gemäß souverän zu leben. Dann wurde der Schüler in die Grundlehren der Kosmogonie eingeweiht (Kosmogonie heißt Weltschöpfung und ist die Lehre von der Entstehung und den Gesetzen des Kosmos). Später lernte der Schüler dann die Wörter als symbolhafte Darstellungen dieser den Kosmos beherrschenden Kräfte zu erkennen, um schließlich zu erfahren, inwiefern er selbst als beseelter Mensch Teil dieser kosmischen Kräfte ist. Die Lehren der Kosmogonie wurden in der pythagoräischen Schule anhand der Zahlen und ihrer Beziehungen untereinander gelehrt. Die Mathematik war also gewissermaßen der Wagen, womit die esoterischen Lehren transportiert wurden.

Trotz seines immensen Wissens und seiner Weisheit hatte Pythagoras eine wichtige Tatsache übersehen, und dieser Fehler führte schließlich zu seinem persönlichen Untergang sowie zu dem seiner Schule. Im alten Ägypten bestand trotz aller Unterscheidung eine Einheit zwischen der exklusiven Priesterschule und dem Volk, die durch den König, den Pharao, als Bindeglied repräsentiert wurde. Die griechische Welt zur Zeit des Pythagoras machte aber gerade die ersten Gehversuche in der politischen Form der Demokratie. Dies führte dazu, daß eine nach außen hin so sichtbare Ordensgemeinschaft wie die des Pythagoras zunehmend als Staat im Staat und somit als Konkurrenz empfunden wurde. Die strenge Schweigepflicht über alle Lehren und das Geschehen innerhalb des Ordens löste zwangsläufig allerlei Mutmaßungen, Ängste und ein Gefühl der Bedrohung aus. So kam es, daß sich die Bevölkerung der Stadt Crotona immer mehr gegen den Orden wandte und ihn schließlich in blutigen Unruhen zerstörte, in deren Verlauf Pythagoras selbst und viele seiner Anhänger das Leben verloren.

Ähnlichen Ereignissen werden wir in der Geschichte der Esoterik noch mehrmals begegnen.

Plato (428 bis 348 v. Chr.) ging einen anderen Weg. Als Schüler von Sokrates wurde er Zeuge, wie sein Lehrer als Einzelgänger in Konflikt mit den staatstragenden Kräften geriet und dies mit dem Tode büßen mußte. Der dadurch hervorgerufene Schock scheint Plato durch sein ganzes Leben begleitet zu haben. Plato reiste auch viel in der Welt umher und erhielt Einweihung in Ägypten, wenn auch nicht bis zu einem so hohen Grade wie Pythagoras. Auch Plato erkannte die Aufgabe oder wurde von den ägyptischen Priestern dazu beauftragt, die Lehren der Mysterien in der aufstrebenden hellenistischen Welt zu verbreiten. Doch er sah sich im Konflikt mit dem absoluten Schweigegelübde, das jeder in bezug auf die Einweihung abzulegen hatte. Pythagoras löste diesen Konflikt, indem er einen nach außen hin abgesonderten und abgesicherten Orden gründete, innerhalb dessen der Inhalt der Lehren ungetarnt verbreitet werden konnte. Plato hingegen gründete eine Schule, die sich in das öffentliche Leben integrierte und daher jederzeit überseh- und kontrollierbar war. Dies bewahrte ihn zwar vor dem Schicksal Pythagoras, doch wurde es für ihn viel schwieriger, das Schweigegelübde einzuhalten. Plato verbarg also die essentiellen esoterischen Lehren gewissermaßen zwischen den Zeilen seiner Schriften, wodurch es eine exoterische wie eine esoterische Seite von Plato gab und gibt. Für den Unbefangenen sind Platos Schriften voll von erlesener Schönheit und Weisheit. Aber nur derjenige, der bereits einen bestimmten Grad der Initiation erlangt hat, ist imstande, in ihnen auch das Eigentliche und esoterisch Wesentliche zu erkennen.

Platos Schüler Aristoteles wurde der Lehrer von Alexander dem Großen (356 bis 323 v. Chr.). Die Bedeutung Alexanders für die Esoterik lag nicht im Geistigen, sondern im Politischen. Ein unerhört wagemutiger Feldzug führte ihn bis in den Norden Indiens. Als Folge davon mischten sich in seinem Reich die vielfältigsten Kulturen und Einflüsse miteinander. Eine Synthese von westlicher und östlicher Kultur war denn auch sein erklärtes politisches Ziel. Obgleich er dieses Ziel infolge seines frühen Todes nicht in dem Maße erreichen konnte, wie es seine Absicht war, schuf er doch die Voraussetzungen dafür, daß sich die verschiedensten geistigen und kulturellen Strömungen für eine lange Zeit miteinander verbinden und sich gegenseitig befruchten und ergänzen konnten. Damit entstand die für die Esoterik so wichtige Epoche des Hellenismus. Diese Epoche ist in ihrer Vielfalt zu reichhaltig, als daß sie innerhalb dieses kurzen Abrisses gebührend gewürdigt werden kann. Aber ebenso vielfältig ist das Angebot an Literatur, das jedem Interessierten erlaubt, sich Wissen darüber anzueignen oder es zu erweitern.

Wir haben nun die Tradition des esoterischen Wissens in der hellenistischen Welt betrachtet. Dieses Wissen ist es denn auch, das für unsere heutige Zeit die größte Bedeutung hat. Daneben wurde aber auch der andere Zweig, die Einweihung, in ihrem ursprünglichen Sinne als Erfahrung und Bewußtseinserweiterung gepflegt. Dies geschah im Rahmen der sogenannten *Orphik* und der *Mysterien von Eleusis*. Die Orphik bekam ihren Namen nach dem sagenhaften Sänger Orpheus, der vor allem dadurch bekannt ist, daß er seine geliebte Gattin Eurydike mit der Macht seines Gesanges aus der Unterwelt zurückholte, sie aber wieder verlor, als er entgegen dem Gebot des Gottes der Unterwelt sich nach ihr umschaute. Orpheus war berühmt wegen der zauberhaften Macht seines Gesanges, mit der er auch Pflanzen und Tiere bezauberte. Man sagt, daß die Bäume zu ihm wanderten, sich die Vögel und Tiere des Waldes und die Fische um ihn versammelten, daß während seines Gesanges wilde Tiere zahm wurden. Wo Wildheit herrschte, vermochte Orpheus zu zähmen und zu harmonisieren, aber sein Gesang setzte auch Steine in Bewegung. Damit wird Orpheus zum Repräsentanten der Einweihung als Bewußtseinsveränderung und -erweiterung auf emotionaler Basis. Daß solches nicht ganz ungefährlich ist, zeigt der Mythos von seinem Tod: Er wurde von Bacchantinnen im rasenden Rausch getötet. Der orphische Kult war ekstatisch und orgiastisch. Er mag seinen Sinn darin gefunden haben, daß sich der Mensch in diesem rauschhaften Zustand eins mit dem Kosmos und der Natur erlebte und fühlte. Die eigentliche Lehre der Orphiker scheint ein Konglomerat östlicher und westlicher Naturkulte gewesen zu sein, denn auch ein gewisser Einfluß indischen Denkens kann nicht ausgeschlossen werden.

In der griechischen Stadt *Eleusis* am Golf von Ägina fanden in ausgedehnten Tempelanlagen Mysterien-Einweihungen statt, die ihrer äußeren Form nach gewisse Ähnlichkeiten mit der ägyptischen Initiation hatten. Diese Einweihungen wurden dort seit dem Jahre 1800 v. Chr. gefeiert. Allerdings standen die eleusinischen Mysterien, im Gegensatz zu den ägyptischen Mysterien, einem größeren Kreis offen: Sie wurden in der Spätantike zur Einweihung für jedermann, doch auch dort wurde ein striktes Schweigegelübde über das Einweihungsgeschehen abgelegt. Es ist erstaunlich, daß trotz der großen Anzahl, die diese Einweihung durchlebten, das Geheimnis gut bewahrt blieb, so daß wir heute fast nichts darüber wissen und auf Vermutungen angewiesen sind. Wahrscheinlich war der Gehalt der eleusinischen Mysterien dem der ägyptischen ähnlich, vielleicht mit dem Ziel, den Menschen das Erlebnis von Tod und Wiedergeburt zu vermitteln. Der Neophyt (griechisch neophytos, das heißt neugepflanzt, der Kandidat der Einweihung) wurde von einem Hierophanten (griechisch: einer, der heilige Dinge erklärt) durch das Einweihungsritual geführt, das die erwähnte Erfahrung zum Ziel hatte. Einen lesenswerten Rekonstruktionsversuch hat Woldemar von Uexküll in seinem Buch *Die Mysterien von Eleusis* (Schwabe-Verlag) unternommen.

Vom Berg Sinai zum Tempel in Jerusalem

Das Erbe der ägyptischen Mysterien wurde nicht nur der hellenistischen Welt anvertraut, sondern in einer anderen und besonderen Weise auch dem in verschiedener Hinsicht rätselvollen Volk der Juden. Da aus der jüdischen Religion das Christentum hervorging, das in den letzten zweitausend Jahren die geistige Kultur der nördlichen Hemisphäre prägte, wurde dieses Volk neben dem Hellenismus zum zweiten tragenden Pfeiler des abendländischen Geistes und seiner Esoterik. Gleichsam so, als ob von einem Punkt aus zwei Wege ausstrahlen, um sich nach einer gewissen Zeit wieder zu vereinigen.

Das auch für das Christentum verbindliche Alte Testament der Bibel erzählt ausführlich die Geschichte dieses Volkes, das sich vom Stammvater Abraham aus in zwölf Stämme aufteilte. Die Bibel berichtet weiter, daß dieses Volk zeitweise ein Sklavendasein in Ägypten führte, bis es von einem seiner Angehörigen mit dem Namen Moses, der am Hofe des Pharaos erzogen wurde und die Mysterienschulung der Priester durchlaufen hatte, aus diesem Sklavendasein herausgeführt wurde. Das Volk lebte dann ein mehrjähriges Nomadendasein in der Wüste, wo ihm von Gott selbst das Gesetz geoffenbart wurde, das fortan das Zentrum bildete, um das sich alles Leben abspielte und auf das es sich ausrichtete.

Wer die Bibel, und das gilt namentlich auch für die Geschichten des Alten Testaments, von einem esoterischen Blickwinkel aus betrachten will, tut allerdings gut daran, sich ständig vor Augen zu halten, daß die berichteten Geschehnisse nicht unbedingt als historische Fakten verstanden werden dürfen, sondern mehr von ihrem symbolisch-bildhaften Sinn her zu interpretieren sind.

Nach dem Tod des Moses drang das Volk in die Gebiete an den Ufern des Jordans ein, besiegte die dort wohnenden Völker und errichtete einen eigenen Staat mit einem eigenen König. Der einflußreichste seiner Könige, Salomo, baute in der Stadt Jerusalem dem Gott des Volkes einen Tempel als sichtbare Manifestation von Gottes Geist. Eine der hervorstechendsten Eigenschaften dieses Volkes, seine Zähigkeit und Beharrlichkeit in der Aufrechterhaltung der Tradition, wurde für die abendländische Esoterik in mehr als einer Beziehung wegleitend und bestimmend. Das jüdische Volk konnte sich mit der Integration in das römische Weltreich nie abfinden, es blieb neben allen Völkern, die sich unter der Einheit Roms sammelten, Außenseiter und Ausnahme, was unvermeidlich zum Konflikt führte, der im Jahre 70 schließlich mit der Zerstörung des Tempels durch den späteren römischen Kaiser Titus und der Vertreibung des Volkes aus seiner Heimat zugunsten Roms entschieden wurde.

Die Bedeutung des jüdischen Volkes liegt nicht nur darin, daß es gleichsam den Erdboden bildet, aus dem heraus sich das Christentum entwickeln konnte, sondern daß die Juden auf eine andere und spezifische Weise ebenfalls die Hüter der alten ägyptischen Tradition sind. Dieses Erbe ist vor allem in der Geheim-Kosmogonie der Kabbala, auf die später (siehe Seite 190 ff.) ausführlicher eingegangen werden soll, enthalten.

Die Ansiedlung des jüdischen Volkes im alten Ägypten ist historisch nicht nachweisbar, obgleich manche Forscher zwischen den Juden und dem sagenhaften Volk der Hyksos, das eine Zeitlang in Ägypten ansässig war und sogar Pharaonen stellte, einen Zusammenhang vermuten. Die Wahrscheinlichkeit ist jedoch groß, daß in der biblischen Erzählung ein Kern Wahrheit ist: Der Name Moses entstammt der ägyptischen Sprache. Bei näherem Zusehen ist eine auffallende Übereinstimmung zwischen der ägyptischen und der jüdischen Religion festzustellen, auch wenn sie sich auf den ersten Blick diametral entgegengesetzt darstellen. Die Eigenart der ägyptischen Religion war eine Riesenanzahl von verschiedenen Göttern oder, genauer gesagt, Gottformen, in denen sich die mannigfachen Kräfte und Energien des Kosmos äußerten. Die Eingeweihten der Priesterschulen indessen wußten sehr genau, daß diese zersplitterte Götterwelt nur Ausdruck eines einheitlichen Prinzips war, des einen Gottes, der das ganze Universum regiert. Wir dürfen annehmen, daß die Offenbarung und Erkenntnis dieses einen Gottes ein Ziel der Einweihung war. Die vielgestaltige Götterwelt war also Ausdruck des exoterischen ägyptischen Glaubens, und die esoterische Seite war das Wissen um den einen, allumfassenden Gott. In der jüdischen Religion stoßen wir nun auf ein genau umgekehrtes System. Der eine über alles herrschende und allesumfassende Gott wurde vom Volk exoterisch verehrt. Die geheime innere Lehre beruhte aber darauf, daß dieser eine, allumfassende Gott sich in verschiedenen Energieformen manifestierte, die analog zur ägyptischen Götterwelt durch verschiedene Gottnamen erfaßt und erfahrbar werden.

Kirche und Gnosis

Unaufhaltsam bewegt sich die in der Präzession torkelnde Erdachse rückwärts durch die Ekliptik von Tierkreiszeichen zu Tierkreiszeichen. Das Zeitalter des Widders ging zu Ende, und die Menschheit von damals machte sich auf, ihr Leben unter die Aspekte eines neuen Geistes und eines neuen kosmischen Denkens zu stellen. Das Zeitalter der Fische bereitete sich allmählich vor, das allgemein als das Zeitalter gilt, das ganz vom Christentum und seiner Botschaft durchdrungen ist. Das Wort »Christentum« leitet sich von Christos (griechisch: der Gesalbte) ab. Er ist Messias im jüdischen Sinne, der Vermittler und das Bindeglied zwischen Gott und den Menschen, und wird für die christliche Welt in der Person von Jesus von Nazareth verkörpert. Von der Geburt von Jesus von Nazareth an beginnt unsere Zeitrechnung. Er wurde in der römischen Provinz Judäa geboren, und die Umstände seiner Geburt, so wie sie uns in der Weihnachtsgeschichte des Lukas übermittelt wurden, gehören heute wohl zum allgemeinen Wissensgut.

Die Gestalt des Jesus von Nazareth, Christus genannt, bewegte die Menschen der westlichen Hemisphäre in den vergangenen zweitausend Jahren immer wieder. Die Auseinandersetzung darüber, wer er wohl war, ob der wirkliche Messias, der von Gott Gesandte, oder ein hoher Eingeweihter, ein weiser Lehrer oder ganz einfach ein volksnaher Wanderprediger, diese Kontroversen sind bis heute nicht verstummt. Die Kirche hat mit ihrem dogmatischen Lehrgebäude, das aus einem erbitterten Streit in den ersten Jahrhunderten hervorging, mehr oder weniger festgehalten, was der kirchengläubige Christ in Jesus von Nazareth zu sehen hat. Für den Esoteriker sind die Spekulationen um die Person von Jesus heute keineswegs endgültig beantwortet. Es würde den Rahmen dieses Buches weit sprengen, wenn ich näher auf diese Problematik eingehen würde, über die übrigens genügend Literatur zur Verfügung steht. So beschränke ich mich auf eine kurze Zusammenfassung und Aufzählung der gängigsten Thesen.

Für die christliche Kirche ist Jesus der Sohn Gottes, der von den Juden erwartete Messias, der durch seinen Opfertod am Kreuz die Sünden von den Menschen hinwegnimmt und so die Versöhnung zwischen Göttlichem und Menschlichem herbeiführt. Andere wiederum erblicken in ihm einen Lehrer der Weisheit, welcher den in Gesetzestreue erstarrten Juden einen neuen Weg zur allumfassenden Liebe zeigen wollte. Hier steht die sogenannte Bergpredigt im Evangelium des Matthäus im Zentrum der Betrachtungen.

Esoteriker, die mehr der theosophischen Richtung angehören, erblicken in Jesus einen hohen Eingeweihten, sogar einen der »Meister« (siehe Seite 111 ff.), die am Anfang einer neuen Epoche in Erscheinung zu treten pflegen. In diesem Sinne war Jesus ein sogenannter Avatar (Sanskrit: der Herabkommende), das Herabkommen eines Gottes oder einer göttlichen Kraft, die Verkörperung eines höheren Wesens, das in seiner Entwicklung bereits über die Notwendigkeit der Wiedergeburt fortgeschritten ist, sich aber, um der Menschheit zu helfen und sie zu lehren, im Körper eines einfachen Menschen inkarniert. Man glaubt, daß ein solcher Avatar besonders in Zeitenwenden, wie dem Wechsel von einem kosmischen Monat zu einem andern, hier beim Wechsel vom Widder- zum Fische-Zeitalter in Erscheinung tritt. In letzter Zeit wurde auch die Ansicht erneut zur Diskussion gestellt, daß Jesus in den fast dreißig Jahren seines Lebens, über welche die Bibel keine Berichte enthält, in den Osten reiste, nach Indien und vor allem nach Tibet, dort seine Einweihung empfing und beim Versuch, dieses Einweihungswissen beim jüdischen Volk zu verkünden, scheiterte.

Keine dieser Thesen wird wohl je eindeutig und klar bewiesen werden können. Persönlich bin ich überzeugt, daß Jesus Begriff und Wesen des Karmas kannte. (Karma meint, daß der Mensch mit den Auswirkungen seines Denkens und Handelns sowohl aus seinem jetzigen wie aus den früheren Leben konfrontiert wird, um die dadurch entstandenen Unausgewogenheiten im Sinne der kosmischen Ordnung zu lösen und so das Gleichgewicht wiederherzustellen.) Aus den Evangelien geht auch unverkennbar hervor, daß Jesus die Lehre von der Reinkarnation vertrat. Zu diesem Thema wird in esoterischen Kreisen immer wieder behauptet, daß die Kirche entsprechende Stellen aus den Evangelien ausmerzte und sie im Geheimarchiv der vatikanischen Bibliothek der Einsicht der Öffentlichkeit entzogen habe. Ich glaube nicht daran. Selbst falls es so wäre, hätten diese Zensoren unglaublich schludrig und nachlässig gearbeitet, so daß ihnen eine ganze Menge einschlägiger Textstellen entging. Für mich ist Jesus Christus ein Mensch, möglicherweise ein Eingeweihter, der Träger des Christus-Prinzips war. Seine Einweihung muß nicht unbedingt östlicher oder tibetischer Natur gewesen sein, sondern läßt sich durchaus auch von der Kabbala her erklären.

Dies gibt auch die Erklärung zu seiner Hinrichtung, die vor allem durch die Intrigen und das Betreiben der spirituellen Gruppierung der Pharisäer zustande kam. Die Pharisäer waren nachweislich seit dem 5. Jahrhundert v. Chr. Träger eines geheimgehaltenen Wissens, und sie wollten die Hinrichtung von Jesus, weil er dieses geheime Wissen dem gewöhnlichen Volk durch seine Reden, Lehren und Gleichnisse enthüllte. Sein öffentliches Auftreten paßte sehr gut in die damalige Zeitenwende.

In Zeitenwenden taucht immer das Phänomen auf, daß Wissen, das vorher geheimgehalten und nur wenigen esoterischen Kreisen vorbehalten war, plötzlich ausgebreitet und für die Allgemeinheit mehr oder weniger zugänglich wird. Diese Erscheinung zeigte sich schon zu Beginn des Widder-

Zeitalters, als die von den Rishis geschauten Veden in Wortsprache formuliert und damit für alle les- und verstehbar wurden. Und die gleiche Erscheinung beobachten wir auch heute im Übergang vom Fische- zum Wassermann-Zeitalter, und sie ist auch ein unmittelbarer Grund zu diesem Buch.

Wir verlassen nun die Person des Jesus von Nazareth und wenden uns den Auswirkungen zu, die seine Erscheinung für die nächsten zweitausend Jahre zur Folge hatte.

Das Auftreten und das Wirken von Jesus Christus leitete also in unserer westlichen Hemisphäre das Zeitalter der Fische ein. Das Christentum hätte aber höchstwahrscheinlich nie die Bedeutung erlangt, die es heute hat, wenn es sich nicht in seinen Anfängen eines Vehikels bedient hätte, das ihm erlaubte, seine Botschaft mit der größtmöglichen Wirkung zu verbreiten. Dieses Vehikel war das römische Weltreich. Als Jesus von Nazareth geboren wurde, war Kaiser Augustus an der Macht, unter dessen Herrschaft dieses Reich seine größte Blütezeit erlebte. Es reichte von Großbritannien im Westen bis zu den persischen Grenzen im Osten und umfaßte den gesamten Mittelmeerraum. Bis zu Augustus war das römische Reich Republik. Mit seiner Ausdehnung ging es aber darum, diesen gewaltigen Bestand zu sichern und zu halten, wodurch eine Wandlung der politischen Form von der Republik zur Monarchie, an deren Spitze ein Kaiser stand, verbunden war. Dieser war sowohl weltliches wie geistiges Oberhaupt der vielfältigen Völkergemeinschaft und verkörperte so deren zentrale Idee.

Die geistige und religiöse Entwicklung der nächsten Jahrhunderte war von zwei Konflikten geprägt, die, jeder für sich, mit einer unerbittlichen Härte ausgetragen wurden. Der erste Konflikt war das Aufeinanderprallen des politischen und vor allem auch geistlichen Machtanspruchs des römischen Kaisertums mit dem König der Welt, Jesus von Nazareth, mit Christus, als den ihn seine Anhänger verehrten und über den Kaiser stellten. Das Resultat davon waren die zahlreichen Christenverfolgungen, aus denen trotz aller erlittenen Grausamkeiten letzten Endes die Christen als Sieger hervorgingen. Dem verlierenden Kaisertum blieb gar nichts anderes übrig, als sich mit der starken geistigen Macht zu verbünden, damit nur das eine Ziel erreicht werden konnte: das römische Reich gegen das Anstürmen der barbarischen Horden zu schützen. Dies geschah durch Kaiser Konstantin, der im 4. Jahrhundert das Christentum zur Staatsreligion erklärte. Damit waren die Christen etabliert und frei von der bisherigen Verfolgung. Der Preis, den sie dafür bezahlen mußten, war, daß sie nun die gleiche Macht, durch die sie bisher Verfolgung und Tod zu erleiden hatten, schützen und erhalten mußten.

Wie so oft in der Geschichte wurden aus Verfolgten und Unterdrückten im nachhinein die Verbündeten oder Nachfolger derjenigen, die sie geknechtet hatten, wenn diese begannen, schwach zu werden.

Jesus von Nazareth war Esoteriker und wollte das, was er verkündigte, esoterisch verstanden wissen. Dreihundert Jahre nach seinem Tod zeigte sich nun das genaue Gegenteil. Das Christentum als Staatsreligion des römischen Reiches wandelte sich durch und durch zur exoterischen Religion und stand nun unter dem Zwang, alles Esoterische, das in den Zeiten der Verfolgung ohne weiteres innerhalb des Christentums Platz gefunden hatte, auszustoßen und zu verfolgen. Dies war der Hintergrund des Konfliktes zwischen Kirche und Gnosis, der vor allem im zweiten Jahrhundert, als sich der allmähliche Sieg des Christentums abzuzeichnen begann, mit erbitterter Härte geführt wurde und schließlich mit der Etablierung der exoterischen Staatskirche und der Verdrängung der gnostischen Esoteriker in den Untergrund endete. Diesen Konflikt mit allen seinen Schattierungen und Auswirkungen zu verstehen und zu schildern, bereitet erfahrungsgemäß auch dem Fachmann große Mühe. Der Grund dafür ist, daß der Sieg über die Gnosis so total und umfassend war, daß wir heute keine direkten Zeugnisse und Dokumente mehr dieser Geistesrichtung innerhalb des Christentums besitzen. Was Gnosis war, wissen wir nur aus den Schriften ihrer Gegner, und wir dürfen froh sein, wenn sich darin ab und zu ein wörtliches Zitat aus einer verlorenen gnostischen Schrift befindet.

Das Wort Gnosis entstammt der griechischen Sprache und bedeutet »Erkenntnis des Übersinnlichen«. Man kann diese Übersetzung noch präzisieren: Die mittels aller zur Verfügung stehender Sinne erfaßbare Kraft alles Geschehens, der Kraft, die den Kosmos lebendig erhält. Damit wird deutlich, daß mit dem Begriff Gnosis der esoterische Gehalt innerhalb eines bestimmten Religionssystems gemeint ist, und es erklärt sich von selbst, daß die Gnosis keineswegs nur eine Eigenheit des Christentums ist, sondern daß alle großen Weltreligionen ihre gnostische Seite besitzen. Aber nur innerhalb des Christentums wurde sie so ausgeprägt bekämpft und schließlich ausgemerzt, während sie in anderen Religionen mehr oder weniger geduldet wurde, wie beispielsweise der Sufismus innerhalb des Islams. Sogar anerkannter und integrierter esoterischer Teil ist die Kabbala innerhalb des Judentums und sind gewisse Yoga-Richtungen im Buddhismus.

Als das Christentum im 4. Jahrhundert römische Staatsreligion wurde, mußte es die auf Machtausübung basierende Staatsidee des römischen Reiches akzeptieren und selbst an dieser Machtausübung partizipieren. Dies war gleichsam der »Sündenfall« des Christentums, der es daran hinderte, die ihm im Zeitalter der Fische zugedachte Aufgabe zu erfüllen.

Diese Entwicklung manifestierte sich endgültig, als der Bischof von Rom sich den vom letzten römischen Kaiser freigewordenen offiziellen Titel »Pontifex Maximus« (lateinisch: der oberste Brückenbauer) aneignete. Damit dokumentierte er seinen Anspruch, daß das Christentum als Institution Kirche in jeder Beziehung auch das weltlich-politische Erbe des römischen Reiches als ihm zugefallen betrachtete. Indem das Christentum zur Kirche wurde, wurde es zur institutionellen Basis des Fische-Zeitalters und wird deshalb auch mit diesem vergehen. Ihre Machtpolitik setzte die Kirche mit der Drohung durch, daß außerhalb der Kirche kein Heil zu finden sei. Mittel, um dieser Drohung die nötige Durchschlagskraft zu geben, war für die Kirche die Verwaltung der Sakramente. Von der Gewährung beziehungsweise Verweigerung dieser Sakramente hing es nach Behauptung der Kirche ab, ob ein Mensch das ewige Heil erlangen konnte oder nicht. Auf diese Weise legte sich die christliche Kirche erfolgreich fest und herrschte während Jahrhunderten als geistliche Macht.

Es war der Reformation zunächst ein ehrliches Anliegen, diesen Machtanspruch wieder rückgängig zu machen; und konsequenterweise verzichtete sie auf die meisten Sakramente. Aber bald wurde er auf eine sehr subtile Weise durch die Hintertür wieder hereingeholt, als sich die protestantischen Kirchen das ethische und moralische Wächteramt innerhalb des Sozialgefüges und des Staates anmaßten. Seither sitzen sie mit der römisch-katholischen Kirche im selben Boot. In der Praxis bedeutete das, die kirchliche Autorität unbedingt anzuerkennen und sich ihr unterzuordnen. Als Repräsentant dieser Autorität im Westen setzte sich der Bischof von Rom, der Papst, durch als »Stellvertreter Gottes auf Erden«.

Das gnostische Denken basiert auf dem Erlebnis des unmittelbaren Zusammenklanges des eigenen Ichs mit der Welt. Also nicht die bedingungslose glaubensmäßige Anerkennung einer höheren oder höchsten Autorität steht im Vordergrund, sondern die initiatische Erfahrung des einzelnen, individuellen Menschen, die zur Erkenntnis führt. Das Aufeinanderprallen dieser Gegensätze löste unweigerlich Konflikt und Kampf aus, der, wie gesagt, mit der Niederlage und Ausmerzung der Gnosis aus der christlichen Kirche endete. Die Gnosis wanderte in den Untergrund ab, wo sie beinahe zweitausend Jahre als Esoterik oder Geheimwissen überlebte, aus dem sie nun in der heutigen Zeit wieder ans

Licht des Tages emporsteigt und erneut ihren Anspruch erhebt, am Geschehen dieser Welt mitbeteiligt zu sein. Es ist nicht leicht, die verschlungenen und in mehr als einer Hinsicht verborgenen Bahnen und Wege zu untersuchen, auf denen die Esoterik im Laufe der letzten Jahrhunderte überlebte. Ab und zu versuchten bestimmte Gruppen, gnostisches Denken und esoterisches Leben wieder an die Oberfläche zu bringen, aber jedesmal endete dies mit einer bitteren Niederlage. Erst heute scheint die Zeit für offen gelebte Esoterik wieder reif zu sein. Auf diese meist fehlgeschlagenen Versuche wollen wir nun in der Folge unsere Aufmerksamkeit richten.

Neuplatonismus Apollonius von Tyana

So wichtig und bedeutsam auch im erstarkenden Christentum, das sich anschickte, an der Macht im römischen Staate teilzuhaben, die Auseinandersetzung zwischen Kirche und Gnosis war, so darf dabei doch nicht übersehen werden, daß auch das alte Heidentum noch vorhanden war. Es vertrat, wenn es auch kultisch mehr und mehr an Bedeutung verlor, seinen Gehalt in einer bestimmten philosophischen Schule, die man Neuplatonismus nennt. Wie der Name bereits sagt, wurde im Neuplatonismus das Gedankengut von Plato aufgegriffen und entsprechend den Gegebenheiten der spätrömischen Epoche weiterentwickelt. Das heißt, daß auch in dieses Denken Bestandteile mit aufgenommen wurden, die entsprechend dem durch den Hellenismus geschaffenen neuen Zeitgeist aus östlichen Quellen stammten.

Der Neuplatonismus ist vor allem verbunden mit dem Namen des *Plotin* als dessen bekanntestem Vertreter. Die Neuplatoniker lehrten, wie die Gnostiker, daß die menschliche Seele sich von Gott oder aus dem Göttlichen herausgelöst habe und gleichsam, einer Schwerkraft folgend, aus diesen göttlichen Sphären herniedergesunken sei, um schließlich von der Ebene der Materie gefangengehalten zu werden. Aufgabe der Seele ist es nun, sich aus dieser materiellen Gebundenheit zu lösen, um sich schließlich wieder mit dem Göttlichen zu vereinen.

Plotin behauptete von sich, daß er diese Vereinigung mit dem Göttlichen viermal erlebt habe. Die Voraussetzungen dazu sind entweder ein entsprechender Lebenswandel, der sich möglichst von allen materiellen Bedürfnissen distanziert (unter Einschluß sexueller Askese), oder der Einsatz von übernatürlichen Geisteskräften. Für die Neuplatoniker war, wie in der antiken Religion, die Natur belebt und die Sphäre zwischen dem Göttlichen und dem Menschlichen mit verschiedenen Geistwesen oder Geisterwelten verbunden. Durch entsprechende Vorkehrungen war es für die Neuplatoniker möglich, mit diesen Geistwelten in Verbindung zu treten.

Plotin war der Repräsentant des philosophischen Zweiges des Neuplatonismus, und *Apollonius von Tyana* wurde zur Symbolfigur dessen magisch-religiöser Richtung. Die Erscheinung und das Leben des Apollonius von Tyana hatten so auffallende äußere Parallelen zu Jesus Christus, daß immer wieder die These aufgestellt wurde, Apollonius von Tyana habe gar nie wirklich gelebt, oder er sei bewußt zu einem heidnischen Gegen-Jesus gemacht worden. Apollonius unternahm während seines Lebens weite Reisen, die ihn bis nach Babylon und Indien führten, wo er jeweils Kontakt zu den dortigen geistigen Strömungen suchte. Seine Lebensgeschichte wurde legendenhaft umrahmt von wunderbaren magischen Begebenheiten. Für die Esoterik ist Apollonius von Tyana heute nur noch als Symbolfigur von Bedeutung. Die unter seinem Namen überlieferten Schriften sind mit höchster Wahrscheinlichkeit unecht.

Beide, Kirche wie Gnosis, lehrten eine Dualität zwischen Gott und der menschlichen Ebene. Die Kirche erklärte diesen Gegensatz vom Menschen her gesehen als unüberbrückbar. Damit die Verbindung hergestellt werden kann, bedarf es entweder eines Vermittlers wie Jesus Christus oder der Kirche mit ihren Sakramenten und Gnadenmitteln. Die Gnosis ging den anderen Weg. Für sie ist der Gegensatz göttlich-menschlich, oft als Dualität zwischen Geist und Materie verstanden, durchaus nicht unüberbrückbar, sondern der Mensch kann von sich aus mit hartnäckigem Bemühen wieder in Kontakt oder gar zur Vereinigung mit der göttlichen Sphäre kommen. Die Kirche lehrt die Erlösung von außen her, die Gnosis weist den Weg der Selbsterlösung oder, besser gesagt, der Selbstbefreiung.

Die Kelten

Die großen geistigen Auseinandersetzungen im Umkreis des sterbenden römischen Reiches endeten mit dem Sieg des Christentums. Indem sich der Bischof von Rom Titel und Insignien der römischen Kaiser aneignete, proklamierte die Kirche damit auch den Anspruch, Erbe und Hüter dessen zu sein, was das römische Weltreich einst sowohl im politischen wie im geistigen Bereich verkörperte. Für die folgenden fast tausend Jahre gab die Kirche diese geistige Vorherrschaft nie mehr aus den Händen.

Nachdem Thomas von Aquino (1226–1274) der Kirche aufgrund der Philosophie des Aristoteles das philosophisch-ideologische Gerüst für ihre Theologie und deren Dogmen geschaffen hatte, wurde die Esoterik endgültig in den Untergrund gedrängt, und jeder Versuch, sie daraus wieder zu erheben, war von vornherein aussichtslos oder endete in einer Katastrophe. Damit begann eine mehrere Jahrhunderte dauernde Epoche, die manchmal mit dem Namen »das dunkle Mittelalter« bezeichnet wird.

Bevor wir uns aber den Versuchen, aus dem Getto auszubrechen, zuwenden, will ich noch etwas über das in mehr als einer Hinsicht merkwürdige Volk der Kelten sagen. Seine Bedeutung für die Esoterik des Abendlandes in der Vergangenheit wurde nämlich meist unterschätzt.

Die Kelten entstammen wohl ursprünglich auch dem innereurasischen Raum, aus dem sie gegen Westen zogen, um das Gebiet des südwestlichen Deutschlands und der deutschsprachigen Schweiz zu bewohnen. Von den Germanen wurden sie über den Rhein abgedrängt, wo sie das Gebiet des heutigen Frankreich besiedelten und schließlich die Britischen Inseln in Besitz nahmen. Die Kelten gingen durch die Geschichte hindurch, ohne tiefe oder gar dokumentarisch faßbare Spuren zu hinterlassen. Wir wissen im Grunde wenig über ihre Kultur und ihre Religion, und dieses wenige ist so stark mit Mythologischem durchsetzt, daß wir daraus keine genauen historischen Angaben erwarten dürfen. In Gallien wurden die Kelten von Julius Cäsar unterworfen und romanisiert. Im fünften Jahrhundert gerieten die Kelten auf den Britischen Inseln unter den Druck der einströmenden Angelsachsen und konnten sich lediglich im Westen, in Wales und in Irland, einigermaßen halten. Meine persönliche Vermutung ist, daß die Kelten im westlichen Britannien auf letzte Spuren der magisch orientierten atlantischen Kultur stießen und sie sich zu eigen machten.

Von der keltischen Religion ist im Grunde sehr wenig erhalten geblieben, und das wenige steht noch unter dem Aspekt der Angewohnheit der Kelten, daß sie das, was sie in den Gebieten ihrer Ansiedlung als religiöse Überlieferung vorfanden, in das eigene kultische Handeln und Denken integrierten. Diese Tatsache weist aber auch darauf hin, daß uns die keltische Mythologie aus dem Raume Britanniens und Irlands sehr viel über eine noch ältere Tradition zu übermitteln weiß.

Oberstes Prinzip der keltischen Götterwelt scheint eine dreifaltige oder dreigestaltige Muttergöttin gewesen zu sein, die eine große Ähnlichkeit mit der aus der Antike überliefer-

Die Kelten

ten Hekate aufweist. Ihr zur Seite und gleichzeitig untergeordnet scheint es eine männliche, gehörnte Gottheit mit Namen Cernunos gegeben zu haben. Vielleicht sind darin noch die Reste eines alten atlantischen Mond-Sonne-Kults enthalten.

Interessant ist auch ein für unsere Begriffe allerdings grausames Ritual, das Robert Graves in seinem Buch *Die weiße Göttin* beschreibt. Jedes Jahr zur Zeit der Sommersonnenwende wurde ein symbolischer König in die Mitte eines Kreises aus zwölf um eine Eiche herum geordneten Steinen geführt. Dieser Eiche ist die Form eines T-Kreuzes gegeben. Dann, nachdem der symbolische König mit einem Trunk berauscht worden war, wurde er gebunden, gepeitscht, dann geblendet oder kastriert, auf einen mit Misteln umwundenen Pfahl gespießt und auf einem Altar in Stücke gehackt. Das dabei vergossene Blut wurde in einer Schale aufgefangen und als Sakramentsgabe über das versammelte Volk gesprengt. Dann aßen alle Anwesenden ein Stück vom Leichnam des Königs.

Trotz der für uns heutige Menschen kaum nachvollziehbaren Grausamkeit ist eine gewisse Ähnlichkeit mit der Passionsgeschichte von Jesus Christus nicht zu verkennen. Die Frage bleibt aber offen, ob sowohl die christliche Passionsgeschichte wie das keltische Ritualopfer auf noch weit ältere Traditionen zurückreichen. Ferner fällt eine teilweise Ähnlichkeit zwischen der keltischen und indischen Kultur und Religion auf. Die dreifache Muttergöttin trägt Züge, die wir auch bei der indischen Göttin Kali beziehungsweise Durga finden. Übereinstimmungen finden sich auch in keltischen und indischen Ritualen; auffallend ist auch die Ähnlichkeit des indischen Wortes »Drawida«, das »Bewohner des südlichen Landes« bedeutet, mit der Bezeichnung »Druide« für die keltischen Priester. Ob diese Ähnlichkeit von einem gemeinsamen eurasischen Ursprung herrührt oder über andere Wege zustande gekommen ist, kann nicht schlüssig beantwortet werden.

Obgleich die Kelten auf dem europäischen Kontinent zuerst den Germanen und später den Römern weichen mußten, scheint ihre magisch-religiöse Überlieferung, einem unterirdischen Strome gleich, im Volke weiterbestanden zu haben. Vereinzelte Quellen dieses unterirdischen Stromes brachen bis ins späte Mittelalter als populäre Volksmagie, unter dem Namen Hexerei bekannt, immer wieder hervor.

Gegenwärtig zeigt sich wieder in steigendem Maße ein neues Interesse an keltischer Esoterik und Spiritualität, da sie auf die ökologischen Anforderungen und Probleme unserer Gegenwart eine Antwort zu geben imstande sind.

Die Templer

Nachdem der langdauernde und zähe Kampf zwischen Kirche und Gnosis zugunsten der Kirche ausgetragen war und die Gnosis in den Untergrund verdrängt worden war, spielte diese für das nächste halbe Jahrtausend kaum mehr eine erkennbare Rolle in der abendländischen Geschichte. Die historischen Auseinandersetzungen galten nun anderen Themen. Die Kirche, die mit dem Bischof von Rom auch das weltliche, politische Erbe des römischen Reichs für sich in Anspruch nahm, mußte sich nun gegen die weltlichen Träger politischer Macht in Europa, gegen Kaiser und Könige, durchsetzen. Auch hier errang die Kirche den Sieg, und es war für die nächsten Jahrhunderte nicht möglich, gegen die Kirche eine weltliche Machtposition zu erringen und gar zu halten. Jeder weltliche Herrscher war gezwungen, sich mit der Kirche zu arrangieren, ein Zustand, der bis zum Zeitalter der Reformation andauerte. Daß esoterischer Geist allerdings nicht vernichtet oder gar ausgestorben war, sondern über lange Zeit hindurch im Untergrund intensiv gepflegt wurde, zeigte sich deutlich bei den im zwölften Jahrhundert auftretenden Templern und Katharern.

Die Templer

Dieses erneute, historisch belegbare Auftreten der Esoterik stand im engen Zusammenhang mit den Kreuzzügen. Durch die Entstehung und Ausbreitung des Islams im Nahen Osten fielen auch die heiligen Stätten der Christenheit unter islamische Herrschaft. Dies war für das christliche Abendland sehr unangenehm, da das Heilige Land für Pilgerfahrten stets eine große Bedeutung hatte. So entstand die Idee der Kreuzzüge, welche die Rückeroberung der heiligen Stätten zum Ziel hatte. Dies gelang in einem ersten Ansturm. Im Jahre 1099 wurden sie durch einen Kreuzzug unter der Führung des Gottfried von Bouillon wiedererobert, und nach der Vertreibung der moslemischen Herrscher wurde in Jerusalem ein christliches Königtum errichtet. Der Zugang zu den heiligen Stätten war für die Pilger wieder frei.

Nun ist allerdings zu bedenken, daß selbst unter den erneut günstigen Umständen eine Pilgerreise nach Jerusalem keine leichte Sache war. Der Reiseweg blieb schwierig und mancherorts gefährlich. Es mußten also Institutionen geschaffen werden, die den Pilger auf seinem Weg in das Heilige Land begleiteten und schützten. Mit dieser Aufgabe begann die Geschichte des Ordens der Tempelritter.

Geschichtlichen Quellen zufolge wurde die »Arme Ritterschaft Christi vom salomonischen Tempel« im Jahre 1118 vom französischen Ritter Hugo von Payen gegründet. Hugo von Payen suchte in Begleitung von acht Gefolgsleuten den Kontakt zu König Balduin dem Ersten von Jerusalem, der ein älterer Bruder von Gottfried von Bouillon war, und unterbreitete ihm das Vorhaben, Einrichtungen zum Schutz der Wege und Straßen in das Heilige Land aufzubauen. Neun Jahre lang lebte nun Hugo von Payen mit seinen acht Gefährten in Jerusalem unter dem Schutz des Königs, ohne in dieser Zeit nach außen hin in irgendeiner Weise in Erscheinung zu treten. In diesen neun Jahren müssen die Grundlagen zu dem erworben worden sein, was später die politische und soziale Effizienz des Ordens ausmachte.

Dazu gibt es zwei Thesen. Im Gegensatz zur christlichen Kirche war der Islam der Frühzeit für esoterisches und gnostisches Geistesleben viel aufgeschlossener. Die Blütezeit der islamischen Kultur bis ins frühe Mittelalter war nicht zuletzt diesem Umstand zu verdanken. Was im Westen unterdrückt und in den Untergrund verbannt wurde, konnte sich im Osten frei entfalten. So ist es denn äußerst wahrscheinlich, daß die ersten Tempelritter in diesen neun Jahren intensiv mit esoterisch-gnostischem Gedankengut in der Form, wie es im Osten überlebt hatte, in Berührung kamen. So wurden esoterisches Wissen und esoterischer Geist zum Fundament der Templer, die sich allerdings, und dies galt besonders für die spätere Zeit, nicht offen dazu bekennen durften und daher all dieses Wissen mit dem Mantel der Verschwiegenheit verhüllten. Eine andere, mehr spekulative These erwähnt, daß Hugo von Payen und seine Gefährten ihren Wohnsitz auf dem Areal des früheren salomonischen Tempels hatten und möglicherweise durch systematische archäologische Suche in den Besitz von Geheimnissen des alten Tempels kamen und sich fortan als »Die Templer«, als Hüter und Bewahrer dieser esoterischen Geheimnisse sahen.

Überhaupt scheint sich die Tätigkeit der Templer in zwei Richtungen, in eine exoterische und eine esoterische, entfaltet zu haben. Die exoterische bestand in der erklärten Aufgabe, die Zufahrtswege zum Heiligen Land zu sichern, während wir die esoterische als die Verwaltung und Obhut der esoterischen Geheimnisse annehmen dürfen, ohne im einzelnen zu wissen, wie sie in ihren Besitz gelangten.

Die politische Herrschaft der Christen im Nahen Osten war allerdings nicht von Dauer. Der Islam vermochte die verlorenen Gebiete allmählich wieder in seinen Besitz zu bringen, und im Jahre 1291 ging der letzte christliche Stützpunkt im Heiligen Land verloren. Auch die Templer konnten diese Entwicklung nicht verhindern und verlegten nun ihre Tätigkeit ganz nach Europa.

Die Templer

Die äußere Struktur der Templer war die eines straff hierarchisch organisierten Ordens nach einem Vorbild, das sich über Pythagoras bis zurück zu den ägyptischen Priestern verfolgen und auch östliche, zentralasiatische Einflüsse nicht ausschließen läßt. Der ganze Orden befolgte strikte Geheimhaltung, die vielleicht vorerst als Sicherheitsmaßnahme vor dem Konflikt mit den kirchlichen Autoritäten eingeführt worden war (als Orden unterstanden die Templer direkt dem Papst), die aber später ebensosehr zu seinem Sturz beitrug. Vieles, ja vielleicht das Wichtigste, wurde darum von der Geschichte nie enthüllt und hat bis in die Gegenwart hinein immer wieder Anlaß zu Spekulationen gegeben.

Auch in ihrem nunmehr europäischen, vor allem in Frankreich gelegenen Wirkungsbereich waren die Templer sowohl exoterisch wie esoterisch tätig. Da der Schutz der Wege nach dem Heiligen Land mehr oder weniger hinfällig geworden war, wandten sich die Templer exoterisch den Aufgaben zu, die wir heute unter dem Sammelnamen »Sozialarbeit« kennzeichnen. Dabei fällt auf, wie die Templer beinahe aus dem Nichts Ideen und Vorstellungen zu verwirklichen trachteten, die erst in unserer modernen Zeit wieder als Aufgaben erkannt werden. So gründeten und unterhielten sie beispielsweise ein auch nach heutigen Begriffen sehr effizientes Gesundheitswesen, das im Dienste der Allgemeinheit stand. Sie gaben dem Wirtschaftsleben ein vollkommen neues Gesicht, denn sie waren sozusagen die »Erfinder« des modernen Bankwesens, das, in einer Zeit, in der die staatliche Macht die Handelswege nur unzureichend schützen konnte, zu einem wesentlichen Element wirtschaftlicher Entwicklung und Prosperität wurde. So sollen die Templer auch den noch heute gebräuchlichen Bankscheck eingeführt haben.

Überblickt man die Tätigkeit der Templer in einem größeren Zusammenhang, so kann man ohne weiteres zur Überzeugung gelangen, daß sie über ein Wissen verfügten, das ihrer Zeit weit voraus war und das ihnen ermöglichte, zum richtigen Zeitpunkt am richtigen Ort den richtigen Hebel anzusetzen, um damit entsprechende Tatsachen zu schaffen. Der äußere Erfolg blieb denn auch nicht aus, und die Templer wurden mehr und mehr zu einer sehr starken wirtschaftlichen Kraft, wenn nicht gar Macht, innerhalb des französischen Staates.

Die Pflege und Entwicklung des esoterischen Wissens scheint die Aufgabe eines inneren, gleichsam eines Ordens innerhalb des Ordens gewesen zu sein. In diesen Kreis wurden nur ausgewählte Mitglieder des Ordens aufgenommen, die mittels geheimnisvoller Rituale, die seit jeher die Phantasie von Esoterikern wie Historikern beschäftigten, ihre Zugehörigkeit erlangten. Das wenige, was wir wissen, entstammt den Protokollen der Ankläger und ist demnach unter der Folter erpreßt und daher auch entstellt und aus dem Zusammenhang gerissen. So wurde den Templern vorgeworfen, daß sie einen geheimnisvollen Kopf verehrten, der den seltsamen Namen Baphomet trug, über dessen Bedeutung schon viel gerätselt und auch viele Thesen aufgestellt wurden. Da dieser Baphomet immer wieder in Zusammenhang mit dem Teufel und dem Satan erwähnt wird, scheint noch am wahrscheinlichsten, daß der Baphomet im Ritual die Funktion hatte, die Templer mit der Sphäre der Energie der Urmaterie zu konfrontieren, mit anderen Worten: mit dem, was in der griechischen Mythologie Pan symbolisiert und in der östlichen Mystik die schlummernde Kundalini-Kraft, die schrittweise zu läutern und zu veredeln die Aufgabe des wahren Esoterikers ist.

Besonders schwer wog die Anklage, daß die Templer in ihren Aufnahmeriten ein Kruzifix zu bespucken und mit Füßen zu treten hatten. Auch darüber gibt es viele Spekulationen. Am wahrscheinlichsten erscheint mir hier, daß durch diese rituelle Handlung, falls sie überhaupt in der geschilderten Weise ausgeführt wurde, altes gnostisches Gedankengut ausgedrückt wurde, demzufolge zwischen der Sphäre der irdisch-materiellen Ebene (Baphomet) und der göttli-

Die Templer

chen Sphäre keinerlei Vermittler notwendig sind. Bemerkenswert diesbezüglich ist die Haltung der ebenfalls gnostischen Katharer, welche die Verehrung des Kreuzes Christi als Hinrichtungsinstrument und Werkzeug der Leidenszufügung ablehnten.

Wie sich schon beim Orden des Pythagoras gezeigt hatte, konnte eine solche Entwicklung, die Etablierung einer Institution innerhalb der staatlichen Institution, die sich zudem durch das Gebot der Geheimhaltung noch zusätzlich der Kontrolle und Beeinflussung entzog, auf die Dauer nicht gutgehen. Es war deshalb nur eine Frage der Zeit, bis sich die Repräsentanten der etablierten Macht, König und Papst, durch die Templer bedroht fühlten und nach deren Beseitigung trachteten. Die Zerschlagung des Templer-Ordens wurde vom französischen König und dem Papst nach allen Regeln eines Staatsstreiches geplant und ausgeführt. Nach intensiver Vorbereitung sollten im Morgengrauen des 13. Oktober 1307 alle Tempelritter in Frankreich verhaftet und ihre Ordenshäuser beschlagnahmt worden sein.

Dieser Coup hatte wahrscheinlich zwei Ziele: Einerseits sollten die gewaltigen Reichtümer des Ordens möglichst unversehrt in den Besitz des Königs gelangen, andererseits wollte man sich damit auch gewaltsam Zugang zu den esoterischen Geheimnissen des Ordens verschaffen. Beide Ziele wurden indessen verfehlt. Es ist als sicher anzunehmen, daß die Templer über die ihnen drohende Gefahr schon länger im voraus orientiert waren. Angesichts dieser Bedrohung zeigten sie ein beispielhaftes heroisches Verhalten. Statt nach Möglichkeit ihr Leben unter Preisgabe ihres Ordensgutes zu retten, wählten sie den umgekehrten Weg. Sie führten angesichts der tödlichen Bedrohung ihr Leben in der gewohnten Weise weiter, als ob sie nichts wüßten, trafen aber insgeheim alle Vorkehrungen, um all das, was den Feinden um keinen Preis in die Hände fallen durfte, in Sicherheit zu bringen. Sie taten dies so gründlich, daß bis zum heutigen Tage nichts davon gefunden worden ist.

Als der Schlag dann ausgeführt wurde, fielen dem König und seinen Schergen nur Menschen in die Hände, die größtenteils auch unter grausamsten Foltern ihr Schweigegelübde nicht brachen. Es kam, wie es kommen mußte. Den Templern wurde der Prozeß gemacht, es wurde ihnen Ketzerei und Gotteslästerung vorgeworfen. Neben den Anklagen der Götzenverehrung (Baphomet) und der Schändung des Kreuzes Christi kam noch diejenige der widernatürlichen sexuellen Praktiken dazu. Dies könnte darauf hinweisen, daß wenigstens innerhalb des inneren Ordens gewisse tantrisch-sexualmagische Praktiken zur Anwendung kamen. Sollte dies der Fall gewesen sein, so würde sich einmal mehr bestätigen, daß, sobald ein esoterisch ausgerichteter Orden sexualmagischen Praktiken verfällt, sich unweigerlich die hinter ihm stehenden Kräfte zurückziehen und er entweder der Bedeutungslosigkeit oder der Vernichtung anheimfällt. Dies zeigte sich erneut, wie wir noch sehen werden, im 19. Jahrhundert. In ganz Frankreich flammten die Scheiterhaufen auf, und im März 1314 wurden Jacques de Molay, der Großmeister des Ordens, mit seinen engsten Mitarbeitern lebendig verbrannt.

Einigen Tempelrittern soll die Flucht nach England geglückt sein, wo der Orden noch einige Jahrhunderte im verborgenen weitergelebt haben soll. Es gibt heute einige Richtungen der Freimaurerei, die sich auf diese englische beziehungsweise schottische Existenz des Templerordens berufen. Sollte der Templerorden in England wirklich im Untergrund weiterbestanden haben, so hatte dies sicher auch eine gewisse Bedeutung für die Renaissance der Esoterik in England im 19. Jahrhundert. Einige Erscheinungen dieser Renaissance würden dadurch ihre Erklärung finden. Mit der Hinrichtung der Templer war der Orden vernichtet und damit auch all das, was er in der damaligen Kultur Frankreichs geschaffen hatte. Zurück blieben Mutmaßungen und Phantasien und auch die Kerkerzellen, in denen die Oberhäupter des Ordens auf ihren Prozeß und ihre Hinrichtung warteten. Die Wände dieser Zellen sind vollgekritzelt mit geheimnisvollen Symbolen und Zeichen, als hätten die Insassen verzweifelt versucht, einer verständnisvolleren Nachwelt etwas von der esoterischen Botschaft des Ordens der »Armen Ritterschaft vom salomonischen Tempel« zu übermitteln. Diese Symbole und Zeichen sind meines Wissens bis heute nicht entziffert worden. Eine Abbildung davon befindet sich in dem zur Zeit vergriffenen Buch von Louis Charpentier *Macht und Geheimnis der Templer.*

Die Katharer

Fast gleichzeitig mit der Vernichtung des Templer-Ordens vollzog sich im südlichen Frankreich ein weiterer Vernichtungsfeldzug gegen eine religiöse Gemeinschaft, bei der ebenfalls Reste alter gnostischer Geistigkeit in Erscheinung traten. Diese Gemeinschaft trug den Namen Katharer (griechisch katharos: der Reine) und zeichnete sich durch eine rigorose Denk- wie Lebensweise aus. Bei den Katharern herrschte eine ausgesprochen dualistische Anschauung.

Die Katharer kannten einen guten Gott des Lichtes, der als Urheber aller unsichtbaren Welten und des himmlischen Menschen galt. Ihm entgegengesetzt gab es den Gott der Finsternis als den Urheber der materiellen Elemente, der ganzen sichtbaren Welt und des Bösen überhaupt. Dies führte zu einer ausgeprägten Unterscheidung und Trennung zwischen Gut und Böse, zu zwei Welten, zwischen denen keine Verknüpfung möglich ist, wo es nur ein Entweder-Oder gibt. In dieser starken Dualität, die zwischen den zwei Polen keine Beziehung zuläßt, zeigte sich eine degenerative Entwicklung des Gesetzes der Polarität, denn der Austausch von Energie zwischen diesen zwei Polen ist nicht nur möglich, sondern sogar notwendig. Dieses dualistische Denken führte auch zu rigorosen, rücksichtslosen Regeln für die

Praxis. Die Katharer lehnten aus diesem Grunde sowohl den Fleischgenuß als auch die Sexualität ab.

Da solche rigorosen Anschauungen im praktischen Leben kaum ausgeführt und durchgehalten werden konnten, kam es bei den Katharern zu der nach heutigen Begriffen ziemlich absonderlichen und fragwürdigen Praxis der Endura. Der absolute Dualismus der Katharer forderte eindeutige Entscheidung. Nur wer diese Entscheidung mit allen praktischen Konsequenzen getroffen hatte, konnte das Heil erwerben. Da die mit dieser Entscheidung verbundenen Forderungen aber kaum zu verwirklichen waren, warteten die Katharer bis zum herannahenden Tod und trafen dann die Entscheidung, die durch eine Art rituelle Handauflegung vollzogen wurde. Um aber nicht wieder dem Bösen zu verfallen, mußte nach dieser Handlung möglichst schnell gestorben werden. Dies geschah durch manchmal freiwilligen, in den meisten Fällen aber auferlegten und erzwungenen Entzug der Nahrung. Der Ehrlichkeit halber muß auch erwähnt werden, daß manche Historiker meinen, daß durch diese Endura mehr Katharer ums Leben kamen als später durch die Verfolgungen der Kirche.

Die Reinkarnation vertraten sie in einer speziellen Version, derzufolge die menschliche Seele immer wieder in einen Körper wiedergeboren wird, bis sie den Körper eines Katharers gefunden hat, in dem sie schließlich erlöst wird. Alle Obrigkeit war als Repräsentant der sichtbaren Welt dem Bösen zugeordnet, und die Kirche als Heilsvermittlerin spielte für die Katharer keine Rolle. Schon dies allein genügte, um den Zwist mit den Hütern des alten römischen Reichsgedankens zu provozieren. In einem blutigen Vernichtungsfeldzug, in der Geschichte bekannt als die Albigenserkriege (1209 bis 1229), wurden die Katharer ausgerottet. Es scheint auch erwiesen, daß zwischen Templern und Katharern gewisse Verbindungen bestanden, wenn sie auch äußerlich voneinander getrennt waren. Zumindest scheint eine gegenseitige Sympathie vorhanden gewesen zu sein.

Der Gral

Zur gleichen Zeit, in der die große Auseinandersetzung mit den Templern und Katharern stattfand, wurde der für die westliche Esoterik bis in die heutige Zeit so bedeutungsvolle Mythos vom Gral in die literarische Form gebracht, die wir heute noch kennen. Der Gral und das Geheimnisvolle, das ihn umrankt, bewegt die Phantasie der Menschen in Europa seit jeher, und viele Versuche wurden unternommen, dieses esoterische Geheimnis zu verstehen und zu deuten. Die bekannteste Deutung ist sicher das Musikdrama *Parsifal* von Richard Wagner, das Ende des 19. Jahrhunderts, also zu einer Zeit verfaßt wurde, die für die Geschichte der Esoterik von besonderer Wichtigkeit ist.

Die Geschichten und Erzählungen vom Gral sind uns in zwei Traditionsströmen überliefert, deren einer dem angelsächsischen Raum entstammt und wahrscheinlich auch starke keltische Einflüsse aufweist. In diesem ist König Artus mit seiner Tafelrunde der Ritter Mittelpunkt, und bei genauerem Hinschauen entdeckt man sehr schnell die Ähnlichkeit mit Jesus und seinen zwölf Jüngern.

Im anderen Traditionsstrom, wie er von Chréstien de Troyes und dann vor allem von Wolfram von Eschenbach gestaltet wurde, steht die Gestalt des Ritters Parzifal im Vordergrund. In der angelsächsisch-keltischen Überlieferung ist der Gral ein Gefäß, manche behaupten der Kelch, aus dem Jesus mit seinen Jüngern das letzte Abendmahl zu sich nahm und in dem später auf Golgatha sein Blut aufgefangen worden sei, das aus der Wunde floß, die ihm mit der Lanze an der Seite beigebracht wurde. Josef von Arimathia, der Stifter des Grabes von Jesus, habe diesen Kelch bewahrt und ihn dann später auf eine Seereise mitgenommen, die ihn an die Westküste Englands führte.

Bei Wolfram von Eschenbach ist der Gral ein Stein. Engel brachten ihn auf die Erde und gaben ihn in die Obhut der

»Templeisen«, einer Gemeinschaft auserwählter Ritter, die mit ihrem König in einer tempelartigen Burg wohnen. Diese Ritter stehen ganz im Dienste des Grals. Von ihm erhalten sie Kraft, um ihre schwierigen Aufgaben in der Welt zu erfüllen. Manchmal erscheint auf dem Gral eine Schrift. die anzeigt, wo in der Welt Not ist, der es zu begegnen gilt. Dann ziehen ein oder mehrere Ritter aus, um ihre Pflicht zu erfüllen und dieser Not zu begegnen. Dabei ist es von höchster Wichtigkeit, daß ihre Mission geheim bleibt, daß niemand weiß, woher sie kommen und daß sie vom Gral gesandt sind. »Erkennt ihr ihn, dann muß er von euch ziehn«, heißt es in Richard Wagners »Lohengrin«. Niemand kann den Weg zur Gralsburg finden, der nicht vom Gral selbst zum Dienst gerufen und auserwählt ist. Viele edle Ritter zogen aus, um den Gral zu finden, was manchmal erst nach langen Mühsalen und Gefahren gelang, oder auch überhaupt nie. Parzifal fand den Zugang zur Gralsburg leicht und ohne Absicht. Aber da er sich als dummer, einfältiger Tor verhielt, der nicht wagte, aus eigener Initiative und Verantwortung heraus zu handeln, wurde er wieder aus der Gralsburg verwiesen. Erst nach einer langen Irrfahrt und vielerlei bitteren Erfahrungen, die ihn reifen ließen, wurde er wieder zu den Gralsrittern geführt, um diesmal deren König zu werden.

Es ist auf den ersten Blick zu erkennen, daß hier das alte Thema des esoterischen Ordens wieder aufgenommen wird, gesehen aus einer ritterlichen, höfischen Sicht, die gewiß auch viele Assoziationen zu den Templern zuläßt. Allen Traditionen ist gemeinsam, daß sie den Gral in Not und Schwäche zeigen. Bei Wolfram von Eschenbach leidet der Gralskönig an einer unheilbaren Wunde, die ihm unerträgliche Schmerzen bereitet und ihn daran hindert, sein Amt zu versehen. Wenn aber ein würdiger Nachfolger da ist, in diesem Falle Parzifal, kann die Kraft des Grals sich neu entfalten.

In der angelsächsischen Fassung des Mythos scheitert König Artus an seiner Aufgabe, seinem Reich Frieden und Einheit zu bringen, weil er und seine Ritter sich in viele menschliche Schwächen verstricken. Der sterbende König läßt das Schwert Excalibur wieder in den Wasserfluten versinken, aus denen es vielleicht in einer späteren Zeit wieder auftauchen wird, die besser ist, und in der geeignetere Menschen da sind, um das zu tun, was zu vollbringen ist. Artus selbst wird auf einer Barke nach Avalon (Atlantis?) gebracht.

In einer dritten, weniger bekannten Tradition werden die geschwächten Gralsritter und ihr kranker König samt ihrer Burg von Engeln durch die Luft nach Indien getragen, von wo aus zu einer späteren, geeigneteren Zeit der Gral erneut seine Kraft ausstrahlen wird.

Es ist ganz offensichtlich, daß der Mythos vom Gral sehr viel tiefes esoterisches Wissen in sich birgt, das bis heute noch kaum gültig und vollumfänglich entschlüsselt worden ist. Ich glaube, man darf auch davon ausgehen, daß der Mythos vom Gral nicht einfach so entstand, sondern daß ein eindeutiger und in eine ganz bestimmte Richtung weisender Wille dahinter zu vermuten ist. Es scheint fast so, als ob angesichts der über die Templer und Katharer hereinbrechenden Katastrophe das alte esoterische Wissen und Geheimnis gleichsam eingefroren werden sollte, um durch die kommenden dunklen Jahrhunderte zu überwintern, bis die Zeit kommt, die wieder fähig und reif dazu ist, sich mit diesen Geheimnissen auseinanderzusetzen.

Renaissance

Mit der Vernichtung des Templer-Ordens und der siegreichen Beendigung der Albigenser-Kriege hatte sich die Kirche erneut durchgesetzt und ihr Ziel erreicht, den alten römischen Reichsgedanken sowohl in weltlicher wie in geistiger Hinsicht zu behaupten. Das abendländische Leben war, was sein soziales Gefüge wie seine geistige Ausrichtung betraf, festgefügt und unter Kontrolle. Indessen gelang es nicht vollständig, die Erinnerung an den esoterischen Geist auszulöschen. Es war vielleicht auch nicht mehr so dringlich, denn jetzt, da das Papsttum fest begründet war und diese Institution von niemandem mehr angezweifelt wurde, der in irgendeiner Weise eine Gefahr dargestellt hätte, konnte man die Zügel durchaus wieder etwas lockern. Hauptsache schien, daß geistige Erkundung auf den Nebenpfaden esoterischen Wissens sich straff in die Struktur der überall präsenten Kirche einfügte. So ist es denn nicht weiter verwunderlich, daß die zwei repräsentativsten Persönlichkeiten, die esoterische Forschung und Überlieferung in dieser Zeit betrieben, angesehene Kirchenmänner waren: Albertus Magnus und Roger Bacon.

Albertus Magnus (1193-1280) war ein angesehener Kirchenlehrer, der später sogar heilig gesprochen wurde. Die Beschäftigung mit der Esoterik scheint für ihn aber eher eine Nebenbeschäftigung gewesen zu sein, etwa in der Art, die wir heute Hobby nennen. Die geistesgeschichtliche Bedeutung von Albertus Magnus liegt anderswo, unter anderem als Lehrer des größten Kirchenphilosophen des Mittelalters, Thomas von Aquino.

Roger Bacon (1214-1294) war Franziskaner, er stellte nie die Autorität der Kirche in Frage. Aber auch er war, wie Albertus Magnus, nicht nur ein denkender, sondern auch ein forschender Geist. Von ihm stammt der Satz »Ohne Erfahrung kann der Mensch nichts sicher wissen«. In einer Zeit, die sich überall und in allen Dingen auf die Schriften der Kirchenväter stützte, gehörte er zu denen, die ein scharfes Auge für das Geschehen in der lebendigen Natur hatten. Aufgrund exakter Naturbeobachtungen erkannte er Dinge als möglich und machbar, die erst in unserer heutigen technologischen Zeit verwirklicht werden konnten.

Das 13. Jahrhundert war auch die Zeit, in der in Europa ein seltsames Kartenspiel namens Naibbe auftauchte, gegen das sich sofort Obrigkeit und Kirche aufs heftigste zur Wehr setzten. Wir dürfen mit einiger Sicherheit annehmen, daß es sich dabei um den Tarot (siehe Seite 194ff.) handelte, der möglicherweise von den zur selben Zeit in Europa auftauchenden Zigeunern mitgebracht wurde. Ähnlich wie der Grals-Mythos ist auch der Tarot ein Mittel, esoterisches Wissen durch die Zeiten hindurch zu übertragen. Ein Archiv aus archetypischen Bildern, in denen das ganze esoterische Wissen enthalten ist. Da der Tarot aber in Form von Spielkarten im Umlauf war, konnte von den etablierten Gewalten kaum viel dagegen unternommen werden. Daß aber der eigentliche Sinn des Tarot sehr genau erkannt wurde, zeigt sich auch daran, daß er immer wieder den Katharern zugeschrieben wurde, die darin ihr gesamtes Wissen, nur für Eingeweihte zugänglich, niedergelegt haben sollen.

Gegen Ende des 15. Jahrhunderts breitete sich, von Italien ausgehend, eine neue geistige Bewegung über ganz Europa aus, die heute unter dem Namen Renaissance bekannt ist. Renaissance bedeutet Wiedergeburt, aber nicht im Sinne der esoterischen Reinkarnationslehre, sondern als Wiederentdeckung der antiken Geisteswelt und als Versuch, sie in der damaligen Gegenwart zu neuem Leben zu erwecken. Der historische Auslöser dazu war die Eroberung des alten byzantinischen, das heißt oströmischen Reiches durch die Mohammedaner. Die byzantinischen Gelehrten und Philosophen flohen vor dem kriegerischen Ansturm des Islams nach Westeuropa und brachten die Menschen in erneuten Kontakt mit griechischer Kultur und Philosophie.

Die Begeisterung war groß. Überall in Europa wurde in Bibliotheken und Klöstern nach den vergessenen Schätzen der Antike gesucht und diese gesammelt. Besonders die Kaufmannsfamilie der Medici in Florenz tat sich in dieser Beziehung hervor und finanzierte regelrechte Bücherjäger, die selbst den Gang zu den entlegensten Klöstern nicht scheuten in der Hoffnung, dort noch auf ein verschollenes oder vergessenes Manuskript zu stoßen.

Die Medici versammelten in Florenz eine Reihe der glänzendsten Gelehrten des damaligen Europa, die nun darangingen, die zusammengetragenen Bücherschätze auszuwerten und zu übersetzen. Plato wurde übersetzt und kommentiert und vor allem die Neuplatoniker gepflegt. Auch die sogenannten hermetischen Schriften, Bücher, als deren Autor Hermes Trismegistos galt, wurden wiederentdeckt und damit die alte esoterische Geistes- und Weltlehre. Heute wissen wir allerdings, daß diese sogenannten hermetischen Schriften nicht von Hermes Trismegistos verfaßt wurden, sondern von Autoren des ersten Jahrhunderts. Aber in der Antike war es ein gern geübter Brauch, Bücher mit fingierten Verfassernamen zu versehen, sofern sie nur irgendwie deren Geist atmeten.

Der gleiche Geist, die Orientierung an den Quellen, am vermuteten Ursprünglichen, war auch der Antrieb, der zur Reformation der Kirchen führte. Die Reformatoren, darin ganz Zeitgenossen der Renaissance, vertrauten nicht mehr auf die Institution der Kirche, sondern allein auf das Wort, auf das, was geschrieben steht. Es war gleichsam so, als ob man nach einer langen Zeit die Fensterläden eines dunklen, muffigen Raumes aufstieße, um das Licht der Natur und frische Luft hereinzulassen. Auch die Wissenschaft begann vermehrt, sich vom Philosophischen weg auf die direkte Beobachtung des Naturgeschehens zu konzentrieren. Damit wurde ein Weg offiziell beschritten, auf dem Jahrhunderte vorher schon Albertus Magnus und Roger Bacon einsam gewandert waren. Dabei war es unvermeidlich, daß das Esoterisch-Magische mehr und mehr auch in das öffentliche Denken Eingang fand. Dies zeigte sich vor allem bei einer Persönlichkeit, die als Esoteriker jener Zeit besonders repräsentativ ist.

Paracelsus

Paracelsus (1493–1541), bekannt auch unter dem Namen Theophrastus Bombastus von Hohenheim, war ein Mann, der, wie kein anderer, die Esoterik jener Epoche verkörperte. Von der Wissenschaft der Renaissance, die sich immer mehr einem ausgeprägten Spezialistentum ergab, hob er sich ab durch seine Betonung eines ganzheitlichen Denkens. Gleichzeitig war er ein scharfer Beobachter der Natur, die er als die höchste Autorität bezeichnete. Obwohl er mit der Betonung von Ganzheit und Einheit den Geist des vergehenden Mittelalters verkörperte, zeichnete er sich durch gesunde Kritik gegenüber den Wissenschaften der vergangenen Epoche aus.

Sein Lehrmeister war die Natur, die für ihn deshalb vollkommen war, weil sie nach einem großen göttlichen Plane arbeitet. So, wie Natur und Gott eine Einheit bilden, so sind im Menschen Seele und Körper auch eine Einheit. Wenn der Mensch gegen diese Einheit handelt und ihr Gleichgewicht stört, entsteht Krankheit. Ein durch und durch moderner Gedanke, dessen Richtigkeit auch die Medizin von heute mehr und mehr anerkennt. Da die göttlichen Kräfte in der Natur walten, war es für Paracelsus von größter Wichtigkeit, diese kosmische Ganzheit in der Natur zu erkennen. Hilfsmittel dazu bilden die verschiedenen esoterischen Disziplinen wie Astrologie oder Alchimie. Namentlich die Gestirne können für den Menschen ein Abbild, ein Symbol jener göttlichen Energien sein, die in der Natur enthalten sind.

Aber auch die Logik ist nicht der Weisheit letzter Schluß. Es gibt eine göttliche Wahrheit, die jenseits aller Logik wirkt und nur durch die Mystik erschlossen werden kann. Da der Mensch ein Teil der Natur ist, hat Gott ihm alle Kräfte gegeben, die ihn befähigen, sein Leben innerhalb dieser Natur zu leben und es im Einklang mit dem Kosmos zu führen. Wenn der Mensch lernt, die Kräfte zu erkennen, die im Kosmos walten, und ihnen gemäß zu leben, so erkennt er auch die Kräfte, die in ihm wirksam sind; und umgekehrt: wenn der Mensch sich selbst in seiner kosmischen Ganzheit empfindet, kann er daraus auf das Göttliche in der Natur schließen.

Wir sehen, daß Paracelsus auf seine Weise zum alten hermetischen Gesetz »Wie oben so unten« kam. Seine unbefangene Art der Naturbeobachtung ließ ihn auch manche Aussagen tun, die kaum in das heutige Bild von einem nüchternen Gelehrten passen. So bejahte er die Existenz von Naturgeistern, bejahte die Möglichkeit, mittels der Alchimie Gold herzustellen. Allerdings sah er den wahren Wert der Alchimie mehr in Veredelung und Verfeinerung der menschlichen Seele als im Herstellen materieller Güter.

Er hegte ein tiefes Mißtrauen gegenüber der wissenschaftlichen Medizin seiner Zeit und der Tradition, auf der sie begründet war. Er nahm die Überlieferungen der Volksheilkunde sehr ernst und hielt von deren einfachen Mitteln mehr als von den komplizierten Mixturen der gelehrten Apotheker und Professoren. Seine Erfolge als Heiler gaben ihm recht. Paracelsus kann auch als Begründer der Psychosomatik angesehen werden, die den engen Zusammenhang zwischen Körper und Seele im Krankheitsgeschehen beobachtet. Ja, vielleicht nahm Paracelsus sogar die Entdeckungen Freuds vorweg, wenn er den Menschen als Ganzes, bestehend aus einem fleischlichen, bewußten, und einem geistigen, unbewußten Menschen sah.

Paracelsus war menschlich ein schwieriger Charakter. Dies führte dazu, daß er ein unstetes Leben voll Streit und Hader führte. Daran änderte sich auch nichts, als ihm die Stadt Basel den Lehrstuhl für Medizin übertrug. Paracelsus scheint in Salzburg ermordet worden zu sein.

Lange Zeit galt Paracelsus als ein absonderlicher Geist, und erst heute, im anbrechenden Wassermann-Zeitalter, erkennen wir die Modernität und wissenschaftliche Bedeutung dieses außerordentlichen Arztes und Esoterikers.

Die Rosenkreuzer

Im Jahre 1614 erschien eine anonyme Schrift unter dem Titel „Allgemeine und Generalreformation der ganzen weiten Welt, die Fama Fraternitatis« mit dem Untertitel »Gerücht der Brüderschaft des Hochlöblichen Ordens des Rosencreutz an alle Gelehrte und Häupter Europas«. Kernstück dieses Büchleins bildete die Erzählung vom Vater C.R. Darin wird berichtet, wie C.R. mit sechzehn Jahren in den Nahen Osten reiste und dort das Heilige Land, die Türkei und Arabien besuchte, wo er die geheimen hermetischen Wissenschaften kennenlernte. Das Gelernte schrieb er auf Lateinisch in das Buch »M«. Dem Rat seiner arabischen Lehrer gemäß ging er dann in die Stadt Fez in Marokko, die damals ein Zentrum islamischer Gelehrsamkeit und Kultur war. Dort wurden ihm unter dem Siegel der Verschwiegenheit die geheimsten und höchsten Lehren offenbart. Kernstück dieser Lehren war die Übereinstimmung und Harmonie zwischen dem Menschen und dem Kosmos. Alles, was der Mensch tut und spricht sowie sein körperlicher und seelischer Zustand müssen im Einklang mit dem großen Kosmos sein. Mit diesem esoterischen Wissen und dieser esoterischen Erkenntnis ausgestattet, ging C.R. zurück nach Europa, um das, was er im Osten gelernt hatte, auch dem Westen zugänglich zu machen in der Hoffnung auf Veränderung und Verbesserung der Zustände.

Aber er mußte alsbald erkennen, daß die Zeit dazu noch nicht reif war. Nur wenige scheinen den Wert dessen erkannt zu haben, was C.R. aus dem Osten mitbrachte. Paracelsus soll das Buch »M« gelesen und sich begeistert darüber ausgesprochen haben. So kehrte Rosencreutz nach Deutschland zurück, wo er sich in sein Haus zurückzog, um sich nur noch seinen Studien zu widmen. Nach der Erzählung besaß er den Stein der Weisen, das heißt die Fähigkeit, Gold zu machen, wovon er allerdings keinen Gebrauch machte, da er keine materiellen Schätze nötig hatte. Er fand drei Schüler und lehrte sie alles, was er im Osten gelernt hatte. Er gab ihnen den Auftrag, diese Lehren, wenn die Zeit reif dafür sein würde, an die Mitglieder einer dann zu gründenden geheimen Bruderschaft weiterzugeben.

Später erweiterte sich die Zahl der Schüler auf acht, die sich gemeinsam folgende Ordensregeln gaben: Die Mitglieder sollten von ihren Fähigkeiten Gebrauch machen, indem sie ohne Entgelt Kranke heilen. In jedem Land, in dem sie sich niederlassen, sollten sie die Kleidung des Landes tragen sowie seine Gesetze und Gebräuche achten, das heißt, sie sollten durch nichts auffallen, das sie als etwas Besonderes erscheinen lassen könnte. Einmal im Jahr sollten sich die Mitglieder der Bruderschaft treffen. Jedes Mitglied war verpflichtet, für sich selbst einen Nachfolger auszuwählen. Die Brüder sollten sich untereinander mit dem Zeichen R.C. zu erkennen geben. Hundert Jahre lang soll die Bruderschaft im geheimen arbeiten und erst dann wieder an die Öffentlichkeit treten.

Die Brüder reisten dann durch viele Länder, wo sie sich überall durch gute Werke auszeichneten. Im Jahre 1484 starb Christianus Rosencreutz im Alter von 106 Jahren und wurde an einem geheimen Ort beigesetzt. Während hundertzwanzig Jahren wirkte die Bruderschaft der Rosenkreuzer im verborgenen, dann wurde durch einen Zufall die geheime Grabstätte von Christianus Rosencreutz wieder entdeckt. In der Grabstätte fanden die Brüder Symbole und Figuren sowie die Schriften von Christianus Rosencreutz. Der Leichnam selbst war unversehrt erhalten. Die Brüder entnahmen dem Grabgewölbe die Schriften, veröffentlichten sie, versiegelten das Grabgewölbe erneut und setzten ihre bisherige Tätigkeit fort. Das Büchlein schließt mit einem Aufruf an alle Würdigen, sich der Gemeinschaft der Rosenkreuzer anzuschließen.

Dieses Büchlein über die Rosenkreuzer, dem bald darauf noch ein zweites folgte, erregte durch ganz Europa großes

Aufsehen. Viele machten sich auf, um die geheime Bruderschaft zu finden und sich ihr anzuschließen, aber ohne Erfolg. Als sichtbare Organisation blieben die Rosenkreuzer im verborgenen, und es ist fraglich, ob es eine solche Organisation in Form einer Gemeinschaft oder eines Ordens überhaupt gab. Aber ihre Ideen wurden zum Gegenstand heftigster Auseinandersetzungen unter den Gelehrten Europas.

Das zentrale Thema der Rosenkreuzer war die Generalreformation der Welt. Die Idee der Reformation, die im kirchlichen Bereich durch Luther und die Reformatoren ihren Anfang nahm, dann aber im Sumpf der Institutionen steckenblieb, sollte erneut belebt und ausgeweitet werden. Jetzt ging es nicht mehr nur darum, die Kirche zu reformieren, sondern die Welt überhaupt, und zwar nach esoterischen Prinzipien. Den geistesgeschichtlichen Hintergrund bildete die Sehnsucht, ein neues globales Weltbild zu schaffen, das gegenüber dem Mittelalter einen erweiterten Horizont aufwies und die neuen Entdeckungen und Erkenntnisse der Wissenschaft mit einbezog. Die Rosenkreuzer verstanden sich offenbar als die Fortsetzer des Reformationsgedankens von Martin Luther und sahen ihre Gegenspieler in den Jesuiten und der Gegenreformation überhaupt.

Die dritte, heute wahrscheinlich bekannteste Rosenkreuzer-Schrift, die *Chymische Hochzeit des Christianus Rosenkreutz*, stammt aller Wahrscheinlichkeit nach vom schwäbischen Pfarrerssohn und lutherischen Theologen *Johann Valentin Andreä* (1586–1654). Andreä, dessen Vater ein lutherischer Pfarrer war und gleichzeitig ein Hobbyalchimist, war ein glänzender Gelehrter, der mehrere wissenschaftliche Schriften veröffentlichte, fünf Sprachen beherrschte und in seiner Jugend mehrere europäische Länder bereist hatte. Eine Parallele zum Leben des Christianus Rosenkreutz ist kaum zu übersehen. Er brachte es in der Öffentlichkeit zur Stellung eines württembergischen Hofpredigers, mußte dann aber wegen Krankheit und Intrigen aller Art dieses

Amt aufgeben. Das Ende seines Lebens war gekennzeichnet durch Verbitterung, Krankheit und Abkehr von den rosenkreuzerischen Idealen. Der Roman *Chymische Hochzeit* ist eine alchimistische Allegorie im Stil der Barockzeit, auf dessen Inhalt mit seiner vielfältigen und interessanten, aber komplizierten Symbolik hier nicht näher eingegangen werden kann.

Wie bereits erwähnt, ist es fraglich, ob die Rosenkreuzer je als Organisation, als Orden bestanden. Das Rosenkreuzertum war wohl eher eine Idee, die bewußt auf irgendwelche sichtbare Organisation verzichtete. Wenn man nämlich die »Ordensregeln« der Rosenkreuzer näher betrachtet, findet man schnell heraus, daß die Prinzipien, die darin niedergelegt sind, von jedem einzelnen für sich in seinem alltäglichen Leben mehr oder weniger verwirklicht werden können. Um diese Lebensprinzipien in die Tat umzusetzen, bedarf es keines Ordens, keiner strukturierten Organisation. Das wurde aber damals offenbar nicht eingesehen, und das krampfhafte, frustrierende Suchen nach einer sichtbaren und konkreten Erscheinung der Rosenkreuzer ließ die anfängliche Begeisterung wieder erlahmen, so daß der rosenkreuzerische Geist wieder in den Hintergrund trat. Die Wirren des Dreißigjährigen Krieges, der über Europa hereinbrach, mögen dazu noch das Ihre beigetragen haben. Trotzdem gerieten die Rosenkreuzer nie ganz in Vergessenheit und übten im 19. Jahrhundert, das in mancher Hinsicht eine Renaissance der Esoterik mit sich brachte, einen erheblichen Einfluß aus. So stand auch unter anderem das Rosenkreuzertum Pate bei der Gründung des für die Esoterik des 20. Jahrhunderts so wichtigen Ordens »The Golden Dawn« (siehe Seite 126 ff.).

Das 18. Jahrhundert

Das 18. Jahrhundert wird heute in der Geschichte als das Zeitalter der Aufklärung und der Vernunft bezeichnet. Was mit der Renaissance begann, nämlich die Rückbesinnung auf altes Geisteserbe, und damit, nach dem Mittelalter, der Aufbruch der Menschheit in eine neue Bewußtheit, erfuhr im 18. Jahrhundert nach außen hin den endgültigen Durchbruch und seine Verfestigung. Die geistige Vormachtstellung der Kirche, die so lange das Leben in Europa prägte, war gebrochen und die Bahn offen für neue Gedanken und neue Erkenntnisse, die ganz auf Vernunft und Naturbeobachtung gründeten.

Wenn eine Epoche die Vernunft des Gedankens, die Logik und die Erkenntnisfähigkeit allein der menschlichen Sinne als oberste Kriterien verwendet, dann sollte man annehmen, daß dies für die Esoterik hinderlich ist oder gar zu einer feindseligen Haltung ihr gegenüber führt. Tatsächlich war fast das Gegenteil der Fall. In diesem Zeitalter des Rationalismus wurde eifrig mit alchimistischen Tiegeln und Retorten hantiert, Seancen abgehalten und Geister beschworen. Man suchte die Geheimnisse der Kabbala zu lüften, und überall entstanden geheime Logen und Verbindungen, die jede für sich beanspruchte, zumindest den Stein der Weisen zu besitzen. Repräsentanten dieser anderen Seite des Zeitalters der »Vernunft« war ein schillerndes Völklein von Esoteriker-Abenteurern, die auf schnellen Postkutschen quer durch Europa zogen, von Rußland nach Italien, von Hof zu Hof und Stadt zu Stadt, und die überall, wo sie hinkamen, die gelangweilten Menschen in ihren Bann zogen. Es war fast so, als ob Esoterik ein Gesellschaftsspiel für die von ständiger Langeweile geplagten Fürsten und Höflinge wurde.

In der nachträglichen Betrachtung dieser für das 18. Jahrhundert so typischen Figuren ist es sehr schwierig, die genaue Grenze zwischen Scharlatanerie und echtem Wissen und Können zu ziehen. Ein Umstand übrigens, der uns auch bei der Betrachtung des 19. Jahrhunderts noch beschäftigen wird, daß in der Esoterik Wahrheit und Lüge, Echtheit und Betrug manchmal so dicht beieinander liegen, daß sie für ein ungeübtes Auge kaum mehr auseinanderzuhalten sind.

Zweifellos gab es im 18. Jahrhundert Scharlatane, die nichts weiter wollten und konnten, als auf dem Feuer der menschlichen Dummheit ihre Suppe kochen. Aber es gab auch Persönlichkeiten, die mit echtem Wissen und echter Esoterik in irgendeiner Weise in Verbindung standen und sich trotzdem dem Sog des Hofes in Versailles, der »Sonne«, um die sich damals alles drehte, nicht entziehen konnten. Das brachte sie, auch aus der heutigen Zeit gesehen, ins Zwielicht, und es wurden so viele Mutmaßungen über sie angestellt und Schriften pro und kontra geschrieben, daß heute kaum mehr zu verifizieren ist, was wirklich war. Wenn echtes Geheimnis ein Merkmal der Esoterik ist, dann bekam dieses Geheimnis im 18. Jahrhundert einen zumindest schillernden Glanz. Drei dieser Persönlichkeiten, jede auf ihre Weise typisch für diese Epoche, wollen wir näher betrachten.

Der Arzt *Franz Anton Mesmer* wurde 1734 geboren. Zunächst studierte er zehn Jahre lang Theologie und wandte sich dann der Medizin zu. Er scheint sich früh mit der Esoterik beschäftigt zu haben, denn er schrieb seine Doktorarbeit über ein astrologisches Thema. Zu Mesmers geistigen Ahnen gehört Paracelsus, und auch das Rosenkreuzertum scheint ihn beeinflußt zu haben.

Mesmer stellte die These auf, daß das ganze Universum von einer bisher unentdeckten Energie durchdrungen sei. Diese Energie nannte er Magnetismus. Ferner behauptete er, daß alle Krankheiten die Folge eines gestörten Gleichgewichts dieser Energie seien, die sich im kranken Menschen in einer disharmonischen Verfassung befinde. Der kranke Mensch kann geheilt werden, wenn das gestörte Gleichgewicht wieder ausgewogen wird. Dazu ist es notwendig, daß diese geheimnisvolle, unbekannte Kraft dem Körper des kranken Menschen von außen her zugeführt wird. Diese Zufuhr hat durch einen Magnetiseur zu geschehen, der imstande ist, diese kosmische Kraft als Antenne in sich aufzunehmen, durch sich hindurchfließen und dem Körper des Kranken zukommen zu lassen. Mesmer vertrat also bereits das, was heute unter dem Begriff »Geistheilung« bekannt ist.

Da Mesmer in der Folge einige spektakuläre Heilerfolge vorweisen konnte, war es nur natürlich, daß er alsbald die heftige Feindschaft der etablierten Ärzteschaft auf sich zog, welche die Vorherrschaft der hauptsächlichsten Therapiemittel des 18. Jahrhunderts, die Klistierspritze und den Aderlaß, bedroht sahen. Diese ständigen Auseinandersetzungen mit der Schulmedizin machten Mesmers Leben unruhig und brachten ihn in den Verruf der Scharlatanerie. Vom esoterischen Standpunkt aus gesehen hatte Mesmer zweifellos die richtigen Erkenntnisse, aber da er sie zu früh, ohne genügende wissenschaftliche Fundierung und auf eine nicht immer angebrachte Weise publik machte, blieb ihm letztlich der große Durchbruch versagt und brachte ihm den Ruf des Gescheiterten ein. Erst heute werden seine Thesen, wenn auch unter anderem Namen und in einer anderen Form, wieder aufgenommen und mit Erfolg praktiziert.

Den Typus des reisenden hermetisch-okkulten Abenteurers im 18. Jahrhundert stellte vielleicht am besten Guiseppe Balsamo dar, der sich auch Graf *Cagliostro* nannte. Balsamo wurde 1743 in Palermo geboren und führte ein äußerst bewegtes Leben. Auf seinen Reisen kreuz und quer durch Europa gründete er, zusammen mit seiner Gattin Lorenza Feliciani, zahllose Geheimlogen, in denen die von ihm vertretenen Mysterien zelebriert wurden. Daß Balsamo dabei Betrügereien und Schwindeleien beging, steht heute außer Frage. Aber ebenso klar ist, daß er einen Draht zur echten Überlieferung gehabt haben muß. Die Riten, die in seinen gegründeten Logen gefeiert wurden, gingen auf die Tradition des Hermes Trismegistos und die alte ägyptische Überlieferung zurück.

Um das in der richtigen Weise zu würdigen, muß man wissen, daß damals, zu Balsamos Zeit, die Hieroglyphenschrift noch nicht entziffert und daher das Wissen um die ägyptische Kultur und alles, was mit ihr zusammenhängt, äußerst dürftig und lückenhaft war. Balsamos Ausstrahlungskraft war so groß, daß er Menschen jeglichen Standes zu faszinieren vermochte. Selbst Persönlichkeiten, die im Geistesleben des 18. Jahrhunderts eine bedeutende Rolle spielten, waren von ihm beeindruckt, wie etwa Lavater, der mit ihm in Briefwechsel stand, und wie Goethe, der über ihn ein Drama, »Der Groß-Kophta«, schrieb.

Cagliostro galt auch als Hellseher und Prophet, was allerdings weniger auf magische Kräfte als vielmehr auf sein außerordentlich gutes psychologisches Einfühlungsvermögen und seine hohe Intelligenz zurückzuführen ist. Er war mit vielen einflußreichen Persönlichkeiten seiner Zeit bekannt oder gar befreundet. So auch mit dem Kardinal Rohan. Als der Kardinal tief in die sogenannte Halsband-Affäre verwickelt wurde, die unter anderem den Sturz der französischen Monarchie einleitete, begann auch Balsamos Stern zu sinken. Er zog sich in sein Heimatland Italien zurück, wo er in Rom von der Inquisition verhaftet wurde und 1795 im Gefängnis der Inquisition starb.

Weitaus die geheimnisvollste Gestalt jener Epoche ist zweifellos der *Graf von Saint-Germain*. Von ihm sind weder Geburts- noch genaues Todesdatum überliefert, und das Rätsel, woher er kam und wohin er ging, ist nie zufriedenstellend gelöst worden. Zahlreiche Legenden ranken sich um ihn. Er soll mehrere Sprachen gesprochen haben, darunter auch Sanskrit und Arabisch. Er besaß umfassende okkulte, vor allem alchimistische Kenntnisse. Immer wieder wird in den zeitgenössischen Berichten seine Alterslosigkeit erwähnt. Über einen Zeitraum von fast hundert Jahren hinweg berichteten immer wieder verschiedene Persönlichkeiten des 18. Jahrhunderts über eine Begegnung mit ihm, und er soll dabei stets das Alter zwischen vierzig und fünfzig Jahren gehabt haben. Er war der Vertraute von Ludwig XV. sowie Ludwig XVI. und dessen Gemahlin Marie-Antoinette. Er soll weit gereist sein, nicht nur in Europa, sondern auch in den Ländern des Fernen Ostens. Aus China wie aus Indien wurde von seinem Auftauchen berichtet. Nach Ansicht der Theosophen (siehe Seite 198 ff.) war Saint-Germain eine Verkörperung des Meisters vom siebten Strahl.

Das Jahr 1875

In der Geschichte der neueren Esoterik hat das Jahr 1875 eine herausragende Bedeutung. Alle wichtigen Entwicklungen und Impulse in der Esoterik des 19. Jahrhunderts zielten auf dieses Jahr hin. Es wurde zum Ausgangspunkt von esoterischen Strömungen, die bis weit ins 20. Jahrhundert hinein ihren Einfluß ausüben. So war das Jahr 1875 das Todesjahr von Eliphas Lévi, gleichzeitig das Geburtsjahr von C. G. Jung, Aleister Crowley sowie das Jahr, in dem Helena Blavatsky ihre »Theosophische Gesellschaft« gründete. Jeder der hier erwähnten Persönlichkeiten beeinflußte die folgenden hundert Jahre, was die Esoterik betrifft, sehr tiefgreifend.

Der Franzose Alphonse-Louis Constant, der sich später Eliphas Lévi nannte, wurde 1810 in Paris geboren. Nach dem Zeitalter der Aufklärung, dem 18. Jahrhundert, das – nach außen hin wenigstens – Vernunft und Klarheit in den Vordergrund stellte, wandte sich das Interesse der Menschen wieder mehr den phantastischen und traumhaften Seiten des Lebens zu. Es kam die Zeit der Romantik. Literarisch wurde dieser geistige Umschwung in Deutschland durch Ernst Amadeus Hoffmann repräsentiert, dessen phantastische, traumhafte Erzählungen später einen großen Einfluß auf

Sigmund Freud und C. G. Jung ausübten. In England faszinierte Matthew Gregory Lewis mit seinem Gruselroman *Der Mönch* die Massen; Mary W. Shelly erfand die bis in unsere Zeit zum Begriff gewordene Gestalt »Frankenstein«. Mit seinem Roman *Schloß Otranto* schuf Horace Walpole die sogenannte »schwarze Romantik«. Alles in allem herrschte ein geistiges Klima, das dem Interesse an Magie und Okkultismus durchaus förderlich war.

Eliphas Lévi war denn auch derjenige, der in der ersten Hälfte des 19. Jahrhunderts das Studium der Esoterik, man könnte sagen, auf eine wissenschaftliche Weise betrieb.

Der als Sohn eines Schusters in Paris zur Welt gekommene Alphonse Louis Constant hatte, wie das bei sozial Benachteiligten in der Vergangenheit stets der Fall war, nur eine Chance, Zugang zu höherer Bildung zu bekommen: wenn er sich dem Dienst der Kirche weihte. Wir können uns heute fragen, ob dies ein glücklicher Entschluß war. Einerseits erreichte der junge Alphonse-Louis sein ersehntes Ziel: Er erhielt eine höhere Bildung, konnte ausgedehnt den großen Schatz verschollener alter Schriften in den Bibliotheken erforschen; andererseits ist es unverkennbar, daß der Bund mit der Kirche seine persönliche Entfaltung schwer behinderte. Dieser Konflikt gab seinem ganzen Leben eine tragische Note. Der junge Priesteranwärter legte die höheren Gelübde, die ihm Zutritt zu Amt und Pfründen und damit zu einem materiell sorglosen Leben ermöglicht hätten, nicht ab, weil er die Last des Zölibats als zu schwer empfand. Er heiratete eine seiner Schülerinnen. Aber das Unglück dieser Ehe prägte sein Leben. Sein ganzes Leben hindurch befand er sich irgendwie zwischen Stuhl und Bank. Er war nicht Priester, nannte sich aber dennoch Abbé und fühlte sich der katholischen Kirche zugehörig. Er war verheiratet, ohne diese Ehe wirklich leben zu können. Der aus den ärmsten Schichten der Pariser Bevölkerung stammende Alphonse-Louis Constant saß wegen einer sozialrevolutionären Schrift eine achtmonatige Gefängnisstrafe ab und war in seinem Alter finanziell abhängig von adeligen Gönnern, die seine Schüler wurden. Er fristete ein kümmerliches Dasein als Zeichner und Illustrator sowie als Lehrer des Okkultismus. Er wollte Philosoph sein, ohne jedoch sein theologisches, die Kirche leidenschaftlich verteidigendes Denken aufgeben zu wollen.

Eliphas Lévi verfaßte über zweihundert Schriften, welche die verschiedensten Themen behandeln. Seine Hauptwerke sind *Transzendentale Magie* (zwei Bände), *Geschichte der Magie* und *Der Schlüssel zu den großen Mysterien*. Es sind Bücher, von denen Esoterik und Esoteriker bis zur Gegenwart sehr stark geprägt wurden. Der Schwerpunkt seiner Studien lag auf der Magie, der Kabbala und dem Tarot. Eliphas Lévi war der erste, der auf die Verbindung des Tarot mit der Kabbala aufmerksam machte.

Seine Schriften zeugen von einem immensen esoterischen Wissen, das allerdings in vielen Fällen (wahrscheinlich aus Rücksicht auf die Kirche) zu sehr zwischen den Zeilen verborgen ist, als daß der Anfänger es sich auf Anhieb aneignen könnte. Man liest die Werke von Eliphas Lévi deshalb vor allem dann mit Gewinn, wenn man bereits über gute esoterische Grundkenntnisse verfügt, um das zu erkennen, was mehr oder weniger verschlüsselt ausgedrückt ist.

Soviel ich weiß, wurde nie gründlich geklärt, welchen Quellen das große Wissen von Eliphas Lévi entstammt. Daß er es allein in den Lesesälen der Bibliotheken erwarb, scheint unwahrscheinlich. So wird denn auch immer wieder darüber gerätselt, ob Eliphas Lévi (ähnlich wie nach ihm Helena Blavatsky und die Gründer des »Golden Dawn«) wohl in Verbindung mit geheimnisvollen Meistern stand, die ihm das nötige Wissen zukommen ließen. Manchmal begegnet man auch der These, daß Eliphas Lévi einem geheimnisvollen Orden, der bis heute nicht identifiziert werden konnte, angehörte und dort in Kontakt mit diesem Wissen kam. Um sein gegebenes Schweigegelübde nicht zu verletzen, habe er in seinen Schriften manches mit Absicht verdunkelt formuliert, so daß es nur von Eingeweihten erkannt werden kann. Auch das Wissen darüber, daß und in welcher Weise Tarot und Kabbala miteinander in Verbindung stehen, soll ihm auf diesem Wege zugekommen sein.

Obgleich sein Leben äußerlich arm und bescheiden blieb, gewann Eliphas Lévi mit seinen Schriften doch über die Grenzen seines Landes hinaus Ansehen und Anhänger. Namentlich in England und, gegen Ende seines Lebens auch in Deutschland, wurde man auf ihn aufmerksam, und er wurde in beide Länder zu Besuchen eingeladen. In London machte er die Bekanntschaft mit Lord Bulwer-Lytton, und in London geschah auch die berühmte Beschwörung des Geistes von Apollonius von Tyana, die einzige praktische magische Operation, die Lévi je vornahm. Da diese Evokation in fast allen Büchern, in denen Lévi erwähnt wird, beschrieben ist, verzichte ich hier auf die Einzelheiten. Mit der Welt, der Kirche und sich selbst in Frieden starb Eliphas Lévi im »magischen« Jahr 1875.

Er hinterließ eine ganze Gruppe von Anhängern in Frankreich, die sein esoterisches Wirken in irgendeiner Weise fortsetzten. Der bedeutendste unter ihnen, wenn auch nicht sein direkter Schüler, war Gérard Encausse, bekannt unter dem Pseudonym Papus. Encausse war Arzt, und sein Pseudonym Papus bezeichnet den Genius des Heilens. Papus wurde 1865 in Spanien geboren und studierte Medizin. Daneben galt sein Interesse dem, was man damals Okkultismus nannte. Papus gehörte zu jener Pioniergeneration im letzten Jahrhundert, die in vielen Fällen ihre Lebensaufgabe darin sah, die in den Bibliotheken schlummernden und vergessenen Schätze esoterischer Literatur zu lesen und zu entziffern und dem Bewußtsein der Menschen des 19. Jahrhunderts zugänglich machen. Ein Unterfangen, das ganz gewiß nicht leicht war in einer Zeit, die einem so stark materialistisch ausgerichteten Wissenschaftsbegriff hörig war, der nur der Wahrnehmung der Grundsinne des Menschen vertraute. Das Bemühen, Okkultismus gemäß den Kriterien der Wissenschaft des 19. Jahrhunderts zu definieren und salonfähig zu machen, kennzeichnet in mancherlei Hinsicht die Werke von Papus. Darum sind seine Werke auch trotz aller Qualität zeitgebunden, was der Grund dafür ist, daß sie heute, in einer Zeit, in der auch einige wissenschaftliche Disziplinen ihren Horizont dem Transzendenten gegenüber stark erweitert haben, nicht leicht zu lesen und zu verstehen sind.

Die Persönlichkeit aber, welche die Renaissance der Esoterik im 19. Jahrhundert und bis heute am nachhaltigsten beeinflußt, ist ohne Zweifel Helena Petrovna Blavatsky, von ihren Anhängern manchmal verkürzt auch H.P. B. genannt. Sie wurde 1831 als Tochter eines russischen Obersten in der Ukraine geboren. Die junge Helena zeigte schon sehr früh Anzeichen medialer Begabung und mußte sich mehrmals der Prozedur eines Exorzismus unterwerfen. Mit siebzehn Jahren wurde sie an den sechzigjährigen General Blavatsky verheiratet, den sie aber bereits nach kurzer Zeit verließ. Sie reiste, als Matrose verkleidet, auf abenteuerlichen Wegen in die Türkei.

Von da an begann, ähnlich den Scharlatanen und Esoterikern des 18. Jahrhunderts, ein unstetes, in manchen Belangen merkwürdiges Abenteurerleben, das Helena Blavatsky kreuz und quer durch die ganze Welt führte. Ägypten, Indien, Amerika bildeten immer wieder Schwerpunkte ihres Lebens, und sie behauptete, auch in Tibet geweilt zu haben. Eine Zeitlang arbeitete sie als Kunstreiterin in einem Zirkus und war, in Männerkleidern, Mitkämpferin von Garibaldi in Italien. Wahrscheinlich begegnete sie auch Eliphas Lévi, wenn dies auch biographisch nicht nachweisbar ist; aber in ihren Werken ist sein starker Einfluß unübersehbar.

Da ihr schillerndes Leben kaum mehr genau rekonstruiert werden kann, bildete sich um sie ein besonderer Mythos. Mit zwanzig Jahren soll sie in London zum ersten Mal ihrem »Meister« Kut Humi in der Gestalt eines indischen Prinzen begegnet sein, der ihr eröffnete, daß sie zu seiner Schülerin auserwählt sei und ihr den Auftrag gab, eine Gesellschaft zu gründen, um die esoterischen Lehren über die ganze Welt zu verbreiten.

Im Jahre 1873 ließ sich Helena Blavatsky für einige Zeit in den USA nieder. Dort kam sie in Berührung mit spiritistischen Kreisen und beteiligte sich einige Zeit aktiv an deren Tätigkeit. Dies bot ihr Gelegenheit, ihre mediumistischen Fähigkeiten erneut einzusetzen und zu trainieren. In Amerika lernte sie auch ihren später vertrautesten und bedeutendsten Mitarbeiter, Henry Steel Olcott, kennen und gründete mit ihm zusammen einen eigenen spiritistischen Zirkel.

Im »magischen« Jahr 1875 wurde dieser Zirkel in eine esoterische Geheimgesellschaft umgewandelt, die sich »Theosophische Gesellschaft« nannte. Die »Theosophische Gesellschaft« sollte dazu dienen, den Wahrheitskern und das Gemeinsame in allen Religionen der Welt zu ergründen, ferner die verborgenen okkulten und magischen Kräfte des Menschen erforschen und nutzbar machen und alle bisher noch nicht entdeckten Naturgesetze erforschen. Das Ziel war, auf diese Weise eine neue Weltreligion zu schaffen, die ganz auf dem verborgenen Urwissen der Menschheit begründet ist und ihre Lehren in Übereinstimmung mit den bereits entdeckten und noch nicht entdeckten Naturkräften zu bringen. (Über die Bedeutung des Wortes »Theosophie« siehe Seite 198 ff.)

1877 veröffentlichte Helena Blavatsky das erste ihrer beiden Hauptwerke, *Die entschleierte Isis*. Darin sagt sie, daß es seit jeher ein Geheimwissen gibt, das den gemeinsamen Kern aller großen Weltreligionen und der wichtigsten philosophischen Systeme bildet. Nach der Veröffentlichung dieses Buches wandte sich Helena Blavatsky mehr und mehr östlichem und vor allem indischem Denken zu. Im Jahre 1878, nachdem sie auf der Durchreise in London eine »Theosophische Gesellschaft« gegründet hatte, reiste sie zusammen mit Olcott nach Indien. Mit Erfolg suchte Helena Blavatsky den Kontakt zu indischen Intellektuellen, und der Sitz der »Theosophischen Gesellschaft« wurde nach

Indien verlegt, wo die Gesellschaft in Adyar, einem südlichen Stadtteil von Madras, ein Grundstück kaufte, wo sich bis heute der Hauptsitz der »Theosophischen Gesellschaft«, der »Adyar-Theosophie«, befindet. In Indien kam Helena Blavatsky erneut wieder in Kontakt mit den »Meistern«, wodurch nun ihr weiteres Lebenswerk bestimmt wurde.

Es ist hier vielleicht angebracht, auf die in der Esoterik immer wieder auftauchende Bezeichnung »Meister« näher einzugehen. Eine der Grundüberzeugungen esoterischen Denkens ist die Lehre der Evolution. Sie besagt, daß jeder Mensch und, analog dazu, auch jedes Tier, jede Pflanze, jeder Stein, jedes Wesen überhaupt einen ganz bestimmten Platz einnimmt in der hierarchisch gegliederten Entwicklungskette. Demzufolge beginnt jedes Leben auf einer sehr tiefen Stufe, zum Beispiel im Mineralreich als Stein, um sich dann allmählich im Verlaufe der Jahrmillionen weiterzuentwickeln, zur Pflanze zu werden, das Tierreich zu durchlaufen und als vorläufig höchste Evolutionsstufe auf dieser irdisch-materiellen Ebene ins Menschenreich zu gelangen.

Aber auch im Menschenreich ist die Evolution noch längst nicht abgeschlossen. Durch viele, viele Reinkarnationen hindurch (siehe Seite 204 ff.) kommt jeder Mensch im Laufe der Zeiten, nach jedem Tod, immer wieder auf die Erde zurück und inkarniert sich in eine neue Persönlichkeit. Diese ganze Entwicklung ist als fortlaufender Lernprozeß zu verstehen. Der Mensch hat die Aufgabe, in jeder Inkarnation weiterzuwachsen, seine mitgebrachten Fähigkeiten zu verfeinern und zu erweitern und so eine immer höhere Bewußtseinsstufe zu erlangen. Dann folgt irgend einmal der Zeitpunkt, wo ein Mensch auf dieser irdisch-materiellen Ebene nichts mehr lernen kann und der Übergang in die nächste, transzendente Ebene erfolgt, wo dieser Lernprozeß weitergeführt wird. Nach esoterischer Tradition gibt es nun immer wieder hochentwickelte Menschen, die aus Liebe zur Menschheit auf ihre eigene Fortentwicklung vorläufig verzichten und in unserer Sphäre bleiben, um der Menschheit in ihrem Weiterkommen behilflich zu sein. Aus diesem Grunde werden sie »Meister« genannt. Ihr hoher Bewußtseinsgrad führt dazu, daß sie die Gesetze der materiellen Ebene vollständig beherrschen und entsprechend einsetzen können. Sie sind zwar in der Regel nicht mehr an einen materiellen Körper gebunden, bedienen sich aber eines Körpers, um mit den Menschen in direkten Kontakt treten zu können. Manchmal wird ihre Existenz auch in eine unzugängliche Gegend, wie beispielsweise die Bergwelt des Himalaja, verlegt. Die »Meister« nehmen immer wieder Verbindung zu Menschen auf, die sie für geeignet halten, vermitteln ihnen esoterisches Wissen, das der Menschheit in deren Weiterentwicklung zugute kommen kann und beauftragen sie, dieses Wissen in einer entsprechenden Form unter den Menschen zu verbreiten.

Jeder der »Meister« hat einen bestimmten Bereich, seine Spezialität also, und vertritt diesen Bereich der Menschheit gegenüber mittels einer Energievibration, die Strahl genannt wird.

Die Theosophen kennen sieben Strahlen, die durch je einen »Meister« regiert werden. Der erste Strahl ist derjenige des Willens und der Macht, der zweite ein Strahl der Liebe-Weisheit (Philosophie), der dritte der Strahl der Aktivität und Anpassung, der vierte Strahl regiert Harmonie, Schönheit, Kunst und Einheit und der fünfte ist der Strahl des konkreten Wissens oder der Wissenschaft. Der sechste Strahl ist die Vibration des abstrakten Idealismus oder der Hingabe, und der siebente Strahl ist derjenige der zeremoniellen Magie oder des Gesetzes, des Rituals. Weiter wird auch oft die Vermutung ausgesprochen, daß hinter esoterischen Bewegungen wie den Templern, Rosenkreuzern und hier auch der Theosophischen Gesellschaft, ferner hinter gewissen Orden und Logen solche »Meister« stehen, die mit Hilfe dieser Instrumente das Geschick der Menschheit im positivem Sinne zu beeinflussen suchen. Da die »Meister« die absolute Entscheidungsfreiheit des Menschen als oberstes Gesetz achten, ist ihre direkte Einflußnahme beschränkt. Sie können immer nur wieder Möglichkeiten und Gelegenheiten schaffen, ohne aber in das Schicksal der Menschheit oder einzelner Menschen direkt eingreifen zu dürfen. So begegnen wir denn auf den Spuren der »Meister« immer wieder einem hoffnungsvollen Anfang, aber auch einem kläglichen Scheitern wie im Falle der Templer, der Rosenkreuzer, des Ordens »The Golden Dawn« und nicht zuletzt auch der Theosophischen Gesellschaft. Verschiedene Esoteriker der Vergangenheit wurden immer wieder als Verkörperungen oder Repräsentanten der Meister betrachtet. So wurde der geheimnisvolle Graf von Saint-Germain als Inkarnation oder Repräsentant des Meisters des siebten Strahls vermutet, der seine Wirkung vor allem im Rahmen von esoterischen Orden und geheimen Zirkeln entfaltet.

Helena Blavatsky behauptete, in Kontakt mit solchen »Meistern« zu stehen und von ihnen geheimes esoterisches Wissen übermittelt zu bekommen, um es an die Menschheit weiterzugeben. So pflegte sie namentlich Kontakt mit einem Meister Kut Humi, der seinen Wohnsitz im westlichen Himalaja haben soll, und mit Djwal Khul, ebenfalls einem Meister des zweiten Strahles, dem sie größtenteils den Inhalt ihres Spätwerkes *Die Geheimlehre* verdankt. Die »Meister« ließen Helena Blavatsky ihre Instruktionen auf brieflichem Wege zukommen. Augenzeugen in Adyar bestätigten, daß manchmal solche »Meisterbriefe« wie aus dem Nichts auftauchten, ins Zimmer flatterten oder sich plötzlich wie durch Zauberhand in einem bestimmten Schrank vorfanden, wo sie vorher nicht gewesen waren. Einige der Briefe, die im Britischen Museum aufbewahrt werden, zeigen unverkennbar die Handschrift von Helena Blavatsky. Als durch einen unglücklichen Zufall im besagten Schrank noch eine Art Briefkastenschlitz entdeckt wurde, konnte sich Frau Blavatsky nur durch eine schnelle Abreise aus Indien dem drohenden Skandal entziehen.

War nun damit Helena Blavatsky als Lügnerin und

Schwindlerin entlarvt? So einfach läßt sich diese Frage nicht beantworten. So ärgerlich und disqualifizierend solche Tricks auch sein mögen, so ist andererseits nicht zu übersehen, daß die Werke von Helena Blavatsky Dinge enthalten, die für die damalige Zeit wirklich neu waren und deren Vorlage oder Quelle man bis heute nicht gefunden hat. Wenn man weiter bedenkt, daß Helena Blavatsky ein äußerst sensibles Medium war, so ist es nur zu wahrscheinlich, daß sie auch die Antenne hatte, mit »Meistern«, falls es sie gibt, was für jedermann eine Glaubenssache ist, in Verbindung zu treten und die von ihnen erhaltenen Informationen in einer Form, die sie für richtig hielt, an ihre Anhänger weiterzuleiten.

Es ereignete sich in der Esoterik wiederholt, daß der Versuchung nicht immer widerstanden wurde, mit Tricks, begleitet von »okkulten Phänomenen«, zu arbeiten, um bei den Empfängern die nötige Aufmerksamkeit zu erregen, denn nur auf diese Weise, so wird in esoterischen Kreisen immer wieder behauptet, sei es möglich, die Menschen gebührend auf die Esoterik aufmerksam zu machen, deren Inhalt kaum ohne begleitende spektakuläre und parapsychologische Phänomene so verbreitet würde. Da man von der Wahrheit der empfangenen Informationen ohnehin überzeugt ist, glaubt man, in ihrem Dienst bei der Verbreitung schon gewisse Tricks und Kniffe anwenden zu dürfen. »Corriger la fortune« nennt man dies in Spielerkreisen.

Ich bin hier außerordentlich skeptisch und zurückhaltend, denn meiner Meinung nach wird sich wahres esoterisches Wissen letztlich immer durchsetzen, auch ohne Tricks und Parapsychologie. Der gleichen Erscheinung werden wir übrigens bei der Gründungsgeschichte des Ordens »The Golden Dawn« wieder begegnen. Ein geistig hochstehender und wissender deutscher Theosoph, Franz Hartmann, der mit Helena Blavatsky in direkter persönlicher Beziehung stand, meinte zu diesen Ereignissen: »Hätte Frau Blavatsky das Dasein der ›Meister‹ verschwiegen und keine okkulten

Phänomene hervorgebracht, so wäre der Theosophischen Gesellschaft viel Unheil erspart geblieben; aber es würde wohl auch ein halbes Jahrhundert vergangen sein, ehe ihre Schriften beim großen Publikum Eingang gefunden hätten. Da verschwand der Geist der Theosophie, und die ›Meister‹ zogen sich zurück.«

Danach schrieb Helena Blavatsky, nun schon eine unheilbar kranke Frau, ihr zweites und gewichtigstes Hauptwerk: *Die Geheimlehre*. Die Geheimlehre gehört zu den grundlegendsten, aber andererseits auch schwerstverständlichen Werken der Esoterik. Die Tabula Smaragdina des Hermes Trismegistos und die Geheimlehre von Helena Blavatsky können auch als zwei Säulen betrachtet werden, die Träger der westlichen Esoterik sind. Das bedeutet, daß das gesamte westliche esoterische Denken direkt oder indirekt auf eines dieser beiden Werke zurückgeführt werden kann. Seiner äußeren Form nach ist das Buch *Die Geheimlehre* ein Kommentar zum »Buch Dzyan«, das in sieben Strophen die kosmische Evolution darstellt und in zwölf Strophen von der wahren Schöpfung des Menschen berichtet. Nach ihren eigenen Angaben sah nur Frau Blavatsky dieses Buch in einer Felsenbibliothek in Tibet, wo damals die zwei sie belehrenden »Meister« wohnten. *Die Geheimlehre* ist äußerst schwer verständlich und kompliziert geschrieben, so daß ihre Lektüre die meisten vor weiteren esoterischen Studien abschrecken kann. Hier deshalb eine sehr verkürzte und sicher auch vergröberte Zusammenfassung ihres Hauptinhaltes.

Das Grundgesetz

Alles ist eins. Das Göttliche und das Menschliche sind ihrem Wesen nach nicht unterschiedlich, sondern Äußerungen ein und desselben Prinzips auf verschiedenen Ebenen. Ebenso sind Gut und Böse keine ewigen Wirklichkeiten.

Vier Grundgedanken

1. Die Einheit von allem ist das Sein, das heißt, alles *ist*. Dieses Sein hat zwei Aspekte, positiv und negativ. Positiv ist Bewußtsein, negativ ist Substanz.
2. Es gibt keine tote Materie. Der ganze Kosmos ist lebendig.
3. Der Mensch ist ein Mikrokosmos, das heißt, er enthält in sich alles, was auch im großen Kosmos enthalten ist.
4. Es gibt das Gesetz des Hermes Trismegistos: Wie oben so unten.

Drei Grundthesen

1. Es gibt etwas Absolutes, die eine Wirklichkeit, die sowohl absolutes Sein als auch Nichtsein ist.
2. Die Ewigkeit des Kosmos äußert sich zyklisch. Zahllose Universen kommen und gehen wie Ebbe und Flut, wie der Wechsel von Tag und Nacht, Leben und Tod, Wachen und Schlafen.
3. Jede Wesenseinheit (Seele) im Kosmos trägt einen Funken des Absoluten in sich, der Überseele.

Sechs Punkte

1. Die Geheimlehre (das, was in diesem Buch als Esoterik bezeichnet wird) ist die angesammelte Weisheit aller Zeiten, das Urwissen der gesamten Menschheit, wie es von Ewigkeit erschaut wurde.
2. Alles kommt aus einer Grundursache, einem Mittelpunkt heraus, zu dem es in Beziehung steht und mit dem es verbunden bleibt.
3. Der Kosmos ist die periodisch-zyklische Manifestation eines unbekannten, absoluten Seins, das ES genannt werden kann.

4. Der Kosmos mit allem, was in ihm enthalten ist, wird Maya (Täuschung) genannt, weil jede Form, die in ihm vorhanden ist, im Vergleich zum Absoluten vergänglich ist und sich ständig verändert.
5. Alles im Kosmos hat Bewußtsein, jedes auf seine eigene, spezifische Art und auf einer ihm eigenen Wahrnehmungsebene.
6. Der Kosmos wird von innen nach außen bewegt und gelenkt, wie jedes äußere Handeln durch innere Beweggründe hervorgerufen wird.

Fünf Tatsachen

1. Es gibt keinen Gott, der in Form eines Bildes, zum Beispiel menschlich, erfaßt werden könnte.
2. Es gibt eine Urenergie, Logos genannt, die als Schöpfer des Kosmos zu betrachten ist. Dieser Logos gleicht einem Architekten, welcher der Schöpfer eines Gebäudes ist, das von anderen, den Handwerkern (die im Kosmos wirkenden Kräfte) ausgeführt wird.
3. Die im Kosmos wirkenden Kräfte sind polar: a) vernunftlose, rohe Energie, die dem Stoff innewohnt und b) die Seele oder das kosmische Bewußtsein, durch das diese rohe Energie gelenkt wird (vgl. Pan-Hermes, Seite 30 ff.).
4. Die Materie ist ewig als Träger des Lebens. Deshalb gibt es nichts in der Natur, das unbelebt ist.
5. Der Kosmos ist nach einem idealen Plan geschaffen, der seit Ewigkeit im Unbewußten des Absoluten enthalten ist. (Vergleichbar mit dem Ain Soph Aur der Kabbalisten.)

Drei Jahre nach der Veröffentlichung der Geheimlehre, 1891, starb Helena Blavatsky. Sie war eine der größten und herausragendsten Persönlichkeiten in der Geschichte der Esoterik, deren geistiger Einfluß trotz dem später eingetretenen äußeren Verfall der von ihr gegründeten »Theosophischen Gesellschaft« auch in unserer Zeit immer noch an Bedeutung gewinnt und vielleicht seinen Höhepunkt noch nicht erreicht hat.

Aber wie dies bei vielen Eingeweihten der Fall ist, gab es auch viel Schillerndes und Abstoßendes an ihr, womit sie den von ihr vertretenen Ideen manchmal mehr schadete als nutzte. Colin Wilson sagt in seinem Buch *Das Okkulte* über sie, daß sie eine Reinkarnation von Cagliostro gewesen sei. »Sie hatte das gleiche Charisma, die gleiche Abenteuerlust und die gleiche Mischung aus Humor, Spitzbüberei und echter übersinnlicher Begabung.«

Nach dem Tode von Helena Blavatsky war es ihr Mitarbeiter Olcott, der als Präsident die »Theosophische Gesellschaft« weiterhin leitete. Nach seinem Tode im Jahre 1907 trat eine weitere weibliche führende Persönlichkeit seine Nachfolge an: *Annie Besant*.

Annie Besant wurde 1847 geboren. Ihr Leben zeichnete sich, ähnlich dem von Helena Blavatsky, durch eine große innere Unruhe aus, die sie ständig zwischen Extremen schwanken ließ. Schon in frühen Jugendjahren beschäftigte sie sich stark mit religiösen Fragen und heiratete mit neunzehn Jahren den anglikanischen Geistlichen Frank Besant, um das Leben einer Pfarrersfrau zu führen. Die Ehe war unglücklich und wurde 1873 geschieden.

Annie Besant vollzog in der Folge eine radikale Wendung; sie wurde Atheistin und Freidenkerin und engagierte sich politisch linksradikal. Wegen ihres Engagements für die Geburtenregelung wurde sie gerichtlich verurteilt. In den linksradikalen Kreisen, in denen sie verkehrte, lernte sie den Dramatiker Bernard Shaw kennen und wurde seine Geliebte.

1889 erhielt sie den Auftrag die *Geheimlehre* von Helena Blavatsky für eine Zeitschrift zu rezensieren und suchte zu diesem Zweck die Bekanntschaft der Autorin. Die charismatische Persönlichkeit von Helena Blavatsky zog Annie Besant sofort in ihren Bann, und erneut schwenkte sie radikal um und trat der Theosophischen Gesellschaft bei. Der Umstand, daß ihre Beziehung zu dem fast zehn Jahre jüngeren Bernard Shaw kurz vorher zu Ende gegangen war, was ihr sehr naheging, mochte dabei auch eine Rolle gespielt haben.

Nach dem Tode von Helena Blavatsky gewann Annie Besant zusammen mit ihrem Sekretär, einem früheren anglikanischen Geistlichen, C. W. Leadbeater, großen Einfluß innerhalb der Theosophischen Gesellschaft. Beschäftigte sich Helena Blavatsky vornehmlich mit buddhistischem Gedankengut, so wandte sich Annie Besant mit Eifer ganz dem Hinduismus und der indischen Philosophie zu. Dies hatte für die Zukunft der Theosophischen Gesellschaft weitreichende Folgen. So wurde die Theosophie, die ursprünglich von Helena Blavatsky als weltumspannende Synthese zwischen westlichem und östlichem Gedankengut gewollt war, mehr und mehr von der hinduistischen Lehre auf Kosten des westlichen Gedankengutes durchsetzt.

Zu einem eigentlichen Schisma, der Abspaltung eines Teils der Bewegung, kam es als Annie Besant einen dreizehnjährigen indischen Jungen adoptierte und ihn unter dem Namen Krishnamurti zum wiedergeborenen Christus und künftigen Weltheiland erklärte. Als direkte Folge davon trennte sich Rudolf Steiner, bisher Generalsekretär der deutschen Theosophischen Gesellschaft, von der Zentrale in Adyar und gründete als bewußten Gegensatz zur Theosophie eine eigene Bewegung, die er Anthroposophie nannte (siehe Seite 198ff.). Krishnamurti wurde nun von Annie Besant und vor allem von Leadbeater intensiv auf seine Aufgabe als Weltheiland vorbereitet und geschult. Aber der zum Manne herangereifte Krishnamurti verzichtete aus selbstkritischer Einsicht darauf, die ihm von Annie Besant und Leadbeater zugedachte Rolle zu übernehmen.

Nach dem Tode von Annie Besant im Jahre 1933 schwand der Einfluß der Theosophischen Gesellschaft als Organisation, während theosophisches Gedankengut bis in die heutige Zeit einen wichtigen Platz in der Esoterik einnimmt.

Der Orden »The Golden Dawn«

Wie in Frankreich erlebte auch in England um die Mitte des 19. Jahrhunderts die Esoterik eine Neubelebung. Während es in Frankreich vor allen Eliphas Lévi war, der durch den Kreis seiner direkten und indirekten Schüler wirkte, so bildeten sich in England mehrere Gruppen und Zirkel, in denen magische und esoterische Studien betrieben wurden.

Eingeleitet wurde diese Entwicklung durch das Buch *The Magus* von Francis Barret, das 1801 erschien. Dies Buch, das zum ersten Mal wieder die Geheimlehren und die zu ihrer Praxis notwendigen Einzelheiten ausführlich schilderte, wurde richtungweisend für das okkulte England des 19. Jahrhunderts. Während sich Eliphas Lévi vor allem mit der Theorie der Magie beschäftigte, waren die Engländer, unter dem Einfluß von Barret, an deren praktischer Durchführung interessiert. Diesem Zweck dienten die verschiedenen magischen Zirkel. Die bedeutendste dieser Gruppierungen war sicher die Societas Rosicruciana in Anglia. Das heute noch bekannteste Mitglied dieses Kreises war der Schriftsteller E. G. Bulwer-Lytton, bekannt als Verfasser des Bestsellers *Die letzten Tage von Pompeji* sowie der esoterischen Schlüsselromane *Zanoni* und *Vril oder Eine Menschheit der Zukunft*. Bulwer-Lytton, der es in seinem exoterischen Leben bis zum Kolonialminister brachte, verfügte über sehr tiefgehende, echte esoterische Kenntnisse, deren Quellen bis heute noch nicht klar ermittelt wurden. Eliphas Lévi stand anläßlich seiner Englandreise in Verbindung mit ihm.

Ein anderes Mitglied der Societas Rosicruciana, K. R. H. Mackenzie, hatte ebenfalls Kontakt zu Eliphas Lévi, und vermutlich war er es, der von Frankreich her durch Lévi den esoterischen Tarot in England einführte. Weitere Mitglieder, die für die Geschichte der Esoterik bedeutsam wurden, waren der Arzt William Robert Woodman und William Westcott.

Ein an der Esoterik sehr interessierter Theologe namens A.F.A. Woodford fand eines Tages in einem Buchantiquariat in der Farrington Road in London ein Manuskript, das offenbar in einer Geheimschrift abgefaßt worden war. Da es Woodford nicht gelang, das Manuskript zu entziffern, übergab er es 1887 William Westcott. Dieser war in seinem bürgerlichen Beruf Coroner, das heißt amtlicher Leichenbeschauer, und ebenfalls in der Esoterik engagiert. Neben seiner Mitgliedschaft in der Societas Rosicruciana war er noch Mitglied der Theosophischen Gesellschaft, mit Helena Blavatsky persönlich bekannt. Er publizierte mehrere seiner schriftstellerischen Arbeiten in der Zeitschrift der Theosophischen Gesellschaft. Westcott gelang es, in Zusammenarbeit mit seinem Kollegen Dr. Robert Woodman, die Geheimschrift zu entziffern. Da Woodford unterdessen gestorben war, scheint Westcott das Manuskript für sich behalten zu haben. Es enthielt in skizzenhafter Form die Grundstruktur zu fünf Einweihungsritualen in verschiedene Grade, deren Herkunft mit einer geheimnisvollen Persönlichkeit namens S.D.A. in Verbindung gebracht wurde. Das Manuskript war auch mit den Initialen A.L.C. versehen, was zur Annahme führte, daß es aus dem Besitz von Eliphas Lévi (Alphonse Louis Constant) stamme. Dem Manuskript war eine Notiz beigelegt, derzufolge man über ein Fräulein Anna Sprengel, Vorsitzende eines Rosenkreuzer-Ordens in Deutschland, mehr erfahren könne.

Was nun folgte, ist in der Ordensgeschichte des »Golden Dawn« sehr widersprüchlich und schleierhaft überliefert. Der offiziellen Ordensgeschichte zufolge nahm Westcott zu diesem Fräulein Sprengel Verbindung auf und erhielt von ihr die Ermächtigung, in England einen Zweig dieses Rosenkreuzer-Ordens auf der Basis der fünf aufgefundenen Ritualskizzen zu gründen. Zwischen Westcott und Fräulein Sprengel entwickelte sich dann in der Folge ein sehr intensiver Briefwechsel, durch den Fräulein Sprengel Westcott alle zur Gründung des Ordens und zur Aufnahme der praktischen Arbeit notwendigen Voraussetzungen und Informationen zukommen ließ.

Eines Tages aber riß der Kontakt ab. An Stelle von Fräulein Sprengel meldeten sich andere Mitglieder ihres Ordens und teilten Westcott mit, daß Fräulein Sprengel gestorben sei. Da die anderen Ordensmitglieder nie damit einverstanden gewesen seien, daß Fräulein Sprengel in England einen Ordenszweig gründete, würden deshalb keine weiteren Informationen mehr zur Verfügung gestellt. Falls der Orden in England weiterarbeiten wolle, könne er selbst die Verbindung zu den geheimen Meistern suchen und herstellen.

Dies alles klingt sehr geheimnisvoll und gab Anlaß zu vielen Mutmaßungen und Nachforschungen. Es gelang indessen nie, die Existenz von Fräulein Sprengel und ihrer geheimen Bruderschaft nachzuweisen. Die neuesten Forschungen ergaben sogar mit ziemlicher Sicherheit, daß Westcott den Briefwechsel mit eigener Hand fälschte. Auch hier begegnen wir wieder dem »corriger la fortune«. Auf der anderen Seite ist aber ebenso ersichtlich, daß der Orden »The Golden Dawn« über echtes esoterisches Wissen verfügte und okkulte Praktiken ausübte, die eine auffallende Ähnlichkeit mit gewissen Richtungen der tibetischen Mystik aufweisen, die aber damals in England noch nicht bekannt sein konnten, da Tibet zu der Zeit noch ein verschlossenes, verbotenes Land war. Ab und zu begegnet man auch der These, daß die Buchstaben SDA ein Kennzeichen des gleichen »Meisters« seien, der im 18. Jahrhundert durch den Grafen von Saint-Germain wirkte. Der Orden wurde nun unter dem Namen »The Golden Dawn«, das heißt »Hermetischer Orden der goldenen Morgenröte«, gegründet.

Für Westcott und Woodman wurde nun das weitere Vorgehen schwierig. Das Material, das sie bisher erhalten hatten, war offenbar zu dürftig, um darauf eine wirklich fundierte und ausgedehnte Ordensarbeit zu begründen. Das änderte sich aber, als zu Westcott und Woodman noch der Dritte im Bunde stieß, Samuel Liddle Mathers. Mathers, der sich später MacGregor Mathers nannte, gehörte nicht der Societas Rosicruciana an, war aber sehr an Symbolkunde und Geheimwissenschaften interessiert, deren Studium er sein in bitterster Armut zugebrachtes Leben widmete. Mathers scheint magisch und mediumistisch sehr begabt gewesen zu sein, und seine Frau Moina, eine Schwester des Philosophen Bergson, hatte ebenfalls diese Begabung.

Mathers behauptete nun, den Kontakt zu den unbekannten „Meistern« hinter dem Orden wiederhergestellt zu haben und von ihnen fortlaufend neues okkultes Material zu erhalten. Aufgrund des Chiffre-Manuskriptes schrieb er fünf sehr reichhaltige und poetische Rituale, deren jedes der Initiation in einen esoterischen Grad diente. Als Grundlage der gesamten Ordenslehre diente der kabbalistische Baum des Lebens (siehe Seite 192 ff.). Jede der zehn Sephirot entsprach dabei einem Grad. Der Neueintretende begann als Neophyt in Malkuth, um sich dann nach und nach die anderen Grade emporzuarbeiten. Zu jedem Grad gehörte ein ganz bestimmtes esoterisches Wissen, das sich das Mitglied aneignen mußte, bevor es dann mittels des entsprechenden Rituals in den nächsthöheren Grad befördert wurde. Die ersten vier Grade bildeten den sogenannten äußeren Orden, der vor allem die esoterische Schulung zum Ziele hatte. Mit dem Erlangen des fünften Grades, »Adeptus Minor«, erhielt das Mitglied Zugang zum sogenannten inneren Orden, in dem dann die eigentlichen magischen Arbeiten praktiziert wurden. Als Ganzes kann man den Orden »The Golden Dawn« als eine esoterische Akademie sehen, die ihren Absolventen eine beträchtliche und tiefe Kenntnis der Esoterik vermittelte.

Obgleich der Orden längst zu bestehen aufgehört hat, ist der Einfluß des von ihm hinterlassenen Materials immer noch groß. Besonders im angelsächsischen Sprachraum gibt es kaum ein esoterisches Buch, das nicht in irgendeiner Weise vom »Golden Dawn« her geprägt ist. Viele bedeutende Persönlichkeiten des öffentlichen und kulturellen Lebens waren Mitglieder des »Golden Dawn«. Namen aus der Mitgliederliste, die auch heute noch bekannt sind: A. E. Waite, der Schöpfer des meistverbreiteten Tarot-Decks; Aleister Crowley, der berühmt-berüchtigte Magier; der irische Dichter William Butler Yeats; Florentine Farr, eine bekannte Schauspielerin des viktorianischen Zeitalters (und, wie Annie Besant, ebenfalls eine Geliebte von Bernard Shaw); Bram Stoker, der Autor des bekannten Romans Dracula; Arthur Machen, ein bekannter Autor phantastischer Geschichten; möglicherweise auch der Klassiker der Fantasy-Literatur, Henry Rider-Haggard; die berühmte englische Okkultistin Dion Fortune; Israel Regardie, ein bekannter esoterischer Schriftsteller und ehemaliger Sekretär von Crowley; sowie – für manche sicher überraschend – Rudolf Steiner, der längere Zeit mit dem Orden in Verbindung stand und an dessen Arbeiten in London teilnahm.

Leider konnte der Orden nur einige wenige Jahre fruchtbar und gut arbeiten. Dann gewann das allzu Menschliche überhand und führte mit der Zeit sein Ende herbei. Schon bald begannen innerhalb des Gremiums der leitenden Mitglieder unschöne Intrigen aufgrund von Machtansprüchen. Nachdem Woodman gestorben war, wurde Westcott von Mathers so ausgetrickst, daß er den Orden verlassen mußte; aber auch Mathers selbst erregte durch seine herrische Art und seinen autoritären Führungsstil bei den übrigen Mitgliedern Anstoß. Er verlegte schließlich seinen Wohnsitz nach Paris, von wo aus er versuchte, auf die Ordensarbeit Einfluß zu behalten, allerdings mit geringem Erfolg. Dort starb er im Jahre 1918 an Grippe oder, wie manche behaupten, durch die magische Einwirkung von Crowley.

Die Ordensmitglieder bildeten verschiedene Gruppen und Grüppchen, in denen Spezialinteressen gepflegt wurden. Ein Kreis um die Schauspielerin Florentine Farr, der sich die »Sphäre« nannte, widmete sich sogenannten Astralreisen, einer imaginativen Technik, die in der heutigen Psychotherapie unter dem Namen katatymes Bilderleben bekannt ist. Sexualmagie scheint auch vorgekommen zu sein, obgleich offizielle Dokumente darüber bisher nicht publiziert wurden.

Der Untergang des Ordens beschleunigte sich, als Aleister Crowley aufgenommen wurde. Mehrere peinliche Vorkommnisse und Skandale brachten den Orden in der Öffentlichkeit in ein schiefes Licht. Schließlich wurden verschiedene Neuanfänge versucht. A. E. Waite führte den Orden unter seinem alten Namen »The Golden Dawn« in London weiter, gab den Ritualen aber eine betont christliche Note und eliminierte jede magische Praxis. Ein anderer Teil der Mitglieder übte die magische Praxis und die alten Rituale weiter aus, änderte aber den Namen des Ordens um in *Stella Matutina* (Morgenstern).

Wenn jemals wirklich höhere geistige Kräfte hinter dem Orden gestanden haben, dann zogen sie sich aber sehr bald wieder von ihm zurück und überließen ihn seinem Schicksal. Als Israel Regardie 1934 in den Orden, der nun den Namen »Stella Matutina« führte, eintrat, fand er diesen in einem erbärmlichen Zustand vor. Die Mitglieder hatten jeden Bezug zu dem von ihnen gehüteten und verwalteten esoterischen Wissensgut verloren. Sie wußten nichts damit anzufangen und verstanden es zum großen Teil nicht mehr. Die Gefahr war groß, daß dieses vorhandene Material, das aller menschlichen Schwachheit zum Trotz ein immenses esoterisches Wissen enthält, vergessen oder gar verlorengehen könnte.

Israel Regardie verhinderte dies durch einen wahren Kraftakt, indem er bewußt sein Schweigegelübde, das er wie jedes Mitglied beim Eintritt in den Orden ablegen mußte, brach und das gesamte Ordensmaterial mit allen Ritualen, bis auf wenige Ausnahmen, veröffentlichte. Dieses von Regardie publizierte Material ist heute noch ein immer wieder ausgebeuteter Steinbruch moderner Esoterik, namentlich im angelsächsischen Sprachbereich. Damit versetzte er dem Orden als Organisation den Todesstoß, rettete aber gleichzeitig sein geistiges Vermächtnis. Der Orden wurde aufgelöst und seine magischen und rituellen Gebrauchsgegenstände in einer Kiste in einer Klippe an der Südküste Englands vergraben. Dreißig Jahre später, im Jahre 1967, öffneten die Wellen des Meeres das Grab des Ordens und spülten die vergrabenen Gegenstände ans Land. Dies war wie eine Mahnung, daß nicht sterben kann und soll, was einst von den »Meistern« den schwachen und oft in die Irre gehenden Menschen anvertraut wurde.

Aleister Crowley

Am bekanntesten aus der Tradition des »Golden Dawn« ist sicherlich Aleister Crowley. Seiner Persönlichkeit und Erscheinung einigermaßen gerecht zu werden, ist nicht leicht. Es gibt kaum jemanden der esoterischen Szene, der so umstritten ist wie Crowley. Von den einen wird er als der lasterhafteste und verdorbenste Mensch aller Zeiten bezeichnet, als Schwarzmagier par excellence, während er für andere Abgott und Vorbild ist, ein genialer Magier, der die Grenzen herkömmlicher Magie und Esoterik tief in neue, unbekannte Gebiete erweiterte. Wie so oft ist auch hier in beidem ein Stück Wahrheit. Da Crowley gerade in der heutigen Zeit vermehrt ins Blickfeld des Interesses gerät und für nicht wenige die Bekanntschaft mit seinen Schriften offenbar ein erster Einstieg in das Gebiet der Magie und Esoterik ist, wird es notwendig, auf Crowley näher einzugehen.

Von Crowley ein einigermaßen objektives Porträt zu entwerfen, erscheint mir schlechthin unmöglich. Seine in mehr als einer Hinsicht provozierende Erscheinung wird immer zu einer subjektiven, persönlich gefärbten Stellungnahme führen. Mir begegnete noch kein Buch über Crowley, sei es nun pro oder kontra, das sich dieser Provokation entziehen konnte. Dies gilt somit auch für meine Ausführungen.

Da die grundlegende und sehr ausführliche Biographie über Crowley von John Symonds, *Das Tier 666*, nunmehr auch in deutscher Übertragung vorliegt (Hugendubel-Verlag), verzichte ich auf eine detaillierte Schilderung von Crowleys Leben, da derjenige, der sich eingehender mit Crowley befassen will, nicht um dieses Buch herumkommt.

Crowley wurde im »magischen« Jahr 1875 geboren, dem Todesjahr von Eliphas Lévi, für dessen Reinkarnation sich Crowley ausgab. Seine Eltern gehörten dem gutbürgerlichen englischen Mittelstand an, Leute, die es mit Fleiß, harter Arbeit und Frömmigkeit materiell zu etwas gebracht hatten. Sie gehörten der Sekte der Plymouth-Brethren (die Brüder von Plymouth) an, eine bis zum Exzeß bibeltreue Religionsgemeinschaft. Der Einfluß dieses Milieus, in dem Crowley heranwuchs, wird meiner Ansicht nach von seinen Biographen zu wenig gewürdigt und zum Teil falsch eingeschätzt.

Ich glaube, daß wesentliche Aspekte von Crowleys Persönlichkeit, so seine Überheblichkeit, sein Gefühl, der Auserwählte zu sein, und nicht zuletzt seine unbändige Ich-Aufblähung hier ihre Wurzeln hatten. Die Plymouth-Brethren hielten sich für etwas Besonderes. Für sie gab es keine höhere Autorität als das buchstäbliche Bibelwort, das sie bei jeder Gelegenheit zitierten. Für alles und jedes im täglichen Leben hielten sie das passende Bibelwort bereit, manchmal das gleiche für ganz verschiedene Dinge. Die Bibel war für sie nicht nur eine Hilfe und religiöse Grundlage, sondern ebensosehr eine Waffe im täglichen Lebenskampf, ein magisches Buch, das sie hemmungslos zu Nutz und Schaden einsetzten. In dieser Hinsicht wuchs Crowley, man darf das ruhig sagen, bereits in einer durch und durch schwarz-magischen Atmosphäre auf. Ferner hielten sich die Plymouth-Brethren für die Auserwählten Gottes, da ihre Lebensweise, und nur die ihre, absolut unfehlbar und richtig war. All dem begegnen wir in Crowleys Leben immer wieder, wenn freilich auch nicht mehr mit christlichem und biblischem Inhalt gefüllt. Der junge Aleister scheint ziemlich lebhaft und temperamentvoll gewesen zu sein, denn bereits seine Mutter bedachte ihn mit dem Namen, den er später als eine Art Ehrentitel führte: The Beast. Das Tier 666, das Tier aus dem Abgrund (nach der Offenbarung des Johannes 13; 11–18).

Im Alter von ungefähr zwanzig Jahren kam Crowley mit magisch-esoterischer Literatur in Berührung. Er las MacGregor Mathers (siehe Seite 128 ff.) Übersetzung der Kabbala Denudata und A. E. Waites Buch über zeremonielle Magie: *The Book of Black Magic and the Pacts*. Dadurch wurde das Interesse Crowleys für das Okkulte geweckt, und im Jahre 1898 wurde er Mitglied des »Golden Dawn«. Crowley, der nach dem Tode seines Vaters ein Vermögen erbte, das ihm erlaubte, sich ganz auf seine esoterisch-magischen Studien zu konzentrieren, arbeitete mit ungeheurem Fleiß und Eifer das Material und die Aufgaben durch, die ihm vom Orden gestellt wurden. Damals kam Crowley offenbar auch mit zwei Dingen erstmals in Berührung, die für sein ganzes weiteres Leben bestimmend und von tiefgreifenden Auswirkungen waren: Drogen und Sexualmagie (siehe Seite 187 ff.).

Crowley war damals mit einem anderen Mitglied des »Golden Dawn«, Allan Bennett, eng befreundet, unter dessen Anleitung er das Studienmaterial des Ordens durcharbeitete. Bennett war Asthmatiker. Da zu jener Zeit von den Ärzten Heroin als Mittel gegen Asthma verschrieben wurde, kam Crowley wahrscheinlich durch Bennett mit dieser Droge in Kontakt, aus deren Abhängigkeit er sich bis an sein Lebensende nicht mehr lösen konnte.

Ich nehme an, daß Crowleys Hunger und Durst nach Weisheit und esoterischem Wissen zu dieser Zeit echt und tief war. Er war gewiß ein wirklich Suchender, der verzweifelt nach einem Weg suchte, der es ihm ermöglicht hätte, aus den Schranken der spirituellen Engstirnigkeit seiner Kindheit herauszukommen und seine große Seelenenergie konstruktiv zu leben. Seine ganze Inbrunst und sein ganzes Sehnen galt nun der Esoterik. Aber Crowley trat zu einer

Zeit in den »Golden Dawn« ein, als der Orden bereits deutliche Symptome seiner späteren Korrumpierung aufwies.

Ich billige Crowley zu, daß er diese tiefe Inbrunst und Sehnsucht nach der Wahrheit und dem Höheren sein ganzes Leben hindurch in einem verborgenen Winkel seines Herzens bewahrte, trotz aller charakterlichen Entgleisungen und Fehlleistungen. Die Hobbymagier im »Golden Dawn«, die, als typische Angehörige des englischen Mittelstandes, das Streben nach Höherem und gesunde kapitalistische Gewinnbestrebungen sehr wohl unter einen Hut zu bringen wußten, enttäuschten ihn daher sicher. Sein rastlos suchendes Gemüt brauchte stärkere magische Mittel. Die fand er in der Sexualmagie. Da er diese aber nicht, wie andere Mitglieder des Ordens, sehr verschwiegen und heimlich betrieb, sondern mit seiner »Clique«, wie man heute sagen wurde, öffentlich »Riten von Eleusis« zelebrierte, kam es – wir befinden uns immer noch im viktorianischen England – unweigerlich zu Skandalen und den daraus entstehenden Schwierigkeiten. Der Orden verweigerte Crowley die Aufnahme in den Grad des Adeptus Minor. Crowley ließ sich das nicht gefallen, und die darob heftig entbrannten Kämpfe führten sehr rasch im Jahre 1901 zur Aufspaltung und zum Zerfall des Ordens. Crowley selbst wurde aus dem Orden ausgeschlossen.

Damit war Crowleys esoterische Lehrzeit beendet, und er selbst fühlte sich nun so weit, der Menschheit als neuer Messias das Heil zu bringen. Im Jahre 1904 trat ein, was man als das zentrale Ereignis im Leben Crowleys bezeichnen kann. In Kairo wurde ihm in Trance von einer Wesenheit oder einem Geist namens Aiwass *Das Buch des Gesetzes* diktiert. Es handelt sich dabei um eine lockere Folge von Aphorismen, in der blumigen Bibelsprache der Plymouth-Brethren geschrieben, deren Inhalt meiner Meinung nach durch und durch faschistisch ist. Nicht ohne Grund haben Anhänger von Crowley seinerzeit Hitler *Das Buch des Gesetzes* als ideologische Grundlage für den Nationalsozialismus empfohlen. Dieses geoffenbarte Buch des Gesetzes erklärte Crowley als Bibel des neuen, nun anbrechenden Zeitalters des Horus, als dessen Prophet und Messias Crowley sich fühlte. Alle seine Bemühungen galten fortan dem Ziel, dem Buch des Gesetzes als spirituelle Grundlage für das 20. Jahrhundert zum Durchbruch zu verhelfen. Die andauernden selbstzerstörerischen Bemühungen der Menschheit rücken unterdessen dieses Ziel in recht greifbare Nähe.

Crowleys Leben war von da an eine unaufhörliche Odyssee quer durch die ganze Welt, auf der nur zwei Dinge einigermaßen Beständigkeit aufwiesen: Sexualmagie und Drogen. Der dadurch hervorgerufene allmähliche Zerfall seiner Persönlichkeit wurde unübersehbar. Crowley hat sein Leben lang nicht erkannt, daß der Weg der Drogen ziemlich genau das Gegenteil des magischen Weges ist. Zwar können bestimmte Drogen, wenn sie mit dem richtigen Know-how eingesetzt werden, gelegentlich Türen zu transzendentalen Ebenen öffnen und einen Durchblick gewähren, aber die Droge kann niemals der Weg sein, der durch diese Tür führt. Der Weg des Magiers verlangt einen streng kontrollierten und fokussierten Willen sowie Bewußtheit im höchsten Maße, während die Droge, als Mittel zur Erkenntnis eingesetzt, das genaue Gegenteil erfordert, nämlich absolutes Loslassen und Entäußerung des Willens. Die Droge verschafft nur die Illusion eines fortschreitenden Weges durch die immer wechselnden Bilder und Visionen, die sie verursacht, während der Konsument meist nicht merkt, daß dies nur unendliche Variationen ein und desselben Themas sind und er sich in Wahrheit, am gleichen Punkt stehenbleibend, immer im Kreise dreht. Beim Studium von Crowleys Schriften ist leicht zu erkennen, daß er vom dreißigsten bis zum zweiundsiebzigsten Lebensjahr kaum mehr eine esoterisch-magische Entwicklung erfahren hat.

Aber eine geniale Seite des Wesens zeigte sich auch da. Es gibt kaum einen exzentrischen Lebensstil des 20. Jahrhunderts, von Dada bis Punk, den er nicht vertrat und bis ins Extrem auslebte. Ich kann mir vorstellen, daß er für spätere Generationen dadurch als repräsentativer für unser Jahrhundert angesehen wird als durch seine Magie. Immer wieder faszinierte er gelangweilte Bürgerkinder, die sich ihm begeistert als Schüler anschlossen, was in vielen Fällen in Wahnsinn und Selbstmord endete. Nur einigen wenigen gelang es, unter Aufbietung aller Kräfte, mit tiefen psychischen Wunden, sich dem Einfluß von Crowley wieder zu entziehen und den Weg in ein einigermaßen normales Leben zurückzufinden. Auf diese Weise erwies und erweist sich Crowley noch heute als »spirituelles Heroin«.

Nur anfangs der zwanziger Jahre gab es in Crowleys Leben so etwas wie einen ruhenden Pol. Zusammen mit Lea Hirsig, seiner damaligen scharlachroten Frau (Partnerin der sexualmagischen Praktiken) gründete er in Cefalu auf Sizilien ein spirituelles Zentrum, die Abtei von Thelema. Vorbild dazu war die gleichnamige Abtei in Rabelais Roman *Gargantua*, worin ein Kloster beschrieben wird, in dem Männer und Frauen gemeinsam wohnen, deren Regel ist, keine Regel zu haben, sondern einzig ihrem freien Willen gemäß zu leben, indem alles erlaubt ist. Jeder kann zu jeder Zeit tun und lassen, was er will.

»Tue, was du willst«, wurde denn auch von Crowley als die Devise des neuen Zeitalters ausgegeben. In diesem Zentrum gab sich Crowley nun ganz seinem zum Teil exzentrischen und neue Wege suchenden Studium der Magie hin und sammelte eine Gruppe von Schülern um sich. Auch hier endete das Vorhaben für manche tödlich. Zu den in Thelema praktizierten magischen Ritualen gehörte auch das folgende, das von Augenzeugen überliefert ist:

Lea Hirsig ließ sich auf alle Viere nieder und wurde von hinten von einem Ziegenbock begattet. Im Moment des Orgasmus hieb Crowley dem Ziegenbock den Kopf ab, so daß der Körper der »scharlachroten Frau« ganz in Blut gebadet wurde. Auch das muß man wissen, wenn man sich mit Crowley befassen will. Die wilden Gerüchte, die sich um das Treiben in der Abtei Thelema rankten, führten schließlich dazu, daß der neu an die Macht gekommene Mussolini Crowley aus Italien auswies, nicht wegen dessen Magie, sondern weil er ihn für einen Freimaurer hielt.

Von diesem ihm widerfahrenen Schlag scheint sich Crowley für den Rest seines Lebens nie mehr ganz erholt zu haben. Sein äußeres Leben versank nun mehr und mehr in Bedeutungslosigkeit und Vergessen. Es war ein ständiger Kampf ums nackte Überleben, ums tägliche Geld und um die tägliche Droge. Crowleys letzte Station war das englische Hastings, wo er in einer kleinen Pension unter dürftigsten Verhältnissen seinen Lebensabend verbrachte, unterstützt durch Almosen der wenigen Anhänger, die ihn noch zur Kenntnis nahmen und ihm wenigstens seine tägliche Dosis Heroin ermöglichten. Dort starb er 1947.

Crowley war zweifellos ein genialisch, wenn nicht sogar genial veranlagter Mensch mit umfassendem und tiefem Wissen. Er verfügte über esoterisch-okkulte Fähigkeiten, die auf eine ganz andere Weise einzusetzen er mit Sicherheit berufen war. Der junge Crowley wählte mit der ganzen Inbrunst seiner Sehnsucht den kurzen und steilen Weg zur Einweihung, die er höchstwahrscheinlich auch erlangte, aber dennoch wieder tief stürzte. (Einweihung bietet eben keinen garantierten Schutz vor dem Fall.) Gerade der Umstand, daß Crowley wirklich ein Eingeweihter war, macht ihn für Esoteriker, die ihn als Vorbild wählen, gefährlicher als irgendein Scharlatan. Durch seine Neugierde und magischen Fähigkeiten erschloß er wirklich den Zugang zu Energien und dämonischen Ebenen, die zwar vorhanden sind, aber von den Eingeweihten und »Meistern« aus guten Gründen verschlossen gehalten und gemieden werden. Dank seiner großen magischen Begabung und seiner starken Kraft mochte es Crowley in den meisten Fällen gelungen sein, mit diesen durch das geschlagene Leck in unsere Sphäre hereinströmenden Energien einigermaßen fertig zu werden. Das gleiche gelang und gelingt aber den wenigsten seiner Schüler und Nachfolger, die dann unweigerlich zu Opfern jener Kräfte werden, die sie evozieren.

Ein Umstand ist noch von besonderer Brisanz. Crowley war im Grunde kein eigentlich schöpferischer Mensch. Grundlage und Struktur seines ganzen magischen Systems blieben bis zuletzt die Sprache der Plymouth-Brethren und das System des »Golden Dawn«. So unterscheiden sich Crowleys Schriften und Rituale äußerlich gesehen nicht sonderlich vom Sprachstil der Bibel und dem Material des »Golden Dawn« bis auf wenige, in diesem Falle aber ganz entscheidende Einzelheiten. Wer daher nach Crowleys magischen Schriften lebt und seine Rituale praktiziert, kann sehr unliebsame Überraschungen erleben, die nicht immer sehr spektakulärer äußerlicher Natur zu sein brauchen, wie Wahnsinn, Selbstmord oder Brandfall, aber tiefgreifende Folgen im Unbewußten haben können. Fehlresultate in der magischen Praxis zeigen sich meist in einem selbstzerstörerischen Verhalten wie Sucht, Abhängigkeit, soziale Isolation und ungesunde, unausgewogene Lebensweise, die zu Krankheit mit allen damit verbundenen Auswirkungen und Konsequenzen führen kann etc. Der esoterische Schüler, der sich an Crowley orientiert, gleicht einem Kind, das mit einem Blindgänger spielt.

Crowley war ein echter Esoteriker, der indessen immer der tiefsten Ebene des Pan verhaftet blieb, ohne je den hermetischen, zur Transmutation führenden Weg zu beschreiten. Nicht weil er es nicht gekonnt hätte, sondern weil er es einfach nicht wollte. So gesehen war es nur folgerichtig, daß anläßlich seiner Bestattung als Grabrede seine Hymne an Pan rezitiert wurde:

»Und ich rase und vergewaltige,
Reiße und tobe,
Wüte ewig durch die Welt
In der Gewalt von Pan.«

Gurdjieff und seine Schule

Zur gleichen Zeit wie Crowley lebte und wirkte ein anderer Magier, dessen Leben einige Parallelen zu dem von Crowley aufwies, der sich aber in noch mehr von jenem unterschied. Gurdjieff wurde 1877 im Transkaukasus geboren. Ursprünglich war er Grieche, besaß aber die russische Staatsbürgerschaft. Schon das Milieu, in dem der junge Gurdjieff aufwuchs, war ganz anders als die bürgerliche Mittelschicht des viktorianischen England, von der Crowley so entscheidend geprägt wurde. Der Vater Gurdjieffs war ein Ashokh, ein fahrender Sänger, der die Leute mit seinen uralten Gesängen und vorgetragenen Epen unterhielt.

Der junge Gurdjieff erlebte in seiner Heimat hautnah, wie sich bei der dortigen Bevölkerung Zauberwesen, Aberglaube, Magie und echtes esoterisches Wissen zu einem seltsamen Konglomerat miteinander verwoben. Hier scheint Gurdjieff die Überzeugung gewonnen zu haben, daß in der Welt und im Menschen noch unentdeckte Energien vorhanden sein müssen, die, könnte man sie bewußt einsetzen, den Bewußtseinshorizont des Menschen in ungeahnter Weise erweitern würden. Einer der Gesänge, die sein Vater immer wieder vortrug, war die Erzählung vom babylonischen Prinzen Gilgamesch. Als Gurdjieff erfuhr, daß man dieses Epos bei Ausgrabungen in Babylon fand, 2000 Jahre vor Christus auf Tontafeln geritzt, faszinierte ihn dies ungeheuer. Besteht nicht die Möglichkeit, daß noch mehr uraltes, geheimes Wissen irgendwo versteckt darauf wartet, wiederentdeckt zu werden?

Gurdjieff wandte nun seinen ganzen Eifer an, diesem geheimen Wissen auf die Spur zu kommen. Er reiste herum, besuchte alte Klöster und deren Bibliotheken, unterhielt sich mit einfachen Menschen und bereiste einen großen Teil des innereurasischen Raums auf der Suche nach einer unterirdischen Stadt, wahrscheinlich Agartha.

Obgleich Gurdjieff manches aus diesen Jahren in seinem Buch *Begegnungen mit bemerkenswerten Menschen* beschrieben hat, wissen wir im Grunde sehr wenig über diese Zeit. So soll er längere Zeit in Tibet geweilt und dort die Schulung von Meistern empfangen haben. Er bereiste auch den Nahen Osten und scheint dort besonders mit der Sufi-Tradition, der Esoterik des Islams, bekanntgeworden zu sein. Sie beeinflußte ihn stark. So verbrachte Gurdjieff die ersten vierzig Jahre seines Lebens, indem er herumreiste und lernte, wo er lernen konnte.

Crowley war trotz seines Satanismus und Paganismus – oder vielleicht gerade deswegen – ein zutiefst religiöser und spiritueller Mensch. Von Gurdjieff kann dies kaum behauptet werden. Für Gurdjieff ist der Mensch nicht viel mehr als eine Maschine, die von Impulsen, Nervenreizen und Emotionen gesteuert wird. Der Mensch ist mehr oder weniger hilflos diesen Einflüssen ausgeliefert, und das führt dazu, daß er sein ganzes Dasein gewissermaßen in einem schlafwandlerischen, hypnotischen Zustand verbringt. Nur gelegentlich gelingt es ihm, sich für Momente darüber zu erheben und zu erwachen, beispielsweise in der Sexualität, und einen schwachen Abglanz dessen zu erleben, was eigentlich sein könnte, wenn der Mensch fähig wäre, bewußt mit diesen Energien umzugehen. Aber solche Momente sind nicht nur selten, sondern auch immer sehr kurz, und sofort versinkt der Mensch wieder in seine Lethargie, die geprägt ist von der Banalität des Alltags unter dem Diktat der Gewohnheiten.

Nach Gurdjieff ist nun ein Esoteriker vergleichbar mit einem Ingenieur, der den Konstruktionsplan der Maschine Mensch erfaßt hat und kennt und dadurch in die Lage versetzt wird, die Maschine bewußt zu steuern und zu nutzen. Ziel der persönlichen Entwicklung eines jeden Menschen ist demnach, seinen eigenen Konstruktionsplan genauer kennenzulernen und die Fähigkeiten einzusetzen, die in ihm latent vorhanden, aber ungenutzt sind, und die ruhenden Energien bewußt zu nutzen.

Zusammen mit seinem Mitarbeiter Ouspensky, der auch Gurdjieffs Eckermann war, gründete er – eine weitere Parallele zu Crowley – in Fontainebleau bei Paris das »Institut zur harmonischen Entwicklung des Menschen«. Gurdjieffs pädagogische Grundmethode bestand vor allem im Verordnen von Arbeit. Jeder Schüler mußte innerhalb einer Arbeitsgruppe tätig sein, und je ungewohnter und abstoßender die aufgetragene Arbeit für ihn war, um so besser. Gurdjieff kam es vor allem darauf an, seine Schüler aus dem Zwang und dem Trott ihrer Gewohnheiten herauszureißen und sie nach und nach dazu zu bringen, ihre Energien bewußter und wirksamer einzusetzen. Nach Gurdjieff ist jeder Mensch ein Apparat zur Umwandlung von Energie.

Der Mensch verfügt nach Gurdjieff über drei Energiezentren, ein intellektuelles, ein emotionales und ein instinktives, die alle mit ihrer eigenen Energie arbeiten, nur meistens voneinander getrennt oder gar gegeneinander. Wenn sie aber durch fortdauerndes Training dazu gebracht werden, in harmonischer Übereinstimmung miteinander zu arbeiten, dann resultiert daraus nicht nur, daß der Mensch sein gegebenes Energiepotential um ein Vielfaches mehr und besser anwenden kann, sondern gleichzeitig stellt sich auch ein Bewußtseinszustand von erhöhter Wahrnehmungsfähigkeit ein. Dieser Zustand ergibt sich dann, wenn es gelingt, eine Tätigkeit – und sei sie auch noch so banal und äußerlich unansehnlich – mit höchstem Bewußtsein zu vollbringen.

Daneben wandte Gurdjieff noch eine bestimmte Tanztechnik an, die er wahrscheinlich aus dem Sufismus übernommen hatte, mit dem Ziel einer möglichst vollkommenen Körperbeherrschung. Wie Crowley war auch Gurdjieff von einer beinahe unverwüstlichen Vitalität und in keiner Weise asketisch, sondern allen leiblichen Genüssen, vor allem den fleischlichen, in der doppelten Bedeutung des Wortes, sehr zugetan. Auch darin glich er Crowley, daß er in der Wahl seiner Mittel überhaupt nicht zimperlich und manchmal auch skrupellos war. Gurdjieff starb 1949 und hat heute noch viele Anhänger, die in verschiedenen Zentren arbeiten. Am stärksten ist Gurdjieffs Einfluß heute noch bei Osho und seinen Schülern und Nachfolgern wirksam.

Mit seiner materialistischen Einstellung als nicht spiritueller Esoteriker nimmt Gurdjieff eine Sonderstellung ein. Er bildete aber damit gewissermaßen eine Brücke zu einer Entwicklung, die mit der Psychoanalyse Sigmund Freuds gegen Ende des letzten Jahrhunderts begann und mit der heutigen Gestaltpsychologie in ihren verschiedenen Verästelungen einen vorläufigen Höhepunkt erreichte. Die moderne humanistische Psychologie wurde in mancher Beziehung zum Erbe und Treuhänder esoterischen Wissens und öffnete es exoterisch, ohne sich darüber im klaren zu sein. Mitunter wehrt sie sich sogar vehement dagegen.

Osho

Als Gurdjieff 1949 starb, verminderte sich sein Einfluß. Seine Ideen und Konzepte vom Menschen vermochten sich nicht allgemein durchzusetzen. Wohl arbeiteten einige Anhänger in verschiedenen Zentren weiterhin nach Gurdjieffs Schulungsmethoden, aber der große Durchbruch blieb ihnen versagt. Der Grund dafür mag nicht zuletzt auch ein menschlich-charakterliches Problem von Gurdjieff selbst gewesen sein, der es offenbar nicht fertigbrachte, seine Schulungsmethoden von persönlichen, in ihm angelegten sadistischen Seiten freizuhalten.

Obgleich Gurdjieff den Menschen von seinem bloßen Funktionieren als Maschine zum bewußten Handeln führen wollte, besteht doch der Eindruck, daß die dazu gewählten Methoden den Menschen eher zu einem noch besseren Funktionieren als Maschine brachten. Es brauchte jemand anderes, der aus den an und für sich richtigen Erkenntnissen und Ansätzen Gurdjieffs mit anderen Methoden das gewünschte Resultat hervorbringen konnte. Dies gelang dem indischen Philosophen und in gewisser Weise Universalgelehrten Shree Rajneesh.

Shree Rajneesh wurde 1931 in einer Familie geboren, die der religiösen Dschain Tradition – in bezug auf den in Indien vorherrschenden Hinduismus eine religiöse Minderheit – angehörte. Shree war der älteste Sohn eines Tuchhändlers, der es mit viel Fleiß zu einigem Wohlstand brachte. Shree scheint eine außergewöhnlich glückliche und geborgene Kindheit im Schoße seiner Familie erlebt zu haben. Sein Vater, der ein weitsichtiger und kluger Mann gewesen sein muß, und seine Großeltern erkannten offenbar früh die bedeutenden Anlagen und Fähigkeiten des Kindes und taten alles, was damals im Rahmen der englischen Kolonialherrschaft möglich war, um sie zu fördern. Das Kind Shree wurde nicht in irgendein traditionelles pädagogisches Korsett hineingezwungen, sondern hatte die Freiheit, das Leben durch das Leben selbst zu entdecken. Zudem bekam er eine sorgfältige und qualitativ hochstehende schulische Ausbildung.

Der junge Shree verbrachte seine Freizeit entweder in der freien Natur seiner unmittelbaren Umgebung oder in den Bibliotheken, wo er alles las, was ihm in die Hände kam. Durch den ständigen Vergleich der geistigen Tradition einer jahrtausendalten Vergangenheit und der Lebenspraxis im Hier und Jetzt legte Shree Rajneesh die Grundlage für sein späteres Lebenswerk, das Gurdjeffs Grundgedanken aufnahm, aber sie den heutigen Zeiterfordernissen entsprechend abwandelte und weiterführte.

Shree Rajneesh studierte Philosophie und errang überall die besten Zeugnisse und Auszeichnungen. Die höchsten akademischen Grade und Positionen wären ihm offengestanden, wäre da nicht sein »Alles-Traditionelle-grundsätzlich-in-Frage-stellen« gewesen und die Kompromißlosigkeit, womit er in Wort und Tat auf die Widersprüchlichkeiten, die sich ihm erschlossen, hingewiesen hätte. Zunächst wirkte Shree Rajneesh als Dozent an verschiedenen eher unbedeutenden und kleinen Universitäten, die seinen Qualifikationen und Fähigkeiten in keiner Weise entsprachen. Den damals herrschenden politischen Verhältnissen entsprechend umfaßte Philosophie auch in Indien im wesentlichen das westliche Denken, das sich Shree Rajneesh in einer so vertieften Weise von Pythagoras über Nietzsche bis zu den modernen Tiefenpsychologen des 20. Jahrhunderts aneignete, wie es vielleicht nicht einmal bei vielen seiner westlichen Kollegen anzutreffen ist. Dazu kam auch noch eine ebenso gründliche Kenntnis der östlichen spirituellen Traditionen.

Bald erkannte Shree Rajneesh, daß die Tätigkeit als Universitätsprofessor kaum dazu geeignet war, seine spirituellen Erkenntnisse einem größeren und dafür aufgeschlossenen Kreis zugänglich zu machen. Er gab seine Stelle auf und fing an als »Acharya«, als Lehrer, unermüdlich kreuz und quer durch ganz Indien zu reisen und Vorträge und Meditations-Camps abzuhalten, die einen großen Zulauf hatten und ihn bekanntmachten.

Shree Rajneesh ging von der gleichen Voraussetzung aus wie Gurdjieff, daß der Mensch, bevor er sein eigenes Selbst entdecken und bewußt leben kann, aus der Trägheit, der Prägung und den bisherigen nicht hinterfragten Gewohnheiten herausgerissen werden muß, gleich einem Acker, der umgegraben und gepflügt werden muß, bevor die zur Ernte bestimmte Saat in den Boden gelegt werden kann. Für Gurdjieff war das Mittel dazu die Arbeit – meist unter harten und demütigenden Bedingungen.

Shree Rajneesh wählte einen anderen Weg, den der Meditation. Allerdings verstand er darunter etwas ganz anderes als das, was im Westen unter Meditation verstanden wird. Für ihn war Meditation keineswegs nur Stillsitzen und mühsam gegen den Schlaf und den Juckreiz ankämpfen, sondern Meditation war alles, was dem Menschen dazu verhelfen konnte, mit seinem innersten göttlichen Selbst in Verbindung zu treten. Und da die Menschen verschiedene Charaktere und Persönlichkeitsstrukturen aufweisen, ist auch nicht jede Meditationsmethode für alle geeignet. Als die klassischen Meditationsmethoden vor zum Teil Jahrtausenden geschaffen wurden, war der Mensch anders strukturiert. Deshalb entwickelte Shree Rajneesh eigene Meditationsformen. Zum Teil übernahm er klassische Methoden, die er aber so veränderte, daß sie für die Menschen des 20. Jahrhunderts nachvollziehbar wurden. Er entwickelte auch völlig neue, gewissermaßen für die heutige Zeit und den heutigen Menschen maßgeschneiderte Methoden. Shree Rajneesh erkannte auch, daß die klassischen östlichen spirituellen Wege der Meditation für den westlichen Menschen, der aus einer ganz anderen Kultur kommt als der östliche, kaum geeignet sind, und deshalb auch andere Meditationswege beschritten werden müssen.

Um 1970 beendete Shree Rajneesh seine ausgedehnte und für ihn sicher strapaziöse Reisetätigkeit und ließ sich in Bombay nieder. Er hielt täglich Vorträge und begann damit eine neue Phase seiner Tätigkeit. Nicht mehr der Lehrer stand im Zentrum seiner Tätigkeit, sondern der Meister. Rajneesh hat diesen Unterschied einmal so definiert: Der Lehrer informiert, der Meister transformiert. Seine Lehren sollten von jetzt an kein Wissen mehr vermitteln, sondern die Menschen von Grund auf verändern. Er begann »Sannyas« zu geben, was er als eine Art von Einweihung verstanden haben wollte. Der Sannyasin ist nach der Sanskritbedeutung jemand der entsagt, der seine weltlichen Bande aufgibt, um der spirituellen Natur hingebungsvoll zu dienen. Shree Rajneesh verstand unter Sannyas und Sannyasin indes das genaue Gegenteil. »Mein Sannyas ist lebensbejahend. Laßt dieses Sannyas eine große Liebesgeschichte mit dem Leben sein. Wenn ihr das Leben finden könnt, dann habt ihr Gott gefunden.« Die Einweihung in Sannyas beinhaltete die Änderung des Namens, das Tragen einer Mala (eine

Kette aus 108 Holzperlen), an der ein Foto von Shree Rajneesh hing, sowie das Tragen von orangeroter Kleidung. Die Übernahme des neuen Namens symbolisierte das Ablegen der alten, gewohnheitsbeladenen Existenz zugunsten einer neuen Lebensform ganz aus dem Bewußtsein heraus. Die Holzperlen stellen 108 Meditationsformen dar, aus denen neue entwickelt werden können. Was das Foto betrifft, so legte Shree Rajneesh Wert darauf, daß es nicht als eine Art Ikone betrachtet werden dürfe, sondern eher als eine Art Katalysator zur Erweckung der eigenen inneren Kräfte.

Auch Shree Rajneesh legte sich einen neuen Namen zu. Er wählte den Sanskritnamen »Bhagwan«, was »göttlich im Sinne von Gott erfüllt« bedeutet. Bhagwan erklärte zwar ausdrücklich, daß mit dem Ausdruck »der Göttliche« nicht der christliche autoritäre Schöpfergott gemeint sei, sondern jemand, der die Urkraft, die das Universum antreibt, in sich selbst gefunden hat und sein Leben danach ausrichtet. Mit dem Namen Bhagwan, wie er von da an allgemein genannt wurde, wollte er wohl seinen Schülern eine Zielvorstellung geben in dem Sinne, daß diese Göttlichkeit für jedermann erreichbar sei, und er, Bhagwan, seinen Anhängern im Erreichen dieses Zieles voraus sei. Mit der Einweihung in Sannyas und der Namensänderung zu Bhagwan begann, wenn man den Gang der Ereignisse im nachhinein betrachtet, eine in mancher Hinsicht verhängnisvolle Entwicklung, die schließlich in einem Zusammenbruch und Desaster endete, aber – wie sich heute zeigt – schließlich auch eine Neuorientierung mit positivem Neubeginn ermöglichte.

Solange Bhagwan als Acharya durch Indien reiste, hatte er Narrenfreiheit und bildete keine Gefahr, denn er blieb ja nie lange an einem Ort, und somit war auch die Möglichkeit gering, daß seine Lehren sich in irgendeiner Weise etablieren konnten. Das änderte sich, als Bhagwan sich in Bombay niederließ, wo sich allmählich ein Kreis von Anhängern um ihn bildete. Damit bekam das Ganze politische Dimensionen, weil diese Seßhaftigkeit wie eine Keimzelle wirkte, von der aus ständig Einflüsse in die indische Gesellschaft einströmten, die von den etablierten Kreisen als Gefahr für ihre Institutionen erkannt wurde. Das politische Establishment und das sogenannte gesunde Volksempfinden hat stets eine überaus feine und richtig erkennende Intuition für das, was für sie bedrohlich werden könnte. Diese Regel kam auch im Falle von Bhagwan zum Tragen. Und Bhagwan trug – aus welchen Motiven auch immer – kräftig dazu bei, diesen Konflikt zu schüren.

Es kamen nun auch immer mehr – meist junge – Menschen aus dem Westen, die sich von Bhagwan berührt und angezogen fühlten. Bombay wurde bald zu klein für die ständig wachsende Anhängerzahl und so wurde 1974 in Poona (heute auch Pune genannt) ein Aschram gegründet, eine Kommune, die genügend Raum für die Aktivitäten bot. Bhagwan hatte ganz richtig festgestellt, daß der spirituelle Weg nur dann erfolgreich in Angriff genommen werden kann, wenn sich der Mensch von seinen bisherigen, seinem Selbst nicht entsprechenden Prägungen und Verhaltensmustern befreit hat. Das wußten auch die antiken Mysterienkulte und formulierten dies in dem berühmten Satz: »Mensch erkenne dich selbst.«

Therapie wurde nun in Poona zentral und alle wichtigen Methoden der Selbsterfahrung, die in der modernen Tiefenpsychologie Anwendung fanden, wurden in Therapiegruppen praktiziert. Aus allen Ländern des Westens strömten jetzt auch Therapeuten nach Poona, die sich angezogen fühlten, weil der geschlossene Raum des Aschrams Erfahrungen, auch Grenzerfahrungen, ermöglichte, die Moral und Gesetz der westlichen Gesellschaft nicht zuließen. Wie bereits erwähnt, verfügte Bhagwan über außergewöhnliche Kenntnisse des westlichen Denkens, deshalb konnte er seine westlichen Schüler dort abholen, wo sie standen. Andererseits hatte Bhagwan bis dahin Indien nie verlassen, sein Wissen über den Westen war reines Bücherwissen ohne persönliche Erfahrung in der westlichen Welt. So unterschätzte er wohl die Tendenz des westlichen Menschen nach Gefolgschaft und Delegierung der Verantwortung an eine höhere Autorität, das Gegenteil dessen, was den Kern seiner Lehre bildet. Das zeigte sich darin, daß seine westlichen Anhänger eben doch die durch ihre christliche Erziehung tief im Unbewußten verankerte Gottesvorstellung auf ihren Meister übertrugen und dazu übergingen, zwar die Freiheit, und vor allem die sexuelle Freiheit, wie sie Bhagwan lehrte, begeistert praktizierten, aber gleichzeitig ihre Eigenverantwortung völlig ablegten unter dem Motto »Wenn alles göttlich ist, dann ist auch alles erlaubt.«

In einem Dokumentarfilm über das damalige Poona sagt der Startherapeut Teertha zu seiner versammelten Therapiegruppe: »Hier ist der Gruppenleiter nicht begrenzt, weil er für das Leiten einer Gruppe nicht verantwortlich ist. Die Verantwortung für alles, was hier passiert, hat Bhagwan.« Ein ebenso unsinniger wie gefährlicher Ausspruch. Es geschahen in der Folge unschöne Dinge, Gewalttätigkeiten, Zwangspromiskuität und dergleichen mehr. Und für all dieses zynische und verantwortungslose Verhalten sollte Bhagwan die Verantwortung tragen, der vollauf damit beschäftigt war, täglich zwei Vorträge, einen in Hindi und einen in Englisch, zu halten und pro Tag sechs bis acht Bücher las. Bhagwan lehrte zwar die Freiheit des Menschen und seine Unabhängigkeit von äußeren Konditionierungen, aber er meinte damit immer eine Freiheit, die aus der Selbsterkenntnis heraus zur Selbstbestimmung führt. In Poona führte es immer öfter in das unkontrollierte Ausagieren von unterdrückten Gefühlen, bevor sie therapeutisch herausgearbeitet waren. Bhagwans Anhänger verstanden offenbar ihren Meister immer weniger.

Ich selbst hatte in den siebziger und achtziger Jahren öfters mit Sannyasins zusammengearbeitet und war immer wieder erstaunt, wie manche dieser sonst so klugen und aufgeschlossenen Menschen zu sich selbst entmündigenden

Kindern regredierten, wenn die Sprache auf Bhagwan kam. Sie konnten nicht einmal mehr Kern und Inhalt von Bhagwans Lehre formulieren und ausdrücken, nur die Person Bhagwan zählte. »Du mußt ihn einfach direkt erleben« war stets das letzte Argument. Bhagwan muß über eine außergewöhnliche Ausstrahlungskraft verfügt haben, die fast alle, die ihm begegneten, in seinen Bann zog und ihren kritischen Verstand und ihr selbständiges Denken völlig ausschaltete. Sie wurden wie die Kinder, aber nicht unbedingt im positiven Sinne. Viele gaben ihre bürgerliche Existenz ganz auf, um ständig in der Präsenz des Kraftfeldes ihres Meisters leben zu können.

Die westliche Welt wurde nun aufmerksam auf das, was in Poona passierte, und machte es zum Thema. Im deutschsprachigen Gebiet hat wohl am meisten der Reporter der Illustrierten »Stern«, Jörg Andrees Elten, dazu beigetragen, der nach Poona reiste, um ein Buch darüber zu schreiben, blieb und den Sannyasnamen Satyananda annahm.

Gegen Ende der siebziger Jahre verschlechterte sich Bhagwans Gesundheitszustand, sodaß er seine täglichen Vorträge mehr und mehr einstellen und schließlich ganz aufgeben mußte. Da nun auch der Aschram immer größeren Zulauf fand, namentlich von Menschen aus dem Westen, begann auch der Widerstand in Indien gegen den als Fremdkörper und Bedrohung empfundenen Aschram und gegen Bhagwans Lehren, die als Angriff auf die herkömmlichen etablierten religiösen Institutionen empfunden wurden. Es gab terroristische Anschläge auf Einrichtungen des Aschrams und auf Bhagwan selbst. Von seiten Bhagwans wurde nichts unternommen, um das aufgeheizte Klima zu beruhigen, im Gegenteil: Bhagwan scheint einen natürlichen Hang zur Provokation gehabt zu haben, der von seinen Anhängern übernommen wurde. Vor allem zwei Dinge wurden ihm immer wieder vorgeworfen und reizten seine Gegner bis zur Weißglut: die Freizügigkeit der Sexualität, die er verkündete und die seine Anhänger begeistert übernahmen und praktizierten, und sein Sammeln von Rolls-Royce-Automobilen.

Die Ansichten Bhagwans über Sexualität waren nicht neu. Esoteriker und Eingeweihte haben seit jeher gewußt, daß die Sexualität die Urkraft ist, die den Kosmos belebt und vorantreibt. Nur wurde dies als Geheimwissen sorgfältig vor der profanen Öffentlichkeit verborgen gehalten. Sexualität hat zwei Seiten, wie die zwei Seiten einer Münze. Sie dient dem Menschen einerseits in Form der genitalen Sexualität als Mittel zur Schaffung neuen Lebens sowie zum Lustgewinn und andererseits ist es die gleiche Energie, die den Menschen auf seinem spirituellen Entwicklungsweg führt. Auch den etablierten großen Religionen und ihren Institutionen ist diese Tatsache bekannt. Auch sie wollen den Menschen auf einen spirituellen Weg leiten und betrachten daher das genitale Ausleben der Sexualität zumindest als Hindernis auf diesem Weg. Deshalb wurden von den großen Religionen – und es muß betont werden nicht nur vom Christentum – vielerlei Methoden und Moralverpflichtungen aufgestellt, die dazu dienen sollen, den Menschen dazu zu bringen seine genitale Sexualität als etwas Minderwertiges zu unterdrücken oder zumindest in kontrollierte, der Fortpflanzung dienende Bahnen zu lenken, in der Annahme, daß dann die Sexualenergie mehr oder weniger selbst auf die Spiritualität umschwenkt. Ein Irrtum, wie sich immer wieder herausstellt. Eine unterdrückte genitale Sexualität führt statt zur Erleuchtung eher zur Neurose. Es ist als ob man dem religiösen Menschen sagen würde: Du kannst nur dann zur Erleuchtung und Erlösung kommen, wenn du nicht an einen weißen Elefanten denkst. Und eine »bezwungene«, das heißt mehr oder weniger abgewürgte Sexualität kann auch auf dem spirituellen Weg ihre Aufgabe nicht mehr erfüllen. Demgegenüber vertrat Bhagwan, was die Methodik betrifft, eine gegenteilige Auffassung. Seinen Anhängern, die ja vor allem junge Menschen waren, riet er, die genitale Sexualität zu bejahen und sie ohne schlechtes Gewissen und Schuldgefühle auszuleben. Er wußte, daß irgendeinmal dieses nur genitale Ausleben langweilig wird, und das ist dann auch der Moment, in dem die andere Dimension ohne Neurose zum Zuge kommen kann.

Was Bhagwans Vorliebe für Rolls Royce betrifft, so haben viele seiner Anhänger behauptet, sie sei als Provokation und Public Relation Trick zu verstehen. Aber Bhagwan war ein Mensch wie alle, und mir scheint, daß er darin eher seine Bubenhaftigkeit auslebte. Die Autos waren für ihn eine Art Spielzeug. Dann darf man auch nicht vergessen, daß Bhagwan unter englischer Kolonialherrschaft aufgewachsen war. Trotz seiner überragenden Intelligenz und Persönlichkeit wird er mehr als einmal erfahren haben, daß er, aus dem Blickwinkel der politischen Machthaber gesehen, eben doch nur ein Mensch minderen Ranges war. So gesehen mag es für ihn eine große Genugtuung gewesen sein, selbst in diesem klassischen Statussymbol der Engländer herumzufahren und sei es auch nur die kurze Strecke von seinem Haus zum Ort wo die täglichen Vorträge abgehalten wurden.

Der schlechte Gesundheitszustand Bhagwans und die wachsende Anfeindung in seiner indischen Umgebung mögen mit ein Grund gewesen sein, die Kommune nach Amerika zu verlegen. Zusätzlich kam wohl noch die Absicht dazu, östliches Denken mit dem Know how der führenden Macht des Westens zu einer die neue Lebensform tragenden Synthese zu verbinden. In einem abgelegenen Wüstental im Staate Oregon wurde das Gelände für die neue Stadt Rajneeshpuram gekauft. Das Tal liegt mitten in einem Land, dessen Bevölkerung von einem starken christlichen Fundamentalismus geprägt ist. Sannyas und christlicher Fundamentalismus, das konnte auf die Dauer nicht gut gehen. Mit bewundernswertem Einsatz der Sannyasins wurde der Wüste Kulturland abgerungen und die Stadt Rajneeshpuram gegründet als Sannyas-Kommune und zukunftsweisende Modellstadt der neuen Zeit.

Bhagwan nahm seine täglichen Vorträge nicht wieder auf.

Er sei in eine Phase des Schweigens getreten und wirke nur noch durch seine energetische Präsenz, hieß es. Einmal täglich fuhr er in einem Rolls Royce durch Rajneeshpuram, ansonsten blieb er für seine Sannyasins unerreichbar. Als außenstehender Beobachter konnte man den Eindruck gewinnen, Bhagwan sei nicht mehr Herr seiner selbst, sondern werde von einer Clique in einer Art Isolationshaft gehalten im Bestreben, seine immer noch starke energetische Wirkung für persönliche Intrigen und Machtspiele zu benutzen. Es war fast so, als seien die Sannyasins, die aufgebrochen waren Amerika zu erobern und zu verändern, nun selbst der Faszination des amerikanischen Way of Life erlagen und besonders die negativen Seiten dieses Lebensstils verwirklichten. Was eigentlich genau geschah wird wohl nie ganz zu eruieren sein, aber die Dinge spitzten sich immer mehr zu. Die Auseinandersetzung mit der Bevölkerung eskalierte immer mehr, und die Sannyasins besorgten sich Waffen und igelten sich ein. Eine mit mir bekannte Sannyasin, eine sehr feinfühlige Frau und große Verehrerin von Bhagwan, sagte mir damals: »Bei meinem letzten Besuch in Oregon kam ich mir wie in einem Konzentrationslager vor.« Bei den Auseinandersetzungen mit der Umwelt wurden auch die Grenzen einer gesunden Selbstbehauptung zur Kriminalität hin immer mehr überschritten. Schließlich verließ Bhagwan fluchtähnlich Rajneeshpuram und ließ seine Sannyasin orientierungslos zurück. Diesen Moment der Schwäche nutzten die amerikanischen Behörden um zuzuschlagen und dem in ihren Augen ärgerlichen Spuk ein Ende zu bereiten. Bhagwan wurde verhaftet, quer durch die USA und verschiedene Gefängnisse geschleppt und schließlich ausgewiesen. Da kein Land der Erde diesem »gefährlichen« Mann für längere Zeit eine Aufenthaltsgenehmigung erteilen wollte, kehrte er schließlich nach Indien zurück, nach Poona.

Auf seiner Odyssee von Land zu Land begann Bhagwan für seine ihn begleitenden Anhänger wieder zu lehren. Er legte den Namen Bhagwan, der zu so vielen Mißverständnissen geführt hatte, ab und nannte sich von da an Osho, was in etwa dem Ehrentitel eines japanischen Zenmeisters entspricht. Die aus dieser späten Zeit stammenden Vorträge zeigen einen merklich gereiften und in mancher Beziehung auch gewandelten Osho. Das narzißtische Gehabe, das er im Umgang mit der Weltpresse manchmal zeigen konnte und das sich zuweilen bis zur Arroganz steigerte, war verschwunden und seine Worte einfach und klar wie ehedem. Auch war unverkennbar, daß seine Gesundheit schwer gelitten hatte und der Tag wohl nicht mehr fern war, da Osho diese Welt wieder verlassen würde. Osho starb im Januar 1990. Viele seiner Anhänger führen seinen Tod darauf zurück, daß ihm während seines Gefängnisaufenthaltes in den USA ein langsam wirkendes und keine Spuren hinterlassendes Gift beigebracht wurde. Aber auch eine andere Todesursache ist möglich: Osho könnte durchaus auch an energetischer Überforderung und Auszehrung gestorben sein. Durchaus verständlich für jemanden, der sich gründlich überlegt, welches Arbeitspensum dieser ungewöhnliche Mensch täglich leistete. Und der offensichtliche Prozeß einer verfrühten Vergreisung, das deutlichste Symptom, das in diese Richtung weist, begann schon vor seiner Emigration in die USA.

Wer geglaubt hatte, daß mit dem Tode von Osho auch seine Bewegung und seine Botschaft aus der Welt verschwinden würde, hatte sich schwer getäuscht. Die kleine Gruppe, die ihn auf seiner Odyssee begleitet hatte, machte sich nun daran, etwas ganz Neues aufzubauen und zeigt auch, daß aus dem Debakel von Oregon gelernt wurde. Poona II, wie es zur Unterscheidung vom Poona der siebziger Jahre genannt wird, ist von einer ganz anderen, nach meiner Meinung viel besseren Qualität als Poona I. Wie ein Phönix stieg es aus der Asche von Oregon. Als der Mensch Osho verschwunden war und damit auch seine alles überdeckende und oft vernebelnde Energieausstrahlung, blieben nur noch seine Lehren und Vorträge, die glücklicherweise alle sorgfältig dokumentiert worden waren. Erst jetzt begannen die Sannyasins offenbar zu verstehen, was ihr Meister in Tat und Wahrheit gemeint hatte und nicht alles einfach »Joke« (Spaß) und Provokation war. Ein Gruppenkollektiv leitet nun den Aschram diskret und erfolgreich aus dem Hintergrund, niemand konnte oder wollte sich als Nachfolger in den verwaisten Sessel Oshos setzen. Heute ist der Aschram nicht nur um ein Vielfaches größer als früher, es strömen auch immer mehr Menschen hierher, mehr als zu Lebzeiten Oshos. Die meisten kennen Osho nur noch vom Hörensagen. Es gibt keine brutalen Encountergruppen mehr, keine Gewalttätigkeiten und keine sexuelle Anarchie mehr. Der Begriff Freiheit wird ernstgenommen – auch im Sinne von persönlicher Verantwortung. Wer heute nach Poona II kommt, kann dies aus verschiedenen Gründen tun. Die Leitung des Aschrams bietet eine breite Palette von Möglichkeiten an, wo jeder das finden kann, was seinen Bedürfnissen entspricht. Man kann dort ganz einfach nur sein und sich vom Alltagsstreß erholen. Man findet auf dem großen Gelände immer irgendwo ein Plätzchen, wo man ungestört meditieren, lesen oder ganz einfach entspannen kann. Der Aschram bietet sehr umfassende und sorgfältig ausgearbeitete Workshops und Gruppen in verschiedenen Stufen an. Die wahre Dimension des Herzens ist an die Stelle des ungezügelten und verantwortungslosen Ausagierens von negativen Emotionen getreten. So wie es Osho wollte: »Je tiefer du in dich gehst, um so tiefer kannst du das Herz des anderen erreichen. Das ist dieselbe Sache: denn dein Herz und das Herz des anderen sind nicht sehr verschiedene Dinge.« Auf eine sehr gute Art und Weise wird für den seinen Weg Suchenden alles das bereitgestellt, was er dazu brauchen kann. Der Personenkult um Osho hat weitgehend nachgelassen, so daß endlich das in den Mittelpunkt rücken kann, was Osho gesagt hat, ohne von seinen allzu menschlichen Widersprüchen und Provokationen verdeckt zu werden. Die Lehre kommt nun vor dem Lehrer. Gewiß, Osho ist nicht der einzige Meister, der vom Osten aus eine ausgedehntere Wirkung zum Westen hin entfaltet. Man könnte auch Krishnamurti erwähnen, Sai Baba u. v. a. Daß ich Osho für dieses abschließende Kapitel gewählt habe, kommt aus meiner Überzeugung, daß seine Lehren am besten dazu geeignet sind, die suchenden Menschen des ausgehenden 20. Jahrhunderts auf ihrem Weg in ein neues Zeitalter zu begleiten.

Was aber hat Osho gelehrt? Wichtig ist zunächst festzuhalten, daß es Osho nicht darum ging, eine neue Religion zu gründen, sondern seinen Schülern ein neues Lebensgefühl und damit auch einen neuen Lebensstil zu vermitteln, der weit voraus in die Zukunft weist. Im 7. Kapitel seines Buches *Der Weg des Buddha* schildert Osho zusammenfassend den Weg, den er für die einzelnen Menschen wie für die Menschheit sieht. Ich gebe diese Vision hier in einer gekürzten Fassung wieder:

»Du mußt dich selbst erschaffen, du mußt Wege und Mittel finden, zu werden, zu sein. Du mußt zum Mutterschoß deines eigenen Seins werden. Du mußt dich selbst zur Welt bringen. Die physische Geburt ist nicht die wahre Geburt, du wirst noch einmal geboren werden müssen.

Im Osten haben wir die Buddhas seit eh und je ›die Zweimalgeborenen‹ genannt... Andere Menschen sind nur ›Einmalgeborene‹... Ein Buddha ist ein ›Zweimalgeborener‹. Das erste Mal wird dir das Leben durch die Eltern geschenkt, das zweite Mal mußt du es dir selbst schenken. Du kannst zwischen folgenden drei Dimensionen wählen: Wenn du die erste Dimension wählst, wirst du zu einer gewissen Kristallisation gelangen, aber weil sie nur eindimensional ist, wird sie nicht total sein und wird sie nicht ganz sein. Die erste Dimension ist die Dimension der Wissenschaft, der objektiven Welt, der Objekte, Dinge, des ›anderen‹. Die zweite Dimension ist die der Ästhetik: die Welt der Musik, Dichtung, Malerei, Bildhauerei, die

Welt der Vorstellungskraft. Und die dritte Dimension ist die der Religion – subjektiv, innerlich.

Wenn du Wissenschaftler wirst und den Kontakt verlierst mit Ästhetik und Religion, wirst du ein eindimensionaler Mensch. Du wirst nur ein Drittel bleiben; du wirst nicht das Ganze sein. Du magst so zu einer gewissen Kristallisation gelangen, wie man an einem Mann wie Albert Einstein sieht – eine gewisse Individualität, Schönheit, Wahrheit, aber nur teilweise ...

Es ist besser, sich in der Welt der Kunst zu bewegen, weil sie irgendwie Teile aus allen drei Dimensionen enthält – aber nur Teile; sie ist noch immer nicht allumfassend.

Der religiöse Mensch ist wiederum eindimensional, genau wie der Wissenschaftler. Albert Einstein ist eindimensional, und Gautama Buddha ebenfalls. Und weil der Osten eindimensional religiös wurde, mußte er sehr viel leiden. Jetzt leidet der Westen sehr viel, und die Ursache ist Eindimensionalität. Der Westen ist bankrott, was die innere Welt betrifft, und der Osten ist bankrott, was die äußere Welt betrifft.

Der Osten ist nicht zufällig arm und hungert. Er hat sich entschieden so zu sein. Er hat die Wissenschaft geleugnet; er ging sogar so weit, die Welt der objektiven Realität zu leugnen. Er sagt: ›Die Welt ist Illusion!‹ Wenn die Welt Illusion ist, wie kann man dann eine Wissenschaft entwickeln? Die allererste Voraussetzung dafür fehlt: man kann eine Wissenschaft nicht aus maya, aus Illusion heraus entwickeln. Wie kann man eine Wissenschaft aus etwas heraus entwickeln, das nicht ist, das nicht einmal existiert? Indem man die Welt leugnet, hat man die Dimension der Wissenschaft überhaupt geleugnet; das ist der Grund, warum der Osten arm ist und hungert. Und solange der Geist des Ostens dies nicht begreift, können wir soviel Wissenschaft aus dem Westen importieren wie wir wollen – sie kann in unserer Seele nicht Wurzeln schlagen. Wenn unsere Weltanschauung so bleibt, wie sie ist, wie sie seit

fünftausend Jahren gewesen ist, wird die Wissenschaft nur ein fremdes Element bleiben – da gibt es nichts zu deuten. Der Osten hat sehr unter Eindimensionalität gelitten, und jetzt leidet der Westen wiederum aus dem gleichen Grund – Eindimensionalität. Der Westen hat das wissenschaftliche Leben gewählt – auf Kosten des religiösen Lebens. Heute wird Gott geleugnet, wird die Seele geleugnet, wird der Mensch zunächst zum Tier herabgestuft und inzwischen zur Maschine. Der Mensch büßt allen Glanz, alle Größe ein. Der Mensch verliert alle Hoffnung, alle Zukunft. In dem Moment, wo der Mensch seine Innenwelt verliert, verliert er Tiefe, wird er oberflächlich. Der westliche Mensch ist reich, was die Dinge betrifft, aber er ist sehr arm, was die Seele betrifft – innerlich arm, äußerlich reich. Dies ist momentan der Stand der Dinge ...
Ich empfehle den vierten Weg: Der wahre Mensch wird alles drei gleichzeitig sein. Er wird ein Wissenschaftler, ein Künstler sein – und religiös obendrein. Und ich nenne diesen vierten Menschen den spirituellen Menschen. Mein Bestreben hier ist es, den vierten Weg zu kreieren: einen Menschen, der alle drei Dimensionen des Lebens in sich vereint, der zu einer Dreifaltigkeit wird, einem trimurti, einem, der alle drei Gesichter Gottes hat, dessen Verstand so gut, so logisch ist, wie es die Wissenschaft erfordert, der aber auch so poetisch ist, wie es die Ästhetik erfordert, und der auch so meditativ und wach ist, wie es von den Buddhas verlangt wird.
Der vierte Mensch ist die Hoffnung der Welt. Der vierte Weg ist die einzige Möglichkeit, wenn der Mensch überleben soll. Wenn der Mensch auf dieser Erde weiterexistieren soll, werden wir eine große Synthese zwischen diesen drei Dimensionen finden müssen. Und wenn alle drei Dimensionen zusammenkommen, miteinander verschmelzen, in eins fließen, dann ist diese Synthese natürlich die vierte.
Ich spreche über Buddha, über Mahavira, über Jesus, über

Patanjali, Laotse und viele andere. Aber denkt immer daran, daß all diese Menschen eindimensional sind. Ich möchte euer Leben durch ihre Lehren bereichern, aber bleibt nicht bei ihnen stehen. Ich möchte, daß ihr auch etwas tiefer in andere Dimensionen eindringt.«

Es folgen nun einige Literaturangaben, anhand derer die Möglichkeit besteht, das in dieser historischen Betrachtung Dargestellte zu vertiefen und, wenn das Bedürfnis dazu besteht, auch aus einer anderen Perspektive heraus zu betrachten.

In erster Linie bietet sich dazu an *Magie und Sternenzauber. Okkultismus im Abendland* von Ralph Tegtmeier, einem sehr sachkundigen Autor, dessen Buch auch zahlreiche Illustrationen enthält, die auch die Themen des vorliegenden Buches betreffen.

Eine hervorragende Darstellung des Gesamtgebietes der Esoterik stammt von Jörg Wichmann *Die Renaissance der Esoterik. Eine kritische Orientierung.* Das Buch ist besonders für Leser geeignet, welche die Esoterik mehr vom philosophischen-geisteswissenschaftlichen Standpunkt aus kennenlernen möchten. Ähnliches gilt auch für das Buch von Antoine Favre *Esoterik* (Edition Roter Löwe im Aurum-Verlag, Braunschweig). Favre stellt die Esoterik vor allem im geistesgeschichtlichen Zusammenhang des Abendlandes ausführlich dar.

Die Standardwerke in deutscher Sprache zur Geschichte der Esoterik überhaupt schrieb zweifellos Karl R. H. Frick mit – *Die Erleuchteten – Gnostisch-theosophische und alchimistisch-rosenkreuzerische Geheimgesellschaften bis zum Ende des 18. Jahrhunderts* und *Licht und Finsternis – Gnostisch-theosophische und freimaurerisch-okkulte Geheimgesellschaften bis an die Wende zum 20. Jahrhundert*; und die etwas dunklere Seite der Esoterik beleuchtend in *Das Reich Satans. Luzifer/Satan/ Teufel und die Mond- und Liebesgöttinnen in ihren lichten und dunklen Aspekten – eine Darstellung ihrer ursprünglichen Wesenheit in Mythos und Religion.* Diese Bücher sind weniger zur fortlaufenden Lektüre geeignet, bieten aber einen schier unerschöpflichen Informationsgehalt zu einzelnen Themen und Personen. Zu beachten ist noch, daß Frick an der Geschichte der Esoterik vor allem von einem freimaurerischen Gesichtspunkt aus interessiert ist.

Über die verschiedenen Weltzeitalter hat Alfons Rosenberg ausführliche Betrachtungen angestellt in *Durchbruch zur Zukunft* (Turm-Verlag). Für die Lektüre dieses Buches sind astrologische Vorkenntnisse nützlich.

Wer sich heute auf den esoterischen Weg begeben will, ist in einem viel stärkeren Maße allein gestellt und auf sich selbst angewiesen, als dies in früheren Zeiten der Fall war. In dieser Situation hilfreich beizustehen, den Blick zu schärfen und so auch vor möglichen Irrwegen zu bewahren, ist ein Ziel von *Der sinnliche Draht zur geistigen Welt. Ein Lehrbuch zur Entfaltung der medialen Anlagen und der eigenen Persönlichkeit* von Linda Roethlisberger (Verlag Hermann Bauer).

Mit den neuesten Erkenntnissen und Spekulationen über den rätselvollen versunkenen Kontinent Atlantis befaßt sich Otto Muck in *Alles über Atlantis. Alte Thesen, neue Forschungen* (Droemer-Knaur-Verlag). Helmut Tributsch bringt mit seinem Buch *Die gläsernen Türme von Atlantis. Erinnerungen an Megalith-Europa* (Ullstein Sachbuch 34334) ein neues Thema in die Diskussion um den geheimnisvollen Kontinent ein. Für ihn ist Atlantis nicht der versunkene Kontinent, sondern die noch wenig erforschte Megalithkultur des archaischen Europa. Das Buch kann also gerade in bezug auf diesen, für die westliche Esoterik sehr wichtigen Kulturabschnitt, sehr interessante Einblicke vermitteln, auch wenn man seiner Atlantis-Hypothese nicht zustimmen sollte.

Gibt es zum Thema Atlantis eher eine Überfülle von Literatur, so sind im Gegensatz dazu nur wenig Bücher über Agartha vorhanden. Das am tiefsten gehende Werk von René Guénon *Der König der Welt* ist zur Zeit zwar wieder vergriffen, aber es besteht die Möglichkeit, daß es neu aufgelegt wird. *Der Weg nach Shambhala* von Erich Bernbaum symbolisiert den Mythos von Shambhala als den inneren, spirituellen Weg zur Erleuchtung, basierend auf der Verbindung zu jenen Ur-Mythen, welche die Kulturen des Ostens wie des Westens beeinflußt haben (esotera Taschenbücherei im Verlag Hermann Bauer).

Die Begegnung mit Ägypten aus der Sicht des Esoterikers schildert Paul Brunton in *Geheimnisvolles Ägypten* (Heyne Taschenbuch Nr. 3048). Das Buch ist sehr empfehlenswert, obwohl man ihm anmerkt, daß es schon vor einiger Zeit geschrieben wurde, als andere politische Verhältnisse herrschten.

Eine genaue Kenntnis der Symbol- und Götterwelt ist unerläßlich für das tiefere Studium der geistigen Welt Ägyptens. Hilfe dazu bietet das *Lexikon der Götter und Symbole der alten Ägypter. Handbuch der mystischen und magischen Welt Ägyptens*, von Manfred Lurker (Scherz-Verlag). *Das Ägyptische Totenbuch* ist in der Reihe »Die Bibliothek der Alten Welt« unter dem Titel *Ägyptische Unterwelts-Bücher* (Artemis-Verlag) zugänglich.

Sehr viel Detailinformationen kann man dem Buch von Frank Teichmann *Der Mensch und sein Tempel – Ägypten* entnehmen, das sich auch bestens zum Mitnehmen auf eine Ägyptenreise eignet (Verlag Urachhaus).

Eine Möglichkeit, sich etwas ausführlicher mit der Gedankenwelt des Hermes Trismegistos auseinanderzusetzen, bieten *Die XVII Bücher des Hermes Trismegistos. Neuausgabe nach der ersten deutschen Fassung von 1706* (Akasha-Verlag). Eine Darstellung des hermetischen Weltbildes, offenbar zusammengestellt aus den Lehrschriften eines esoterischen Ordens, ist *Kybalion. Eine Studie über die hermetische Philosophie des alten Ägyptens und Griechenlands* (Akasha-Verlag).

Ein Führer durch die griechische Götterwelt ist Robert von Ranke-Graves *Griechische Mythologie* (rororo re 2480). Das Werk gleicht Gustav Schwabs *Die Sagen des klassischen*

Altertums, verfügt aber über hilfreiche Kommentare und Quellenangaben. Bereits als Klassiker der esoterischen Literatur gilt vom selben Autor *Die weiße Göttin* (Reihe rororo Enzyklopädie), ein Buch, das Betrachtungen anstellt über eine Götterwelt, die weit über den engeren griechisch-römischen Kulturkreis hinausreicht und namentlich auch das Keltentum mit einbezieht.

Zur griechischen Esoterik, Orphik, Plato und Pythagoras findet der Leser sehr aufschlußreiche Kapitel in *Die großen Eingeweihten* von Eduard Schuré (O. W. Barth-Verlag im Scherz Verlag). Auch dieses Buch ist bereits zum esoterischen Klassiker geworden und liefert, aus einer theosophischen Sicht heraus geschrieben, außer den bereits genannten Themen Beiträge über Rama – Der arische Zyklus; Krishna – Indien und die brahmanische Einweihung; Hermes – Die Mysterien Ägyptens; Moses – Die Mission Israels; Jesus – Die Mission Christi. Das Buch ist leicht und spannend zu lesen und gibt sehr viele Einzelheiten, doch ist wegen der poetisch gehobenen Sprache nicht immer leicht zu unterscheiden, was Dichtung und was Faktum ist.

Ebenfalls zu Pythagoras ist von Franz Carl Endres/Annemarie Schimmel *Das Mysterium der Zahlen* erschienen.

Ein aufwendiger und sehr minuziöser Versuch zur Rekonstruktion ist *Die Mysterien von Eleusis* von Diether Lauenstein (Verlag Urachhaus).

Zur Orphik liegt vor: *Orpheus. Altgriechische Mysterien*, übertragen und erläutert von J. O. Plassmann (Diederichs Gelbe Reihe).

Zwischen wissenschaftlich-theologischer Forschung und der Kirche als Institution klafft ein tiefer Graben. Die heutige kirchliche Praxis lebt grundsätzlich davon, daß sie die wissenschaftlich fundierten Ergebnisse der theologischen Forschung nicht integriert und in die Praxis umsetzt. Wer sich über den Stand der modernen theologischen Forschung informieren möchte, den verweise ich auf zwei Bücher von Karlheinz Deschner. Nun gilt Deschner als ein ausgeprägter

Gegner der Institution Kirche – namentlich der römisch-katholischen –, und das ist er auch. Auch Deschner weiß, daß ihm gerade dieses Image nicht den kleinsten Fehler erlaubt; darum sind die von ihm in seinen Büchern dargestellten Fakten wissenschaftlich absolut korrekt und erhärtet. Zudem beherrscht Deschner das schriftstellerische Handwerk perfekt, und er versteht es daher, einen an und für sich trockenen Wissensstoff spannend und leicht lesbar zu gestalten, fast wie einen Kriminalroman. Das Buch *Abermals krähte der Hahn. Eine kritische Kirchengeschichte* (Econ Verlag und Moewig TB) ist eine Darstellung der Kirchengeschichte, geschrieben von einem Laien für Laien. In *Der gefälschte Glaube. Eine kritische Betrachtung kirchlicher Lehren und ihrer historischen Hintergründe.* (Heyne TB Nr.19/137) stellt Deschner die Geschichte und Entwicklung der kirchlichen Lehren dar, eine Dogmengeschichte für Laien. Auch der bereits zur Kirche in ein sachliches Verhältnis getretene engagierte Esoteriker wird in beiden Büchern eine Menge Material zum Thema Kirche und Esoterik finden.

Zum Themenkreis Christentum und Esoterik sind folgende Bücher auch für den Nichttheologen verständlich und darum empfehlenswert: Von Gerhard Wehr *Esoterisches Christentum. Von der Antike zur Gegenwart.* (Klett-Verlag); Leisegang *Die Gnosis* (Kröner-Verlag), bereits seit längerer Zeit ein Standardwerk. Wer sich tiefer mit dem gnostischen Denken und Weltbild auseinandersetzen möchte, findet in Dokumente der Gnosis von Wolfgang Schultz (Matthes & Seitz-Verlag) eine epochale Quellensammlung, angereichert mit Essays zu speziellen Themen der Gnosis. Wichtig ist zum Verständnis der esoterischen Seite des Christentums der 1945 wieder aufgefundene Text des *Thomas-Evangeliums* (Brill-Verlag). Weitere gnostische Evangelien sind zu finden in Elaine Pagels *Versuchung durch Erkenntnis. Die gnostischen Evangelien* (Suhrkamp-Verlag).

Die Kelten haben keine schriftlichen Zeugnisse hinterlassen. Eine ausgezeichnete Studie keltischer Geistesart hat aufgrund von gefundenen Münzen Lancelot Lengyel verfaßt: *Das geheime Wissen der Kelten* (Verlag Hermann Bauer). Das Buch von Murry Hope *Magie und Mythologie der Kelten. Das rätselhafte Erbe einer Kultur* (Heyne TB 1280) ist aus der Absicht heraus geschrieben, demjenigen Rohmaterial zur Verfügung zu stellen, der sich der keltischen Welt mit Hilfe der Zeremonialmagie nähern will. Ein hervorragendes Buch zum Thema keltische Spiritualität und spirituelle Praxis findet der Leser in *Merlyns Vermächtnis* von Douglas Monroe. Der dazugehörende Praxisband *Merlyns Lehren. 21 Lektionen in praktischer Druidenmagie* bietet alles was der Leser braucht um keltische spirituelle Praxis auch in der modernen Welt nachzuvollziehen. *WYDA. Die Kraft der Druiden. Ein ganzheitlicher Weg zur Gesundheit und Spiritualität* (Verlag Hermann Bauer). Wer sich näher mit der keltischen Mythologie befassen will, findet dazu eine ausgezeichnete Übersicht und Darstellung in *Keltische Mythen* von Miranda Jane Green (Reclam-Verlag).).

Eine gründliche und auch tiefgehende aber trotzdem leichtverständliche Darstellung der westlichen Tradition geben Caitlin und John Matthews in ihrem zweibändigen Werk *Der westliche Weg* (rororo TB 8483/8510). Band 1 hat die keltisch-schamanistische Tradition zum Thema, Band II widmet sich der Hermetik und Mystik. Was die beiden Taschenbücher besonders auszeichnet, sind zahlreiche Übungsvorschläge, die dem Leser Gelegenheit bieten, den behandelten Stoff nicht nur intellektuell aufzunehmen, sondern ihn auch auf anderen Ebenen zu verarbeiten und zu erfahren. Beide Autoren gehören zusammen mit Robert J. Stewart und Marian Green zu einer neuen Generation von esoterischen Autoren in England, denen es gelungen ist, sich von dem langdauernden und dominierenden Einfluß des Golden Dawn (vgl. Seite 126 ff.) und der Theosophie zu befreien und aus der Quelle der eigenen Volkstradition alternative Wege der Esoterik aufzuzeigen. Von Robert J. Stewart erschien *Merlin – Das Leben eines sagenumwobenen Magiers*

(Knaur TB 4190) in deutscher Übersetzung. Es ist zu hoffen, daß noch weitere Werke dieser Autoren ihren Weg in die deutschsprachige esoterische Literatur finden.

Zum Thema der Katharer äußert sich Eugen Roll in *Die Katharer*. Als eine Art Klassiker für die Thematik der Geschichte der Katharer in Verbindung mit dem Gralsmythos gilt *Kreuzzug gegen den Gral* von Otto Rahn (Verlag für ganzheitliche Forschung und Kultur). Rahn aus einer moderneren Sicht heraus ergänzend und ihn auch teilweise korrigierend schrieb der bekannte Experte für Keltentum Jean Markale das Buch *Die Katharer von Montségur. Das geheime Wissen der Ketzer* (Goldmann Verlag).

Was den Inhalt der esoterischen Lehren der Templer betrifft, wissen wir heute kaum mehr etwas Genaues. Arthur Schult stellt in seinem Buch *Dantes Divina Commedia als Zeugnis der Tempelritter-Esoterik* (Turm-Verlag) die These auf, daß die esoterischen Lehren der Templer in Dantes Werk enthalten seien. Ob dies wirklich so ist, muß offenbleiben. Dantes Werk wurde von der Inquisition nie in Zweifel gezogen; dennoch ist das Buch hervorragend geeignet, gewisse esoterische Aspekte des Christentums kennenzulernen.

Mit der Frage, ob die Templer möglicherweise in Schottland die Verfolgung überlebt haben und welche Einflüsse daraus bis in die neuere Geschichte wirksam sein könnten, beschäftigen sich Michael Baigent und Richard Leigh mit viel Akribie und Liebe zum historischen Detail in ihrem Buch *Der Tempel und die Loge. Das geheime Erbe der Templer in der Freimaurerei* (Gustav Lübbe Verlag).

Im deutschsprachigen Raum ist die Literatur über den Gralsmythos lange Zeit vorwiegend eine Spezialität anthroposophisch ausgerichteter Autoren geworden. Das spricht nicht gegen sie, aber man sollte es wissen, wenn man folgende Bücher liest: *Zum Raum ward hier die Zeit. Die Gralsgeschichte* von Rudolf Meyer (Verlag Urachhaus). Der Verlag Freies Geistesleben hat in mehreren Bänden schöne Ausgaben der Quellentexte zum Gral von Chrestien de Troyes und Robert de Boron herausgebracht. *Die Geschichte von König Artus und den Rittern seiner Tafelrunde* von Sir Thomas Malory ist ebenfalls der Quellentext zum Mythos von König Artus (Insel-Verlag), aber vielleicht greift auch der Erwachsene vorerst besser zur wunderschönen Nachdichtung dieses Stoffes für Jugendliche von Rosemary Sutcliff *Die Abenteuer der Ritter von der Tafelrunde. Merlin und Artus / Galahad / Lancelot und Ginevra* (OGHAM Verlag). Auch Wolfram von Eschenbachs Epos Parzival liest man besser in einer Prosaübersetzung, etwa in der ausführlichen von Wilhelm Stapel (Langen Müller-Verlag) oder konzentrierter von Auguste Lechner *Parzifal. Auf der Suche nach der Gralsburg*. Ein bemerkenswerter Versuch, die verschlüsselten Geheimnisse des Gralsmythos zu enträtseln, bietet Tresor Ravenscroft in *Die heilige Lanze. Der Speer von Golgatha* und *Der Kelch des Schicksals. Die Suche nach dem Gral*. Ganz hervorragend und darum in erster Linie zu empfehlen ist das sowohl in Text und Bild sehr umfassende Buch *Der Heilige Gral. Ursprung, Geheimnis und Deutung einer Legende.* (Heyne-Verlag). Wer kurzgefaßt und doch recht eingehend das Thema »Gral« anhand des Epos von Wolfram von Eschenbach kennenlernen möchte, greife zum Bändchen von Arthur Schult *Die Weltsendung des Heiligen Gral im Parzival des Wolfram von Eschenbach* (Turm-Verlag), das auf knappem Raum (161 Seiten!) ein Maximum an Information bietet sowohl über Inhalt des Epos als auch über die zugrunde liegenden esoterischen Lehren und Symbolik.

Zu Paracelsus empfehle ich zunächst von Ernst Kaiser *Paracelsus* (rororo Monographie) und ferner *Paracelsus – richtig gesehen* von G. W. Surya (Rohm-Verlag).

Zum Thema Rosenkreuzer: Frances A. Yates *Aufklärung im Zeichen des Rosenkreuzes* (Klett-CottaVerlag).

Zum 18. Jahrhundert und seinen esoterischen Persönlichkeiten: Stefan Zweig hat über Mesmer ein Essay geschrieben, enthalten in *Die Heilung durch den Geist* (Fischer-Verlag). Das geheimnisvolle Leben des Grafen von Saint-Germain hat Irene Tetzlaff so gut wie möglich recherchiert und daraus eine romanhafte Biographie gestaltet: *Der Graf von Saint-Germain. Licht in der Finsternis* (Mellinger-Verlag).

Über den Orden »The Golden Dawn«, der die moderne Esoterik so entscheidend geprägt hat, gibt es in deutscher Sprache bisher wenig Sekundärliteratur, so daß ich einmal von meinem Vorsatz abgehe und einige englischsprachige Bücher zu diesem wichtigen Thema erwähne. Die berühmte Publikation des gesamten Ordensmaterials ist durch Israel Regardie in deutscher Sprache unter dem Titel *Das magische System des Golden Dawn* in drei Bänden herausgegeben worden (Verlag Hermann Bauer). Damit wird eine der wichtigsten Quellen der gesamten Esoterik auch dem deutschsprachigen Leser zugänglich.

Zur Geschichte des Ordens gibt es die berühmte, sehr kritische, aber ausgezeichnet recherchierte Untersuchung von Ellic Howe *The Magicians of the Golden Dawn. A Documental History of a Magical Order 1887-1923* (Routledge & Kegan Paul, London). Als Replik und Ergänzung zu Howe empfiehlt sich *What You should know about the Golden Dawn* von Israel Regardie (Falcon-Press, Santa Monica/Kalifornien). Neu dazugekommen und von hohem Informationswert, namentlich was die weiblichen Mitglieder des Golden Dawn betrifft, ist *Women of the Golden Dawn. Rebels and Priestesses* von Mary K. Greer. (Park Street Press Rochester).

Unerläßlich für jemanden, der sich mit Crowley befassen will, ist die Standard-Biographie von John Symonds *Aleister Crowley. Das Tier 666. Leben und Magick* (Sphinx-Verlag). Wem die ausführliche Biographie von Symonds zu umfangreich und zu gewichtig ist, um das Phänomen Crowley kennenzulernen, sei auf das Taschenbuch von Ralph Tegtmeier verwiesen: *Aleister Crowley. Die tausend Masken des Meisters* (Knaur TB 2403). Tegtmeier bringt es fertig, trotz der schon uferlos gewordenen und beinahe unübersehbaren Crowley-Literatur neue Aspekte des »Tieres 666« aufzuzeigen.

Wer die Lehren von Gurdjieff kennenlernen will, greift am besten zu *Auf der Suche nach dem Wunderbaren. Perspektiven der Welterfahrung und der Selbsterkenntnis* von P. D. Ouspensky (O.W. Barth-Verlag im Scherz Verlag), ein Bericht von Ouspenskys achtjähriger Arbeit als Gurdjieffs Schüler. Wer Gurdjieff selbst lesen will, findet in *Begegnungen mit bemerkenswerten Menschen* von G. I. Gurdjieff einen guten Anfang (Aurum-Verlag). Ein kleiner Tip: Dieses Buch ist vom englischen Regisseur Brooks sehr sehenswert verfilmt worden.

Zweiter Teil

Vorbemerkung

Im Unterschied zu früheren Zeiten ist heute der Zugang zu den grundlegenden Informationen der Esoterik erheblich leichter. Das steigende Interesse einer immer größer werdenden Öffentlichkeit führte dazu, daß in den letzten Jahren die Menge der Bücher über die verschiedenen Gebiete der Esoterik fast sprunghaft zunahm. Für einen »Einsteiger« in dieses komplexe Gebiet ist es sehr viel schwieriger geworden, sich in dieser Vielfalt zurechtzufinden. Bestand früher das Problem darin, überhaupt eine Quelle esoterischer Information zu finden und zu ihr Zugang zu erhalten, so liegt die Schwierigkeit heutzutage mehr darin, aus der Fülle der zur Verfügung stehenden Bücher diejenigen herauszufinden, die sich wirklich eignen, das notwendige Wissen zu vermitteln. Dazu kommt noch, daß sich die Esoterik in viele verschiedene Gebiete aufteilt, die alle zusammenhängen und wovon jedes Teilgebiet zum Wesentlichen hinführt. Alle möglichen Teilgebiete zu kennen und darin fundierte Kenntnisse zu erwerben ist unmöglich. Jeder esoterisch Interessierte wird sich nach einer Tour d'horizon auf einige wenige Spezialgebiete beschränken, die seiner Neigung, seinen Interessen und vor allem seinem Temperament entsprechen. Die Ausgangslage ist manchmal so, daß man sich an einem Platz erlebt, von dem die verschiedenen Straßen wegführen. Wer jede Straße auskundschaften will, wird auf jeder nur ein paar Schritte tun können und so nie wirklich vom Ausgangspunkt wegkommen, geschweige denn ein Ziel erreichen. Manche erliegen dieser Versuchung nur allzugern.

Der zweite Teil möchte vor allem dem Einsteiger in die Materie behilflich sein. Die wichtigsten Teilgebiete der Esoterik sind kurz beschrieben, so daß der Leser eine grundlegende Information darüber erhält. Die Vorentscheidung wird dann leichter fallen, ob man sich mit diesem oder jenem näher befassen will oder nicht. In jedem Fall wird der Leser dann die Zusammenhänge der Teilgebiete und ihre Einteilung im gesamten Bereich der Esoterik besser verstehen. Natürlich konnte nicht die Gesamtheit dessen, was unter dem Begriff Esoterik läuft, berücksichtigt werden. Der Akzent der Auswahl liegt auf der westlichen Esoterik, und so wichtige Themen wie vergleichende Religionswissenschaft, Mythologie, Mystik und Spiritualität ganz allgemein mußten vernachlässigt werden. Dies scheint mir vertretbar, denn wer über die hier gebotenen Grundinformationen verfügt, wird jederzeit in der Lage sein, sein Wissen in der einen oder anderen Richtung auszuweiten. Es spielt keine so große Rolle, wo man beginnt, denn jeder Ast steht in Verbindung mit der Wurzel und führt zum Ursprung und Zentrum hin.

Für jedes Teilgebiet werden Leseempfehlungen gegeben. Es wurden selbstverständlich nicht die Kriterien einer wissenschaftlichen Bibliographie beachtet. Dem Einsteiger der sich über ein Gebiet rasch orientieren will, und sei es nur zu dem Zweck herauszufinden, ob sich eine nähere Beschäftigung damit lohnt, dem ist mit Büchern wenig gedient, für deren Lektüre und Verständnis er Wochen und Monate braucht. Gute Verständlichkeit und leichte Lesbarkeit sind deshalb für mich wichtige Kriterien. Weiter sollten die angegebenen Bücher allgemein zugänglich und im öffentlichen Buchhandel ohne Schwierigkeiten erhältlich sein. Das Zeitalter, in dem der Lesesaal einer öffentlichen Bibliothek für Esoteriker wie Mathers, Waite und Papus beinahe zur Wohnung wurde, ist vorbei. Jeder esoterisch Interessierte wird bald den Wunsch verspüren, sich eine eigene kleinere oder größere Grundbibliothek zusammenzustellen. Der vorliegende Bücherführer mag dazu erste Anregungen bieten.

Was der tibetische »Meister« der Theosophin Alice A. Bailey über die von ihm übermittelten Schriften sagt, kann ganz allgemein über den Umgang mit esoterischen Büchern gesagt werden: »Wenn die Bücher eine Wahrheit verbreiten, die sich aus den früher geoffenbarten Wahrheiten der Weltlehrer erschließt, wenn die gebotenen Informationen das Streben vertiefen und den Willen zum Dienen von der Ebene bloßer Empfindung zur Ebene verstehender Einsicht erheben (der Ebene, auf der sich die Meister befinden), dann werden die Bücher ihren Zweck erfüllt haben. Wenn die dargebotene Lehre in dem erleuchteten Denken des Welten-Arbeiters ein Echo findet und in ihm blitzartig-intuitiv neue Erkenntnisse auslöst, dann möge die Lehre angenommen werden. Sonst nicht. Wenn sich die in der Lehre aufgestellten Behauptungen schließlich und endlich mit den gefundenen Bestätigungen decken, oder wenn sich das anfänglich gutgläubig als wahr Hingenommene nach dem Gesetz der Analogie als wahr herausstellt, dann ist es recht und gut. Sollte das aber bei einem Studierenden nicht der Fall sein, dann nehme er das in den Büchern Gesagte nicht an.«

Astrologie

Für viele, ja vielleicht für die meisten, ist die Astrologie der erste Einstieg in die Esoterik. Das entspricht auch ziemlich genau der geschichtlichen Entwicklung, indem sicher einer der ersten Versuche der Menschen, sich innerhalb ihrer kosmischen Umwelt zurechtzufinden, anhand der Beobachtung des Sternenlaufs geschah.

Die Astrologie betrachtet sich als Vertreterin eines holistischen Weltbildes. Das holistische Weltbild besagt, daß alle Lebensvorgänge sich nach den gleichen Gesetzen vollziehen und der gleichen Ordnung unterstehen, denen auch das

Universum als Ganzheit unterstellt ist. So gesehen erscheint es logisch, daß die Astrologie diese Vorgänge im Makrokosmos, das heißt im Teil des Kosmos, der größer ist als der Mensch, genauestens beobachtet und versucht, daraus Rückschlüsse auf das zu ziehen, was sich auf der engeren Ebene des menschlichen Lebens abspielt.

Versetzen wir uns einmal in die Situation des Menschen der archaischen Vorzeit, der sein Sammler- und Jägerdasein aufgab, um Ackerbau zu betreiben. Für ihn war es überlebenswichtig herauszufinden, wann die richtige Zeit zur Aussaat ist. Wenn der Mensch von damals sich nur auf sein Gefühl und die herrschenden Witterungsverhältnisse verließ, geschah es leicht, daß er entweder zu früh aussäte und die Saat durch Frost vernichtet wurde, oder zu spät, was zur Folge hatte, daß die Saat bis zum Herbst nicht reifen konnte. In beiden Fällen war eine lebensbedrohende Hungersnot die Folge.

Der Mensch mußte also Mittel und Wege finden, um zuverlässig bestimmen zu können, wann im Ablauf der Jahreszeiten der richtige Zeitpunkt zur Aussaat ist. Der Mensch entdeckte, daß der Lauf der Gestirne, die er am Himmel beobachten konnte, ein absolut verläßliches Hilfsmittel dazu ist. Die Sonne beispielsweise befindet sich im Verlauf eines kosmischen Jahresablaufs von der Erde aus betrachtet immer wieder an den gleichen Stellen. Der archaische Mensch projizierte nun einen Meßkreis an den Himmel, der es ihm erlaubte, diese Positionen exakt zu bestimmen. So fand er heraus, daß die Verbindungslinie zur Sonne am Tage, wo Tag und Nacht genau gleich lang sind, zu einem bestimmten Sterngebilde, dem der Name Widder gegeben wurde, führt. Dieser Tag, heute der 21. März genannt, wurde auf diese Weise zum Frühlingsanfang, der Zeit der Aussaat, bestimmt. Infolge der Präzession (siehe Seite 22) der Erdachse befindet sich heute allerdings nicht mehr der Widder an dieser Stelle, aber der Winkel und die Richtung sind noch genau gleich, und im Sprachgebrauch hat sich der Begriff Widder erhalten, auch wenn dieses Sternbild nicht mehr mit dem astronomischen Sternbild übereinstimmt, das sich heute am 21. März mit der Sonne deckt.

Unser aller Leben, seien wir nun Anhänger der Astrologie oder nicht, wird in einschneidender Weise davon bestimmt, ob sich ein Gestirn, das wir Sonne nennen, über oder unter dem Horizont befindet, oder, auf den gesamten Jahresablauf bezogen, ob sich die Sonne während der hellen Tagesphase mehr oder weniger über den Horizont erhebt, denn dadurch werden die klimatischen Erscheinungen der Jahreszeiten bestimmt, die auf unser Leben einen erheblichen Einfluß ausüben. Sei es auch nur, daß wir entsprechende Heiz- oder Kleidungskosten einkalkulieren müssen.

Ich glaube, es ist daher verständlich, daß sich die Menschheit einmal die Frage stellte, ob nicht auch andere, nicht so deutlich erkennbare Fakten des menschlichen Lebens vom Lauf der Gestirne aus betrachtet werden können. Dies mag zur Entstehung der Astrologie, wie wir sie heute kennen, geführt haben, nämlich als ein Mittel, um das individuelle Leben eines jeden Menschen von der großen kosmischen Ordnung her zu verstehen.

Dies wirft die Frage auf, ob die Astrologie im erwähnten Sinne wirkt. Sie ist zugestandenermaßen nicht leicht zu beantworten, denn das, was die Schulwissenschaft als Grundbedingung eines Beweises fordert, das Experiment, das sich unter gleichen Bedingungen wiederholen läßt, kann und will die Astrologie nicht erfüllen. Sie bestreitet, daß diese Gleichheit, dazu noch in der Wiederholung, möglich ist. Die Astrologie betrachtet jeden Menschen als ein einzigartiges Individuum, das in dieser Form und in dieser Zeit nur gerade einmal existiert. Somit bleibt sie den Beweis nach schulwissenschaftlichen Kriterien schuldig. Aber Tendenzen können aufgezeigt, Erfahrungswissen kann statistisch überprüft werden. All das geschah auch und zeigte, daß an der Astrologie eben doch etwas dran ist, wie man zu sagen pflegt.

Es gibt vorwiegend zwei Hypothesen, die versuchen, die Wirkungsweise der Astrologie zu erklären. Die eine bestreitet einen direkten, physikalisch wirksamen Einfluß der Gestirne auf die Ebene des menschlichen Lebens. Diese symbolische Astrologie, die heute von der Mehrzahl der Astrologen vertreten wird, betrachtet den Himmel als eine Art gigantisches Zifferblatt einer kosmischen Uhr, die Auskunft gibt über den Stand des zyklischen kosmischen Geschehens, dem auch jeder individuelle Mensch auf seine persönliche Art unterworfen ist.

Die andere Hypothese vermutet einen Zusammenhang zwischen dem durch den Lauf der Gestirne sich ständig verändernden Magnetfeld der Erde und der menschlichen Reaktion auf diese Veränderung. Danach wird jeder Mensch, der zu einer bestimmten Zeit an einem bestimmten Ort geboren wird, durch das gerade dann und dort herrschende Magnetfeld wie mit einem Stempel geprägt, und diese Prägung erzeugt dann einen auch ständig wechselnden Spannungszustand zum jeweils vorherrschenden Magnetfeld, wodurch die Verhaltensweise des Individuums beeinflußt wird. Beide Richtungen können für ihre Thesen einleuchtende Argumente vorbringen, und wahrscheinlich ist die Realität eine Mischung aus beiden.

Aus dem bisher Gesagten geht auch klar hervor, daß und warum zwischen dem Anspruch der Astrologie und dem, was populär darunter verstanden wird, ein großer Widerspruch vorhanden ist. Die Astrologie kann keine Ereignisse voraussagen, sie erlaubt nur eine Aussage darüber, mit welchem Energiefeld ein Mensch zu einer gegebenen Zeit an einem gegebenen Ort konfrontiert wird. Welche Ereignisse sich daraus ergeben, hängt allein davon ab, wie dieser Mensch in dieser Situation reagieren wird. Diese Reaktion hängt aber auch von der in diesem Menschen vorhandenen, von den Ahnen überlieferten genetischen Struktur ab sowie vom Milieu, den äußeren Umständen, in denen er sich befindet. Alles Faktoren, die nicht astrologisch gegeben sind. So paradox es für manche klingen mag, so ist es gerade die Astrologie, die den Menschen ständig daran erinnert, daß er in einer vorhandenen Situation völlig frei handeln und sich entscheiden kann.

Die Astrologie beansprucht nicht mehr, als dem Menschen Hinweise für die bestehende Situation zu geben und ihm eine gewisse Entscheidungshilfe zu leisten. Alles andere ist der persönlichen Entscheidungsfreiheit des Menschen überlassen, und wie der Mensch diese handhabt, führt zu dem entsprechenden Ereignis, beim einen so, beim anderen anders. Wenn ein Astrologe ab und zu doch ein Ereignis präzise voraussagen kann, dann ist das nicht der Astrologie zuzuschreiben, sondern der Intuition und dem psychologischen Einfühlungsvermögen des Astrologen, womit dieser eine wahrscheinliche Reaktion des betreffenden Menschen auf eine durch ein bestimmtes Energiefeld hervorgerufene Situation vermutet.

Was aber nützt die Astrologie nun wirklich, was für Anwendungsmöglichkeiten kann sie bieten? Ihre Stärke liegt darin, daß sie dem Menschen den Standort zeigen und erläutern kann, den er im Blick auf ein großes kosmisches (göttliches) Ganzes einnimmt. Welche Möglichkeiten ihm von daher zur Verfügung stehen oder allenfalls, welche Belastungen seinen Weg erschweren. Damit leistet sie nicht mehr, als was in der Medizin Diagnose genannt wird. Eine Diagnose allein aber nützt nichts, wenn nicht dieser Diagnose gemäß die richtigen Schritte eingeleitet werden. Nur, wenn eine Diagnose stimmt, dann kann auch der Arzt die richtigen Maßnahmen treffen, die den Heilungsprozeß einleiten und durchführen. So gibt die Astrologie dem Menschen darüber Auskunft, welche Energien ihm in welcher Stärke und Qualität zu bestimmten Zeiten zur Verfügung stehen, zusätzlich zu seiner Veranlagung. Als einzige Wissenschaft berücksichtigt sie dabei auch die Qualität der Zeit.

Das technische Hilfsmittel, wodurch der Astrologe seine Aussagen zu erlangen sucht, ist das Horoskop. Dabei handelt es sich um eine Skizze, die, einer Landkarte vergleichbar, die Positionen der von der Astrologie berücksichtigten Gestirne enthält. Ganz allgemein arbeitet die moderne Astrologie mit dem Fixstern Sonne und den Planeten Mond, Merkur, Venus, Mars, Jupiter, Saturn, Uranus, Neptun, Pluto sowie den mathematischen Punkten Aszendent (AC), Medium Coeli (MC) und Mondknoten. Jedes Tierkreiszeichen hat eine spezielle Energiequalität, ebenso jeder Planet (der Einfachheit halber wird auch die Sonne als Planet bezeichnet). Wenn ein Planet sich in einem bestimmten Tierkreiszeichen befindet, mischt sich seine Energiequalität mit derjenigen des Zeichens. Daraus entsteht, wie beim Farbenmischen, eine neue Nuance.

Als weitere Einflüsse treten die Häuser hinzu, zwölf Sektoren im Horoskop, die den verschiedenen Szenerien gleichen, in denen sich die Handlung eines Theaterstücks abspielt. Auch die Aspekte, die Winkelabstände der Horoskopfaktoren zueinander, üben einen wichtigen Einfluß aus. Alles in allem wird so die Interpretation eines Horoskops zu einer sehr komplizierten, schwierigen und zeitaufwendigen Sache, die große Übung, Erfahrung und Feingefühl verlangt.

Die Entwicklung der Humanistischen Psychologie übte in den letzten Jahren einen entscheidenden und auch sehr verändernden Einfluß auf die Astrologie aus. Es gibt verschiedene Richtungen und Schulen der Astrologie, die sich untereinander oft heftig befehden. Die Erfahrung zeigt, daß jede astrologische Richtung treffende Aussagen machen kann, aus einem jeweils anderen Blickwinkel heraus auch andere Akzente setzend. Wer sich dem Studium der Astrologie hingeben will, muß damit rechnen, daß der für wirklich seriöse Arbeit notwendige Aufwand groß ist und möglicherweise wenig Zeit übrigläßt, um sich mit anderen Gebieten der Esoterik zu befassen.

Es gibt wohl kein anderes Gebiet der Esoterik, das über ein so reichhaltiges Angebot an Literatur verfügt wie die Astrologie. Ich beschränke mich daher auf das, was demjenigen, der sich diesem Gebiet zum erstenmal nähert, weiterhelfen kann. Dies kann dazu führen, daß manches Buch, das dem speziellen Liebhaber wichtig erscheint, hier notgedrungenermaßen unberücksichtigt bleiben muß.

Als ersten und umfassenden Überblick über die Elemente der Astrologie empfehle ich von Brigitte Eichenberger *Astrologie-Fibel. Ein Wegweiser für Laien.* (Astrodata-Verlag). Die Einführung in das geistige Weltbild der Astrologie ist *Astrosophie. Lehre der klassischen Astrologie* von Arthur Schult sicher immer noch das klassische Standardwerk (Turm-Verlag). Für Einsteiger sehr empfehlenswert ist *Lehrbuch der Astrologie* von Ernst von Xylander (Origo-Verlag). Diese Bücher führen mehr vom geistig-esoterischen Weltbild und der Mythologie her an die Astrologie heran. Sehr empfehlenswert in dieser Richtung ist auch von Hans Sterneder *Tierkreisgeheimnis und Menschenleben* (esotera-Taschenbücherei im Verlag Hermann Bauer).

Wer sich lieber gleich ohne viel historisches und astronomisches Wissen mit der Praxis der Horoskopie befassen will, findet zwei gute Lehrwerke von Claude Weiss in *Horoskopanalyse. Band 1: Planeten in Häusern und Zeichen. Band 2: Aspekte im Geburtsbild.* (Edition Astrodata). Der Astrodata-Verlag hat im übrigen mehrere qualitativ hochstehende Bücher zu Spezialthemen der heutigen Astrologie, verfaßt von international bekannten Autoren, im Programm.

Alchimie

Während der letzten dreihundert Jahre wurde die Alchimie fast allgemein als Musterbeispiel dafür ins Feld geführt, daß alles, was mit Esoterik auch nur im entferntesten zu tun hat, nichts weiter als Aberglaube und Phantasie von krankhaften Hirnen sei. Als Goldmacherkunst wurde die Alchimie verschrien, und diejenigen, die sie betrieben, als im besten Fall verbohrte und naive Dummköpfe oder Scharlatane und Betrüger bezeichnet. Freilich kam beides oft genug vor, aber in ihrem eigentlichen Sinne ist die Alchimie die »königliche Kunst«, die esoterische Disziplin par excellence und der am tiefsten gehende Versuch, die Botschaft der Smaragdenen Tafel des Hermes Trismegistos (siehe Seite 62 ff.) zu verwirklichen.

Der Name Alchimie (dem auch das Wort Chemie entstammt) kommt aus dem arabischen »el kymia«. Dieses Wort wiederum hat seinen Ursprung in der griechischen Sprache, wo es »das schwarze Land« bedeutet, ein Ausdruck, der damals für Ägypten verwendet wurde. Dadurch erweist sich die Alchimie als Erbe der alten Ägypter, als im wahrsten Sinne des Wortes »hermetische Kunst«.

Am Verruf, dem die Alchimisten so lange ausgesetzt waren, sind sie nicht ganz unbeteiligt, denn sie pflegten ihre Aufzeichnungen und Bücher in einer dermaßen verschlüsselten Schrift und Ausdrucksweise niederzuschreiben, daß es großer Bemühungen und eines immensen Fleißes bedurfte, die Geheimnisse der Alchimisten einigermaßen zu entziffern. Ein großes Verdienst darum kommt dem Psychologen C. G. Jung zu.

Die Alchimie vertritt die gleiche Grundthese wie Hermes Trismegistos, daß alles in dieser Welt letztlich eins sei und ein und demselben Grundstoff entstammt. Wenn dieser Satz einmal als Wahrheit betrachtet wird, dann stellt sich natürlich die Frage, warum denn unsere Welt aus so verschiedenartigen Stoffen und Formen besteht, wenn letztlich alles doch das gleiche ist. Die Antwort lautet: durch Verwandlung, Veredelung, Transmutation des ursprünglichen Grundstoffes, der »prima materia«.

Die Alchimisten stellten sich nun die Aufgabe, das Rätsel der Materie zu lösen. Dabei war für sie bereits eine Selbst-

Alchimie

verständlichkeit, was unsere Physik erst seit relativ kurzer Zeit wieder weiß, daß nämlich Materie und Energie im Grunde ein und dasselbe sind. Dadurch öffnet sich aber noch eine weitere Perspektive. Wenn das Gold, das edelste und wertvollste aller Metalle, ursprünglich dem gleichen Stoff entstammt wie das Gewöhnlichste und vielleicht auch Abscheuerregendste, dann gibt es sicher einen Prozeß, der Unedles in Edles zu verwandeln imstande ist. Mehr noch, dann ist diese Möglichkeit der Transmutation nicht nur für die sicht- und greifbare Materie gegeben, sondern auch für alles Geistige, also auch für die menschliche Seele und die menschliche Persönlichkeit. Somit kann sich auch der Mensch aus den Niederungen der Primitivität erheben und mittels des dazu notwendigen Prozesses zu »Gold« werden, eine auffallende Übereinstimmung mit dem Mythos von Pan und Hermes (siehe Seite 30). Also ist die Alchimie eine Technik der Einweihung, deren Endziel die Vereinigung des Menschen mit seiner ursprünglichen (göttlichen) Kraft ist.

Ausgangspunkt dieser Verwandlung (Transmutation) ist das alchimistische Blei mit seinem Symbol Saturn, das auch unseren eigenen Körper versinnbildlicht. Der Körper, das »Chaos«, wird von unbewußten Reaktionen und Reflexen beherrscht; er ist ein Tummelplatz der Leidenschaften und unbeherrschten Emotionen, des Animalischen schlechthin. Durch ständige Verfeinerung wird dieses Blei in Gold verwandelt. Gold mit seinem Symbol Sonne bedeutet in diesem Zusammenhang die große kosmische Ordnung. Ziel der Transmutation ist der »Stein der Weisen«, der Erkenntnis der Einheit und Erleuchtung bedeutet. Der von seinem ursprünglichen Wesen abgespaltene Mensch findet mit dem Stein der Weisen seine verlorene Einheit wieder. Die Trennung, Dualität wird wieder zum Kraftfluß der Polarität gewandelt, deren Symbol der sowohl männliche wie weibliche Androgyn oder Hermaphrodit ist. Wer den Stein der Weisen besitzt, hat sich in Gold verwandelt, er ist unsterblich, das heißt gesund geheilt und eins mit dem Kosmos.

Das Laboratorium des Alchimisten ist somit ein Modell der Welt, in der wir leben. Anhand dieses Modells studiert er die darin herrschenden Konditionen und Gesetze. Das Wort des Hermes Trismegistos »Wie oben so unten« hat demnach auch hier seine Gültigkeit.

Für den Transmutationsprozeß braucht der Alchimist drei Grundelemente oder Kräfte. Das Salz (Erde) bedeutet analog zum Blei den Körper oder vielmehr den festen Zustand, in dem dieser sich befindet. Das Quecksilber (Merkur) verkörpert einen flüssigeren Zustand der Materie, die Seele, das Weibliche, und der Schwefel (Sulfur) die belebende, antreibende Energie, das Männliche.

Die Transmutation erfolgt in einem vierstufigen Prozeß. Erste Stufe ist die »Trennung«. Diese beinhaltet die Erkenntnis, daß der Mensch ein Individuum, ein Subjekt in einer Welt ist, die er als Gegenüber, als du (Objekt) erlebt und beobachtet. Im »Schwarzen Werk« muß der Mensch sich selbst aufgeben, das heißt sich aus dem Zentrum herausnehmen, was einem Todeserlebnis gleichkommt. Nachdem das Ego auf dieser Stufe aufgegeben wurde, soll sich das Ich in der nächsten Stufe, dem »Roten Werk« öffnen, um für die Verbindung mit den kosmischen Energien bereit zu sein. Auf der vierten Stufe endlich, dem »Flug des Drachen«, geschieht die Einheit durch die Vereinigung aller Gegensätze. Der Alchimist erreicht sein Ziel, die Umwandlung der »prima materia« in Gold, mittels des »Steins der Weisen«.

Einigermaßen leicht faßliche Bücher zum Thema Alchimie sind in deutscher Sprache leider nicht vorhanden. Die bisher beste Einführung in deutscher Sprache ist von Julius Evola: *Die Hermetische Tradition. Von der alchimistischen Umwandlung der Metalle in Gold. Entschlüsselung einer verborgenen Symbolsprache* (Ansata-Verlag).

Von einer etwas anderen Seite nähert sich Mircea Eliade dem Thema in seinem Buch *Schmiede und Alchimisten* (Klett-

Cotta). Er untersucht die Vorstellungen und Bräuche, die in Urzeiten mit dem Bergbau, der Metallurgie und den Schmieden verbunden waren. Dabei sieht er Zusammenhänge mit dem Werk von Schamanen, Yogis und Mystikern.

Magie

Das Wort Magie ruft im allgemeinen zwiespältige Assoziationen hervor. Auf der einen Seite fasziniert Magie und konfrontiert mit der in jedem Menschen vorhandenen Lust, Macht zu erlangen und Macht auszuüben, etwas vollbringen zu können, das mit sogenannt natürlichen Dingen nicht auszuführen ist, Grenzen zu überschreiten, die dem Menschen von Natur aus gesetzt sind, und in neue Erfahrungsbereiche vorzustoßen. Auf der anderen Seite weckt Magie Angst, mit Kräften konfrontiert zu werden, die nicht mehr kontrollierbar sind und einen zu ihren Opfern zu machen drohen. Die allgemeine Vorstellung von Magie ist bei den meisten Menschen sehr stark von den kindlichen Märchenerfahrungen geprägt mit ihren seltsamen bösen Hexen und dem mächtigen Zauberer, die, je nachdem, man weiß nie so recht, böse oder gut sein können.

Magie, wie sie in der Esoterik verstanden wird, hat einen ganz anderen Bedeutungsinhalt. C. G. Jung hat einmal gesagt: »Magisch ist nur ein anderes Wort für psychisch.« So gesehen wird Magie zum Wissen um die Kräfte der menschlichen Seele, und wie sie bewußt angewandt werden können. Damit wird das Spektrum dessen, das wir mit »magisch« bezeichnen können, um ein Vielfaches größer und auch natürlicher.

Als esoterische Disziplin bekennt sich auch die Magie zum Grundprinzip, daß alles im Kosmos, Energie und Materie, aus der einen Urenergie kommt. So ist auch der Mensch eine Ansammlung der verschiedensten Energien. In den weitaus meisten Fällen ist aber der durchschnittliche Mensch unfähig, diese Energien bewußt und kontrolliert einzusetzen. Er erlebt sich den unbewußten Regungen, Reaktionen und Emotionen mehr oder weniger willkürlich ausgeliefert. Magie wird angewandt, um mittels bestimmter Techniken zu psychischen Energien, die dem Bewußtsein des Menschen normalerweise nicht ohne weiteres erreichbar sind, den Kontakt herzustellen, um dieses Potential willentlich und bewußt nutzen zu können. Das weitaus wirksamste Mittel hierzu ist das Ritual.

Wahrscheinlich entdeckte der archaische Mensch schon recht früh, daß Reizungen der Sinne durch äußere Einflüsse bestimmte Energien im Menschen mobilisieren und konzentrieren. Diese Energien machen sich dann als Aggression, Angst, sexuelle Erregung und dergleichen bemerkbar. Es lag daher sicher nahe, solche Reizungen auch künstlich zu bewirken, um damit die gewünschten Energien hervorzurufen. Das ist der Grundgedanke, der dem Ritual zugrunde liegt. Die archaischen Höhlenmalereien, die ersten vom Menschen überlieferten Tierdarstellungen, dienten wahrscheinlich diesem Zweck und hatten die Aufgabe, im Menschen die zur Jagd nötige Aggression zu steigern, indem er die Tierbilder betrachtete und sich psychisch so auf das vorbereitete, was bevorstand. Alle magischen Rituale, auch die kompliziertesten, bauen im Grunde auf dem gleichen Prinzip auf. Sie dienen dazu, die psychischen Kräfte des Menschen unter Beteiligung der Sinne Sehen, Hören, Riechen, Schmecken, Fühlen wie in einem Brennglas zu konzentrieren. Ziel eines magischen Rituals ist Bewußtseinserweiterung. In diesem Zustand wächst der Mensch dann über seine natürlichen Begrenzungen hinaus. Nach Eliphas Lévi (siehe Seite 112 ff.) gibt es drei Grundgesetze der Magie:

1. Das Gesetz des Willens. Die Kraft des menschlichen Willens ist eine reale Kraft, wenn sie in der richtigen Weise aktiviert und eingesetzt wird. Sie ist dann ebenso

effektiv wie jede andere physikalische Energie, unterscheidet sich aber gänzlich vom vagen »ich möchte gern«, das bei den meisten Menschen vorherrscht. Die Willenskraft muß deshalb entsprechend trainiert werden.
2. Das Gesetz des Astrallichtes. Alle Dinge bestehen aus einer Grundsubstanz, die unter verschiedenen Namen bekannt ist (prima materia, Äther, Akasha usw.). Wenn das Prinzip dieser Grundsubstanz einmal verstanden wurde, kann sie der Magier benutzen und formen.
3. Das Gesetz der Korrespondenzen. Dieses Gesetz beruht auf dem hermetischen Grundsatz »Wie oben so unten«. Der Mensch als Mikrokosmos ist ein Modell des Makrokosmos, des Universums. Das Universum wird von den gleichen Prinzipien gestaltet und ist von den gleichen Kräften durchdrungen und beherrscht, die auch in jedem Menschen vorhanden sind. Wenn der Mensch diese Gesetze und Prinzipien versteht und weiß, wie mit ihnen umzugehen ist, kann er diese Kräfte in sich selbst bewußt hervorrufen und seinem Willen gemäß einsetzen.

Crowley (siehe Seite 132 ff.) faßte das gleiche Prinzip in der Definition zusammen: mittels des Willens bewußt Veränderung hervorrufen.

Mit dieser Definition wird der Magie ihr nebulöser und geheimnisvoller Nimbus abgenommen. So kann eine Stellenbewerbung durchaus zu einer »magischen« Angelegenheit werden, wenn der Magier (Bewerber) die richtigen magischen Beschwörungsformeln anwendet (Bewerbungsschreiben), um damit die Energien des Empfängers in der gewollten Weise zu evozieren und zu lenken. Für einen Menschen mit dem Bildungs- und Wissensstand des 18. Jahrhunderts wäre ein Fernsehgerät ein durch und durch magisches Phänomen gewesen.

Früher war Magie etwas Wunderbares, weil die Voraussetzungen, um ihre Wirkungsweise zu verstehen, weitgehend fehlten. Heute hat die moderne Psychologie Wesentliches über die psychischen Energien des Menschen herausgefunden, was früher die Domäne der Magier war. So werden in der modernen Psychotherapie und vor allem in der Gruppendynamik Techniken eingesetzt, die große Ähnlichkeit mit alten magischen Techniken und Ritualen aufweisen, ohne daß sie als »Magie« erkannt oder gar benannt werden. Dies gilt namentlich für die von Fritz Perls und seinen Nachfolgern entwickelten Richtungen der Gestaltpsychologie sowie für verschiedene Formen der Körpertherapie und Assagiolis Psychosynthese.

Gerade die moderne Renaissance der alten Magie unter anderen Namen läßt uns verstehen, daß und warum Magie effektiv und darum nicht immer harmlos ist. Deshalb wurde die Magie in zwei Richtungen eingeteilt, in die weiße (gute) Magie und die schwarze (böse) Magie. Was zur einen oder zur anderen gehört, ist nicht so leicht und eindeutig zu bestimmen und zu unterscheiden. Nach einem unter Esoterikern zirkulierenden Bonmot ist schwarze Magie stets die Magie der anderen. Die Definition von Helena Blavatsky, daß schwarze Magie der Mißbrauch geistiger Kräfte zu falschen Zwecken sei, scheitert an der Unmöglichkeit, zu erfassen, was in jedem einzelnen Falle nun richtig oder falsch ist. Am weitesten kommt man meines Erachtens mit der These, daß die weiße Magie im Dienste des großen kosmischen Ganzen steht und dessen Einheit und Harmonie respektiert. Schwarze Magie hingegen verletzt diese harmonische Einheit, weil sie Teile und Energien aus diesem Ganzen herauslöst, um sie zu Zwecken einzusetzen, die nicht dem großen kosmischen Gesetz entsprechen. Dies erklärt auch, warum solcherart abgespaltene und aus dem Zusammenhang herausgelöste Energien sich so oft der Kontrolle des Magiers entziehen und an ganz anderen Orten und auf andere, häufig destruktive Weise wirksam werden, als der Magier dies ursprünglich beabsichtigte.

Nicht selten läßt sich ein Bumerangeffekt beobachten, indem die vom Magier evozierten Energien sich nicht dorthin lenken lassen, wohin der Magier will, sondern unvorhergesehen, meist destruktiv, auf den Magier selbst zurückfallen. Deshalb ist es so wichtig, das kosmische Ganze und seine Einheit, das heißt das gegenseitige Aufeinandereinwirken, zu verstehen und zu respektieren.

Die Rituale des »Golden Dawn« beispielsweise wollten die Erfahrung vermitteln, daß das, was der Mensch Götter nennt, Personifizierungen der im Menschen selbst vorhandenen Seelenkräfte sind. Diese Erfahrung kann nun entweder zu wahrer Demut führen (Gott ist in mir) oder zur Ich-Aufblähung (ich bin Gott).

Ein Spezialgebiet der Magie, das seit Urzeiten mehr oder weniger verborgen vorhanden war, ist die Sexualmagie. Sie ist in der letzten Zeit, meist unter dem in diesem Zusammenhang falschen Etikett Tantra, wieder vermehrt in den Blickpunkt esoterischen Interesses gerückt Es scheint mir deshalb notwendig und nützlich, hier auch einiges über die Sexualmagie anzuführen, damit der Leser klar und ehrlich orientiert ist, worum es sich dabei handelt, statt auf dunkle Andeutungen und eigene Mutmaßungen angewiesen zu sein.

Es ist im Grunde nur natürlich, daß der Mensch die Sexualität seit jeher mit dem Göttlichen und Magischen zusammenhängend erlebte. Nirgendwo mehr als in den Vorgängen, die mit der Fortpflanzung und Schöpfung neuen Lebens verbunden sind, erlebt sich der Mensch gottähnlicher. Zudem ist die sexuelle Erregung die Art der Bewußtseinserweiterung, die am leichtesten erreicht wird, und die sexuelle Vereinigung bietet sich am natürlichsten als Symbol oder Ritual für die Einheit der kosmischen Kräfte an.

Diese Bewußtseinserweiterung kann auf drei Arten erlangt werden: mittels Masturbation, heterosexueller oder homosexueller Vereinigung. Masturbation dient vor allem dem Herbeiführen eines bewußtseinserweiternden Zustandes. Die heterosexuelle Praxis findet vor allem in Fruchtbarkeitsriten Anwendung, die homosexuelle in magischen Ritualen, die Bewußtseinserweiterung zur Integration gegenpolarer Kräfte anstreben (zum Beispiel bei Crowley und den Templern).

Solange die Sexualität im Bewußtsein des Menschen genauso natürlich, unbefangen und in Harmonie mit dem kosmischen Ganzen empfunden und erlebt wird, ist nicht viel dagegen einzuwenden, sie in das magische Erleben mit einzubeziehen. Dies ist für uns Menschen des Westens aber kaum mehr der Fall, nachdem wir jahrtausendelang von der jüdisch-christlichen Tradition geprägt wurden, die das Göttliche und die menschliche Sexualität im Grunde, trotz aller Gegenbeteuerungen, als unvereinbar betrachtet. Unser westliches kollektives Unbewußtes wurde dadurch so entscheidend geprägt, daß ein gewaltsames Überspringen dieses Grabens, wie dies die Praxis der Sexualmagie erfordert, selten ohne psychische Schäden abgeht Darin liegt eine der beiden großen Gefahren der Sexualmagie. Der Westen wurde von den »Meistern« immer wieder davor gewarnt. Wie Psychoanalytiker bestätigen können, führt das Abweichen von den sexuellen Normen, in die wir generationenlang hineinerzogen wurden, und dann noch in dem Maße und auf die Weise, wie es die Sexualmagie erfordert, ob wir wollen oder nicht, unbewußt zu Schuldgefühlen und schlechtem Gewissen. Der durch solche Zwiespältigkeit hervorgerufene Spannungszustand ist einer guten magischen Arbeit alles andere als förderlich. Ein Kanal wird dadurch geöffnet, durch den negative und destruktive Energien einströmen können. Im besten Fall ist Sexualmagie dann nichts anderes als eine mehr oder weniger verkrampfte Rebellion gegen gesellschaftliche Moralbegriffe; so auch bei Crowley.

Die Sexualmagie basiert auf folgenden Prinzipien: Der Mensch verfügt über ein enormes Potential verborgener Kräfte im Unterbewußten. Diese Energien sind durch eine Barriere vom Bewußten abgetrennt und somit nicht ohne weiteres zugänglich. Mittels sexueller Erregung kann diese

Schranke durchbrochen werden, und im Orgasmus wird diese Energie dann frei und verfügbar. Die so freigewordene Energie kann zu mancherlei Zwecken eingesetzt werden, abgesehen von ihrer natürlichen Bestimmung, der Schaffung neuen Lebens oder dem Fließenlassen der Liebe. Es kann ein höherer Bewußtseinszustand, ein »Trip« erlebt werden, oder diese Energien können für andere Ziele gebraucht werden, beispielsweise um materielle Güter zu erlangen oder jemandem zu schaden, ihn gar zu töten; unter der Bedingung allerdings, daß es dem Sexualmagier gelingt, im Moment des Orgasmus die eigene Gefühlsbeteiligung abzuschalten und die freigewordenen Energien mit Bewußtsein und Willen ganz auf das anvisierte Ziel zu lenken. Damit wird jedoch der natürliche Fluß der Dinge gestört, die Sexualität aus der natürlichen kosmischen Harmonie herausgelöst im Sinne der schwarzen Magie, und dies führt früher oder später mit Sicherheit zu psychischen und sexuellen Störungen. Das ist die zweite große Gefahr der Sexualmagie, daß der Bumerangeffekt gerade da sehr häufig in Erscheinung tritt.

Als Einstieg und feinsinnige Hinführung in das Wesen der Magie und ihrer Praxis ist *Der heilende Regenbogen. Sinnvolle Spiele, Experimente und Meditationen zum kreativen Umgang mit den geheimnisvollen Energien von Klang, Farbe und Licht* von Ralph Tegtmeier (Edition Schangrila) sehr zu empfehlen. Ebenfalls sehr geeignet für Einsteiger in die Praxis der Zeremonialmagie ist von Daan van Kampenhout *Heilende Rituale. Verbesserungen der Lebensqualität*. Zur weiteren Vertiefung scheinen mir dann die Bücher *Die hohe Schule der Magie* von W. E. Butler (Verlag Hermann Bauer) und *Das ist Magie* (esotera Taschenbücherei) am geeignetsten.

Wer sich noch weiter in die Materie vertiefen will, wird dann am besten zu den Werken von Eliphas Lévi greifen, von denen in deutscher Übersetzung folgende vorliegen:

Transzendentale Magie. 2 Bände: *Die Geschichte der Magie* (beide im Sphinx Verlag). Die Werke von Lévi sind nicht leicht zu lesen. Daran ist nicht nur der für uns heute etwas schwer nachvollziehbare emphatische Stil verantwortlich, sondern auch die Eigenheit von Lévi, wichtige Informationen gleichsam so nebenbei, fast verschlüsselt, mitzuteilen. Wer aber beharrlich ist und sich von den immer wieder rhetorisch ausgestoßenen Warnungen an die Unberufenen nicht allzusehr beeindrucken läßt, wird darin sehr viel zum Thema Magie erfahren. Den besten Einstieg in die Lektüre von Eliphas Lévi und gleichzeitig in die Symbolik der Magie bietet *Einweihungsbriefe in die Hohe Magie und Zahlenmystik* (Ansata-Verlag).

Als eine Enzyklopädie der Magie kann auch *Das magische System des Golden Dawn* von Israel Regardie (Verlag Hermann Bauer) betrachtet werden (siehe Seite 126 ff.). Hervorragend geeignet für den Praktiker und Einsteiger ist von Dolores Ashcroft-Nowicki *Magische Rituale* (Verlag Hermann Bauer). Das Buch bietet ein sorgfältig entwickeltes Trainingsprogramm für jeden, der mit Zeremonialmagie beginnen möchte.

Wer auf dem Gebiet der Sexualmagie experimentierten möchte, halte sich mit Vorteil an das feinsinnige Buch von Dolores Ashcroft-Nowicki *Der Baum der Ekstase. Ein Handbuch der Sexualmagie für Fortgeschrittene*, das dem Magier alles gibt, was er zu einer sauberen und ausgewogenen magischen Arbeit auf diesem Gebiet braucht wie Meditationen, Visualisierungen, Rituale etc.

Kabbala

Neben Astrologie, Alchimie, Magie und Tarot bildet die Kabbala den fünften Grundpfeiler der abendländischen Esoterik. Das Wort Kabbala kommt vom hebräischen Verb »qabal« (empfangen). Ihrem Wesen nach ist die Kabbala die esoterische Geheimlehre des Judentums, die so streng gehütet wurde, daß sie jeweils nur »von Mund zu Ohr«, also ohne schriftliche Aufzeichnung, vom Lehrer zum Schüler übertragen wurde. Erst zu einem viel späteren Zeitpunkt, wahrscheinlich im zwölften Jahrhundert in Spanien, wurden die ersten kabbalistischen Bücher abgefaßt.

Als Ganzes gesehen ist die Kabbala eine Kosmogonie, Weltenlehre, Wissenschaft von den Gesetzen, die den Kosmos regieren. Die Kabbala ist sehr komplex und wird daher in verschiedene Gebiete eingeteilt. Bereschit (das erste hebräische Wort des Alten Testamentes, das »im Anfang« bedeutet) umfaßt die Schöpfungslehre und die Gesetze, die der Schöpfung zugrunde liegen. Grundlage dieses Teils ist das Buch Sepher Jezirah. Merkaba (bezeichnet den Wagen, das Vehikel, auf dem Gott seine Botschaft den Menschen zukommen läßt) befaßt sich mit dem Wesen der Gottheit und mit der Art und Weise, wie die göttliche Offenbarung zu den Menschen gelangt. Grundlage der Merkaba ist das Buch »Sohar«. Beide Teile zusammen bilden die theoretische Kabbala.

Die praktische Kabbala ist der für die Esoterik am meisten in Betracht kommende, weil magische Teil der Kabbala. Diese magische Kabbala bildet die eigentliche Geheimlehre, weshalb darüber keine schriftlichen Aufzeichnungen vorhanden sind. Trotzdem hat die magische Kabbala die abendländische Esoterik nachhaltig beeinflußt. Ein wichtiger Grund dazu mag wohl sein, daß das Gedankengebäude und die Struktur der Kabbala formal eine Analogie zur christlichen Theologie aufweisen, die ja ihre Wurzeln ebenfalls in der jüdischen Religion hat, so daß der abendländische Mensch deshalb von einem ihm schon vertrauten Wissen aus arbeiten kann.

Was im populären Sprachgebrauch meist als Kabbala bezeichnet wird, eine spezielle Numerologie und ein Spiel mit Zahlen, ist nur ein Nebengebiet der Kabbala und heißt Gematria. Die Gematria arbeitet mit der Tatsache, daß die zweiundzwanzig Buchstaben des hebräischen Alphabetes gleichzeitig Zahlenwerte sind. So ist der Buchstabe Aleph (A) das Zeichen für die Zahl 1, Beth (B) für die Zahl 2 und so fort. Somit bilden die Worte der Bibel gleichzeitig Zahlenwerte, die aus der Quersumme der einzelnen Buchstabenzahlen gebildet werden. Die Gematria versucht nun, im Text des Alten Testaments zwischen Wörtern mit den gleichen Querzahlenwerten eine Beziehung herzustellen und eine darin verborgene Information herauszulesen.

Grundlage der Kabbala ist der »Baum des Lebens« mit seinen zehn Sephirot (Energiemanifestationen), von denen jedes einer im Kosmos vorhandenen Energieschwingung entspricht. Er ist, wie die gesamte Kabbala überhaupt, zu komplex, als daß im Rahmen dieser Einführung näher darauf eingegangen werden kann. Ich verweise deshalb auf die unten angegebene Literatur. Wer sich eingehender mit der westlichen Esoterik beschäftigen will, für den ist es notwendig, sich näher mit der Kabbala, und vor allem mit dem Baum des Lebens, zu befassen, da wesentliche Dinge sonst nicht oder nur mit äußerster Schwierigkeit verstanden werden können.

Das klassische Buch über die innerhalb der westlichen Esoterik vornehmlich gebräuchliche Kabbala aufgrund des Golden-Dawn-Systems schrieb 1935 Dion Fortune mit dem Titel *Die mystische Kabbala* (esotera-Taschenbuch im Verlag Hermann Bauer). Es hat in den über fünfzig Jahren seither nichts von seinem Wert eingebüßt. Aus der Schule von Dion Fortune kommt auch Charles Fielding, der sein Buch *Die praktische Kabbala* (esotera-Taschenbuch), wie er sagt, für durchschnittlich intelligente Leser geschrieben hat, und das deshalb sehr geeignet ist, dem Einsteiger in das Gebiet der Kabbala die Schwellenangst zu nehmen. Ebenfalls zum ersten Kennenlernen sehr geeignet ist von Will Parfitt *Die persönliche Qabbalah. Ein praktisches Lehrbuch zum Verständnis des (eigenen) Lebensbaumes* (M + T Verlag, Edition Astroterra). Ein Buch das besonders durch seine Anschaulichkeit und Praxisbezogenheit besticht. Ferner habe ich im zweiten Band meiner Schule des Tarot *Der Baum des Lebens* (Verlag Hermann Bauer) versucht, den komplizierten Stoff und die für heutige Menschen ungewohnte Denkweise der Kabbalisten etwas zu verdeutlichen. Diese beiden Bücher vermitteln das für das weitere Studium nötige Grundwissen, wie es zum vertieften Verständnis der westlichen Esoterik unbedingt notwendig ist.

Der Text des »Sepher Jezirah« ist auch in *Die Kabbala* von Papus zu finden. Dieses Buch enthält viel Stoff, ist aber nur für diejenigen zu empfehlen, welche die Kabbala zu ihrem Spezialgebiet machen wollen.

Wer sich auch mit den theologischen Seiten der Kabbala vertraut machen will, findet in den Büchern von Gershom Scholem, einer der größten Kenner der Kabbala, alles und noch mehr, was er braucht, um über die mystische und religiöse Kabbala Bescheid zu wissen, aber sehr wenig bis nichts über die magische Kabbala. Ich empfehle als Anfang zwei Titel: *Zur Kabbala und ihrer Symbolik* (Suhrkamp Taschenbuch Wissenschaft) und *Die jüdische Mystik in ihren Hauptströmungen* (Suhrkamp-Verlag). Als Orientierung über die praktische Kabbala und ihre Magie kann das von Israel Regardie veröffentlichte Material des »Golden Dawn« dienen (siehe Seiten 130 ff., 190). Ein vollständiger Text des Buchs Sohar ist in deutscher Übersetzung noch nicht erschienen. Nach Themen geordnete und daher aus dem Zusammenhang gerissene Auszüge enthält *Der Sohar – Das heilige Buch der Kabbala*; nach dem Urtext herausgegeben von Ernst Müller (Diederichs-Verlag).

Tarot

Jeder menschliche Kulturbereich (die Theosophen nannten dies »Rassen«, ein Ausdruck, der zu belastet ist, als daß er weiter verwendet werden sollte) hat seinen ihm eigenen esoterischen Weg mit einem spezifischen System. Obgleich jeder Weg an einem verschiedenen Ausgangspunkt beginnt, führen sie doch alle zum gleichen Ziel. Jeder Weg ist den individuellen Eigenheiten des jeweiligen Kulturbereichs angepaßt. Solche Wege werden in der östlichen Esoterik Yogapfade genannt. Der westliche Yogapfad beruht vorwiegend auf Tarot und Kabbala.

Der Tarot ist heutzutage vor allem in seiner Form als Kartenspiel bekannt, obgleich dies bereits als eine spätere, degenerative Erscheinung zu betrachten ist. Ein solches Tarot-Spiel, auch Tarot-Deck genannt, besteht aus 78 Karten. Diese wiederum sind eingeteilt in 22 Große Arkana (Geheimnisse) und 56 Kleine Arkana. Es ist sehr leicht ersichtlich, daß sich unsere heute gebräuchlichen Kartenspiele aus den Kleinen Arkana entwickelt haben.

Das Wesen des Tarot beruht auf seinen das Unbewußte des Menschen ansprechenden Bildern. Bilder sind eine archaische Sprache des Unbewußten, die aus dessen tiefsten Schichten kommt, und eben diese werden durch die Tarotbilder auch wieder angesprochen. Jedes Tarotbild enthält zwei Ebenen: Einerseits drückt es eine objektive Information aus, die dem kollektiven Erfahrungsschatz des westlichen Menschen entspricht, andererseits sind die Bilder geeignet, beim Betrachter im und durch das Unbewußte die entsprechenden Energien auszulösen. Das ist die magische Seite des Tarot.

Die Herkunft des Tarot ist ungeklärt und es gibt verschiedene Hypothesen darüber. Da der Tarot in Europa gleichzeitig mit den Zigeunern in Erscheinung trat, wird er oft mit diesem geheimnisvollen Nomadenvolk in Verbindung gebracht. Dabei wird oft übersehen, daß die Bildsymbolik des Tarot bereits vor dem Auftreten der Zigeuner, wenn auch nicht als Kartenspiel, vorhanden war. Eine der Hypothesen behauptet, daß die 22 Großen Arkana einst als Wandbilder im Tempel von Memphis vorhanden gewesen seien und bei der Ägyptischen Einweihung eine wichtige Rolle gespielt hätten.

Plausibel erscheint mir auch die von Sergius Golowin vertretene These, daß der Tarot das esoterische Wissensgut eines Volkes gewesen sei, das einst in den Bergtälern des Himalaja seinen Wohnsitz hatte und dann infolge einer politischen Katastrophe zur Emigration gezwungen wurde, um als Volk der Zigeuner im westeuropäischen Raum aufzutauchen.

Der esoterische Name des Tarot heißt »Buch des Thoth«, abgeleitet vom ägyptischen Gott der Wissenschaft und der Magie. Darin kommt zum Ausdruck, daß im Tarot das ganze Wissen der Welt, alle im Kosmos gültigen Gesetze enthalten sind. Die Kleinen Arkana des Tarot bestehen aus 40 Zahlenkarten und 16 Hofkarten. Die Zahlenkarten repräsentieren objektive Energiequalitäten, und die Hofkarten bezeichnen den Ort, von wo aus diese Energiequalitäten wirken. Die 22 Großen Arkana bringen subjektive Erfahrungen des einzelnen Menschen oder der kollektiven Menschheit im Umgang mit diesen Energiequalitäten zum Ausdruck.

Man kann sich entweder rein intellektuell mit dem Tarot beschäftigen, indem man versucht, die darin enthaltene Bildsymbolik zu entziffern, oder man läßt ihn intuitiv auf das Unbewußte wirken, wo die entsprechenden dort vorhandenen Energien ausgelöst werden.

Im populären Gebrauch wird der Tarot vorwiegend zu divinatorischen Zwecken angewandt, eine Verwendung, die zwar möglich ist, aber nur einen winzigen Bruchteil dessen erschließt, was im Tarot enthalten und mit ihm möglich ist.

Man wird daher sicher verstehen, wenn ich meine Bücher zu diesem Thema in erster Linie empfehle, denn wenn ich nicht überzeugt wäre, daß sie ihren Zweck erfüllen, hätte ich sie nicht geschrieben. In meiner dreibändigen *Schule des Tarot* (Verlag Hermann Bauer) habe ich versucht, nicht nur eine ebenso für Anfänger geeignete Einführung in den Tarot zu geben, sondern auch eine Darstellung des westlichen esoterischen Grundwissens. Der erste Band *Das Rad des Lebens* ist den großen Arkana gewidmet. Der zweite Band *Der Baum des Lebens* zeigt die Verbindung des Tarot zur Kabbala und gibt gleichzeitig eine Einführung in den kabbalistischen Baum des Lebens (siehe Seite 190 ff.). Der dritte Band *Das Spiel des Lebens* befaßt sich mit dem praktischen divinatorischen Gebrauch des Tarot.

Ein Buch von hohem Niveau ist *Die Psychologie des Tarot. Tarot als Weg zur Selbsterkenntnis nach der Archetypenlehre C. G. Jungs*, von Sallie Nichols (Ansata-Verlag). Leider verfällt die Autorin auch der Gefahr, der fast alle Autoren erliegen, die den Tarot aus der Perspektive der Psychologie Jungs heraus behandeln. Sie betrachtet nicht mehr die Bilder, sondern die Begriffe, die den Bildern von einer späteren Zeit als Namen beigeordnet wurden. Der Tarot ist aber seinem Wesen nach reines Bild und sollte als reines Bild gesehen werden. Ob beispielsweise auf dem Bild 0, das den Namen »Der Narr« trägt, wirklich der Archetyp des Narren im Jungschen Sinne abgebildet ist, darüber darf man getrost verschiedener Meinung sein. Es sollte aber nicht soweit kommen, daß man bei den Ausführungen nur noch diesen Namen und Begriff im Auge behält und darüber vergißt zu sehen, was auf dem Bild eigentlich dargestellt ist.

Die geschichtlichen Hintergründe des Tarot und seine verschlungenen Wege im Zusammenhang mit den Zigeunern schildert Sergius Golowin in *Die Welt des Tarot. Geheimnis und Lehre der 78 Karten der Zigeuner* (Sphinx-Verlag). Hier ist auch von Ralph Tegtmeier *Tarot. Geschichte eines Schicksalsspiels* (dumont-Taschenbücher) zu erwähnen. Dieses Buch enthält zahlreiche Illustrationen aus verschiedenen Tarot-Decks.

Es gibt sehr viele voneinander verschiedene Tarot-Decks. Welches man wählt, hängt weitgehend von der persönlichen Vorliebe ab. Der Anfänger hält sich am besten an das Deck von A. E. Waite, das am meisten verbreitet ist und worüber auch die meiste Literatur vorhanden ist.

Da die Beschäftigung mit dem esoterischen Gehalt des Tarot ein nicht unbedingt leichtes und auch zeitaufwendiges Studium erfordert, hat in den letzten Jahren eine neue Tarot-Richtung, die sich »Intuitiver Tarot« nennt, recht weite Verbreitung gefunden. Geht es beim esoterischen Tarot darum, jahrtausendealte, durch Bildsymbole übermittelte Informationen aus den Bildern zu lesen und verstehen zu lernen, so verzichtet der Intuitive Tarot weitgehend auf diese Tradition und ihren Inhalt. Die Methode, womit der Intuitive Tarot arbeitet, ist die Projektion. Bearbeitet werden Material und Inhalte des persönlichen Unbewußten, die durch die Betrachtung der Tarotbilder ausgelöst werden. Damit wird der Tarot zu einer ziemlich genauen Analogie der Farbkleckse des sogenannten Rorschachtests; auch die Resultate sind ähnlicher Natur wie beim Rorschachtest. Der Intuitive Tarot kann sowohl Bereicherung als auch Einengung sein. Eine Bereicherung ist er als Ergänzung und Ausweitung auf der Grundlage des esoterischen Tarot. Wer sich aber nur mit dem Intuitiven Tarot abgibt, gleicht einem Menschen, der sein Weltbild nur durch die ausschließliche Betrachtung seines Spiegelbildes gewinnt und den Blick durch das Fenster in die Außenwelt vermeidet.

Ermöglicht wurde der Intuitive Tarot durch das bereits erwähnte Tarot-Deck von Waite. Waite war der erste, der die nur mit abstrakten Bildsymbolen versehenen Karten der Kleinen Arkana des Tarot de Marseille durch konkrete Bildmotive ersetzte. In der Folge entstand eine ganze Flut von Tarot-Decks, die sich aus den Bildern von Waite herleiten. Seit kurzer Zeit gibt es auf der Basis des Intuitiven Tarot eine

Reihe von neuen Tarot-Decks, die allerdings in manchen Fällen nur noch den Namen mit dem Tarot gemeinsam haben. Nicht alles, was Karten sind, ist auch Tarot, und man tut gut daran, hier genau die Spreu vom Weizen zu trennen.

Theosophie und Anthroposophie

Der Begriff »Theosophie« bedeutet wörtlich übersetzt »Gottesweisheit« und sinngemäß wohl eher »Gotteserkenntnis«. Heute wird dieser Ausdruck fast allgemein nur noch im Zusammenhang mit der Theosophie Helena Blavatskys (siehe Seite 115 ff.) gebraucht und für gewisse Strömungen, die sich daraus entwickelt haben, beispielsweise die Theosophie Alice A. Baileys und ihrer Arkanschule. Der Begriff selbst allerdings ist viel älter. Mit Theosophie werden alle geistigen Strömungen bezeichnet, die sich darauf berufen, daß der direkte Zugang zum Göttlichen mittels Erleuchtung oder direkter Erkenntnis möglich ist. Damit wird die Theosophie – und so gesehen ist Esoterik als Theosophie zu verstehen – der natürliche Gegenpol zur kirchlichen Religiosität, die zwischen Gott und Mensch in irgendeiner Form eine Vermittlung oder einen Vermittler braucht. Der bedeutende Esoteriker Franz Hartmann (1838 bis 1912) erklärte Theosophie als die »Selbsterkenntnis des Wahren, die Selbsterkenntnis Gottes im Menschen; sie ist das Offenbarwerden der Wahrheit im eigenen Inneren des Menschen, wobei der Mensch zum wahren Selbstbewußtsein der in ihm innewohnenden höheren Natur gelangt«.

Ich gebrauche den Begriff Theosophie ebenfalls zur Bezeichnung der speziellen Theosophie von Helena Blavatsky und ihren Nachfolgern. Da über Helena Blavatsky und die Theosophische Gesellschaft bereits auf Seite 115 ff. berichtet wurde, verzichte ich hier auf eine weitere Darstellung. In der zweiten Hälfte des 20. Jahrhunderts hat die Theosophie im

Theosophie und Anthroposophie

deutschsprachigen Raum nicht mehr eine so große Bedeutung, die sie einmal hatte. Sie wurde weitgehend von der Anthroposophie Rudolf Steiners abgelöst.

Rudolf Steiner wurde 1861 in Kroatien geboren, das damals zu Österreich gehörte. Er war hochbegabt. Brillante Intelligenz und sagenhafte Allgemeinbildung vereinten sich mit Sensitivität und umfassendem esoterischem Wissen. Ich glaube, man darf Steiner, zusammen mit Pythagoras und Paracelsus, als eine der wirklich genial veranlagten Persönlichkeiten auf dem Gebiet der Esoterik bezeichnen. Mit einundzwanzig Jahren wurde Steiner an das Goethe-Archiv in Weimar berufen, um die naturwissenschaftlichen Schriften Goethes für die Gesamtausgabe zu betreuen, was für das Leben und die weitere geistige Entwicklung Steiners ganz entscheidend wurde. Goethe wurde für ihn in jeder Beziehung das Kriterium der geistigen (im Sinne von esoterisch) Weltbetrachtung.

In Berlin stieß Steiner zur Theosophie. Als 1902 Annie Besant (siehe Seite 124 ff.), von der Steiner nach eigenen Aussagen stark beeinflußt wurde, eine deutsche Sektion der Theosophischen Gesellschaft gründete, wurde Steiner deren Generalsekretär. Die Theosophie von Helena Blavatsky und Annie Besant ist eine von Steiners geistigen Quellen. Er gehörte dem ES (esoteric section), einer Art Orden innerhalb der Theosophischen Gesellschaft, an. Dieser Quelle entstammt eine seiner bekanntesten Schriften: *Wie erlangt man Erkenntnisse höherer Welten?*

Die andere geistige Quelle Steiners wird in den offiziellen anthroposophischen Darstellungen meist verschwiegen. Von etwa 1905 bis 1914 war Rudolf Steiner auch Mitglied des esoterischen Ordens O. T. O. (Orden der Orientalischen Templer). Dieser Orden wurde von einem deutschen Industriellen namens Karl Kellner gegründet. Kellner reiste viel, lernte auf diese Weise verschiedene esoterische Gruppen kennen und soll im Orient in die Geheimnisse der Schwarzen Magie eingeweiht worden sein. Eine Spezialität dieses

Ordens war die Sexualmagie, die in den höheren Graden ausgeübt wurde. In der Geschichte der Esoterik ist der Orden hauptsächlich durch Crowley (siehe Seite 132 ff.) bekanntgeworden, der nach seinem Ausschluß aus dem »Golden Dawn« dessen englische Niederlassungen praktisch usurpierte und für seine eigenen Lehren brauchte, was aber nicht so interpretiert werden darf, daß Steiner ein Anhänger Crowleys gewesen sei. Ich erwähne diese biographischen Einzelheiten, um aufzuzeigen, daß Steiner mit der Tradition der klassischen Esoterik viel mehr in Verbindung stand, als es die offizielle Anthroposophie oft wahrhaben will.

Steiner erkannte, daß es keine allgemein umfassende und für jeden Kulturkreis gleichermaßen gültige Esoterik geben kann, wie die Adyar-Theosophie dies postuliert. So machte er die immer stärkere Hinwendung der Theosophischen Gesellschaft zu den östlichen Religionen nicht mit und ersetzte in seinen Schriften die östlichen Begriffe durch solche der deutschen Sprache (beispielsweise Kundalini-Kraft durch »feine geistige Wahrnehmungskraft«, was nicht korrekt übersetzt ist). Als Annie Besant den jungen Krishnamurti zur neuen Reinkarnation von Christus ausrief (siehe Seite 125), trennten sich Steiner und mit ihm neunzig Prozent der Mitglieder der deutschen Theosophischen Gesellschaft von der Adyar-Theosophie.

Steiner führte seinen weiteren geistigen Weg fortan unter dem in bewußtem Gegensatz zur Theosophie stehenden Namen Anthroposophie (griech. anthropos: Mensch) fort. Gleichzeitig entwickelte sich die Anthroposophie immer mehr zu einer Art Religionsgemeinschaft mit allen Merkmalen der Kirchenbildung. Seine Anhänger bauten Steiner im schweizerischen Dornach eine »Kathedrale«, das Goetheanum, als Zentrum der Anthroposophischen Bewegung. Das Goetheanum wurde 1922 durch Brandstiftung zerstört und nach Steiners Tod 1925 als Betonbau wieder aufgebaut.

Die Anthroposophie wäre eigentlich als die esoterische Bewegung für das 20. Jahrhundert prädestiniert gewesen.

Daß sie diesen Anspruch nicht erfüllte, hat mancherlei Gründe. Steiner selbst war durch und durch ein Mensch des 19. Jahrhunderts, geprägt von dessen Wissenschaftsbegriff, den er, im Gegensatz zu den heutigen Esoterikern, nicht in Frage stellte, sondern zu erfüllen trachtete. (Der gleiche Umstand ist bei der Theosophie fast noch stärker zu erkennen.) Dieser Wissenschaftsbegriff beruhte ganz auf einer materiellen Weltanschauung, die nur als wirklich gelten ließ, was mit den fünf Sinnen des Menschen erfaßbar ist. Steiners unermüdliches Bestreben war, diese Denkweise zu durchbrechen und zu erweitern im Sinne, daß es auch neben und in der materiellen Welt Dimensionen gibt, die mit den fünf Sinnen nicht erfaßbar sind, und deshalb dem materialistischen Weltbild seiner Generation nicht zugänglich sind. Dieses 19. Jahrhundert ging eigentlich erst mit dem Ersten Weltkrieg zu Ende, also kurz vor Steiners Tod, und die eigentlichen Konturen und Herausforderungen des 20. Jahrhunderts zeigten sich erst seit dem Zweiten Weltkrieg. Für die heutige Wissenschaft ist vieles, was Steiner sagte, eine zumindest theoretische These, die in die Überlegungen der modernen Physik einbezogen wird. Steiner zu verstehen bedeutet vorerst einmal sich in die Geisteshaltung eines Menschen hineinzufühlen, welcher von der Weltsicht des materialistischen 19. Jahrhunderts geprägt ist. Diese Entwicklung hat die Anthroposophie nie mitvollzogen und blieb in mancher Beziehung im Todesjahr Steiners 1925 stecken. Sie kapselte sich ängstlich ab, »versteinerte« buchstäblich. Steiner wurde posthum mehr und mehr zum Kirchenvater, auf den sich zu berufen letzte Autorität ist. Auf die großen Herausforderungen des 20. Jahrhunderts – moderne Technologie, Massenmedien, Informatik – haben die Anthroposophen keine Antwort gefunden. Die Anthroposophie ist immer noch dem Ideal des deutschen Bildungsbürgers, mit der Weimarer Klassik im Zentrum, verpflichtet, dem Typus, den Steiner selbst im höchsten Grade verkörperte, der sich aber mit dem Zweiten Weltkrieg überlebt hat.

Andererseits erkannte Steiner, wie nur sehr wenige, daß Esoterik nur dann einen Sinn hat, wenn sie sich im praktischen Leben auswirkt. Anders als die Theosophie, die sich eher als umfassende Welten-Religionsphilosophie versteht, versuchte Steiner, die Esoterik in das praktische Alltagsleben zu integrieren. Pädagogik, Soziallehre, Landwirtschaft, Medizin usw., kaum ein Gebiet unserer westlichen Kultur und Gesellschaft, das Steiner nicht mit dem Geiste der Anthroposophie – hier durchaus als Esoterik verstanden – zu durchdringen trachtete. Dies ist eine Chance und Aufgabe für die Anthroposophie in unserer sozial, wirtschaftlich und ökologisch aufs höchste geforderten Zeit, wenn sie sich nur entschließt, aus ihrem Betonturm auszubrechen.

Eine umfassende Biographie über Helena Blavatsky stammt von Sylvia Cranston *Leben und Werk der Helena Blavatsky – Begründerin der Modernen Theosophie* (Adyar-Verlag). Das klassische Buch der Theosophie ist sicher *Die Geheimlehre* von Helena Blavatsky. Die Lektüre des ganzen Werkes ist heute kaum noch zumutbar. Das wissen auch die Theosophen und gaben deshalb gekürzte Fassungen heraus. Greifbar ist eine im Adyar-Verlag, Satteldorf. Sehr zu empfehlen ist auch die vielleicht bekannteste Schrift von Helena Blavatsky *Die Stimme der Stille* mit Kommentaren von Annie Besant und C. W. Leadbeater (F. Hirthammer-Verlag). Als Einführungen in das Theosophische Weltbild und Denken wesentlich kürzer und prägnanter ist: Annie Besant: *Uralte Weisheit* (F. Hirthammer-Verlag).

Wer sich von der Theosophie angezogen fühlt und sich intensiv und umfassend mit ihr beschäftigen will, findet ein ausgezeichnetes Mittel dazu in *Großer Theosophischer Katechismus. Grundlegende Gesamtdarstellung der Theosophischen Weltanschauung in Frage und Antwort* (zwei Bände) von Johannes Fährmann (Schatzkammer-Verlag). Ferner von Gerhard Wehr *Der innere Weg* (J. Mellinger-Verlag).

Die Lektüre von Steiners Werken wird im allgemeinen als recht schwierig empfunden. Das rührt zum einen Teil davon her, daß viele und gerade wichtige Texte nicht von ihm selbst aufgeschrieben wurden, sondern als Vorträge gehalten und von Zuhörern mehr oder weniger gut mitgeschrieben wurden. Zum anderen liegt der Grund auch darin, daß Steiner zu einer Generation und in eine Zeit gesprochen hat, die wie bereits erwähnt geistig einen ganz anderen Standort hatte als die unsrige am Ende des 20. Jahrhunderts. Es empfiehlt sich, wer mit Steiners Gedanken etwas näher vertraut werden will, sich mit dieser Problematik auseinanderzusetzen. Ein guter Weg dazu ist die Vortragsreihe aus den Jahren 1903/04 *Spirituelle Seelenlehre und Weltbetrachtung* (Goldmann TB 12116). Der in den Grundlagen der Esoterik bereits etwas bewanderte Leser wird zwar darin nicht so viel neue Information erhalten, aber worauf es ankommt, ist die Art und Weise, wie Steiner diese Information seinem Publikum darlegt, indem er es genau an dem Punkt abholt, wo es sich befindet. Wer Steiners Schriften kennenlernen will, fängt am besten an mit *Theosophie; Wie erlangt man Erkenntnis höherer Welten?* und *Die Geheimwissenschaft im Umriß*, alle als Taschenbücher im Rudolf-Steiner-Verlag. Das Studium der Anthroposophie und nicht zuletzt auch der Schriften von Rudolf Steiner wird wesentlich erschwert durch den speziellen Wortschatz und die für Außenstehende oft schwierig zu verstehende Begriffsbildung. Eine äußerst lebendige und leichtverständliche Einführung in sein Denken und sein Weltbild gibt Steiner selbst in *Vorträge für die Arbeiter am Goetheanumbau* (Rudolf Steiner Verlag, Dornach/Schweiz, Bd. 1–8).

Reinkarnation und Karma

Reinkarnation (Wiedergeburt) und Karma gehören zusammen. Beide Begriffe bedingen einander, keiner hat Sinn ohne den anderen. Die Lehre von der Wiedergeburt ist die unbedingte Konsequenz aus den Thesen der esoterischen Weltbetrachtung. Wenn alles im Kosmos sich zyklisch abspielt (siehe Seite 122: »Drei Grundthesen«), dann ist auch der Mensch diesem Gesetz des Zyklus unterworfen, so daß sich auch sein Leben, entsprechend dem hermetischen Satz »Wie oben so unten«, im Rhythmus von Ebbe und Flut, dem Wechsel von Tag und Nacht, Wachen und Schlafen abspielt. Der Glaube an die sich immer wieder vollziehende Wiederkehr der menschlichen Seele ist denn auch sicher die in der ganzen Welt am meisten verbreitete Ansicht über das Geschehen nach dem Tode.

Der Philosoph Schopenhauer sagte: »Europa ist der Erdteil, wo man nicht an die Reinkarnation glaubt.« Er irrte. Auch in der abendländischen Esoterik ist die Lehre von der Reinkarnation als selbstverständlicher Bestandteil enthalten. Pythagoras lehrte sie, und auch bei Plato ist sie zu finden.

Im Osten wurde sie nicht nur im Rahmen der Esoterik, sondern seit jeher auch exoterisch vertreten. Dies hatte zur Folge, daß die Lehre von Reinkarnation und Karma dort zu einem großen Teil verfälscht und korrumpiert wurde, ein Schicksal, dem leider Lehren und Wissen nur zu oft verfallen, sobald sie den Rahmen des Esoterischen verlassen.

Die Lehre von der Reinkarnation vertritt die Ansicht, daß der Mensch aus zwei Teilen besteht, einer gleichbleibenden, unvergänglichen Individualität und einer ständig wechselnden Persönlichkeit. Die Individualität, in etwa der Funke des Absoluten, der Überseele, der in jedem Menschen vorhanden ist, wird immer wieder in neue, stets voneinander ganz verschiedene Persönlichkeiten inkarniert. (Reinkarnation heißt Wiederfleischwerdung, also neue Materialisierung.)

Die Individualität hat nun die Aufgabe, den Kontakt zur jeweiligen Persönlichkeit, in die sie inkarniert ist, herzustellen und sich mit ihr auf eine möglichst kreative und konstruktive Weise zu verbinden, damit das, was sie von der letzten Inkarnation her mitbringt, das »Kapital« gewissermaßen, sich im alchimistischen Sinne vermehrt und verfeinert. Jesus hat diesen Prozeß sehr treffend und anschaulich in seinem Gleichnis von den anvertrauten Talenten dargestellt (Matthäus 25; 14-30).

Die Reinkarnationslehre betrachtet das menschliche Leben im großen über alle Inkarnationen hinweg als einen andauernden Lernprozeß, als Evolution hin zum Besseren und Höheren (vgl. auch »Pan – Hermes – Christus«, siehe Seite 30 ff.). Kenner der Psychologie von C. G. Jung und der humanistischen Psychologie werden hier auch Parallelen zu Begriffen wie Individuation und Selbstfindung erkennen. Jedes menschliche Leben in jeder Inkarnation gleicht gewissermaßen einem Schuljahr, in dem ein bestimmtes Lernziel zu erreichen ist.

Das Wort Karma hat seine Herkunft aus dem indischen Sanskrit und bedeutet machen, bewirken. Die Lehre vom Karma beruht auf der esoterischen Grundthese, daß alles im Kosmos Energie ist. Da nach der Physik Energie nicht vernichtet, sondern nur in andere Formen verwandelt werden kann, heißt dies für unsere Belange, daß nichts, was der Mensch tut, spricht oder denkt, verlorengeht, sondern als Energiemanifestation im Kosmos erhalten bleibt. Wenn ein Mensch stirbt, so können also durchaus noch solche Energiemanifestationen seiner gerade beendeten Inkarnation weiterwirken. Wenn die menschliche Individualität sich später in einer neuen Persönlichkeit wiederverkörpert, wird sie mit diesen übriggebliebenen Auswirkungen (Karma) ihres früheren Erdenlebens konfrontiert. Sie erhält nun Gelegenheit, Dinge, die damals nicht in Ordnung waren, jetzt wieder aufzugreifen und, dem jetzigen Erkenntnisstand gemäß, in Ordnung zu bringen, indem sie sie neutralisiert und in die kosmische Harmonie zurück- oder in eine neue Form überführt. In der Sprache der Esoterik werden die aus früheren Leben übriggebliebenen Energiemanifestationen »Hüter der Schwelle« oder »Bewohner der Schwelle« genannt, denn die Schwelle zu einer höheren Ebene kann von der Individualität nur überschritten werden, wenn das Karma der Ebene, auf der sie sich jetzt befindet, gelöst und in Ordnung gebracht wurde.

Dabei sollte man sich hüten, Karma und Reinkarnation aus dem Blickwinkel von Schuld und Strafe zu sehen. Viel treffender ist das Bild vom Aufräumen dessen, was noch nicht in Ordnung ist. Behinderungen und Schicksalsschläge aller Art sind nicht Vergeltung früherer karmischer Verfehlungen nach dem Prinzip »Auge um Auge, Zahn um Zahn«. Wenn jene überhaupt karmischer Natur sind, dann haben sie nur den Zweck, die menschliche Individualität in eine für die Bewältigung des Karmas möglichst günstige Ausgangsposition zu versetzen. Ebenso müßig ist es, sich auf eventuelle frühere Existenzen zu berufen. Ob Prinzessin oder Bettler – diese Persönlichkeiten sind vergangen und für die jetzige Inkarnation ohne Belang. Nur die nicht aufgelöste Energiemanifestation, das Karma aus dieser früheren Inkarnation, zählt. Wer soviel Energie in das Gefühl verschwendet, früher vielleicht ein mächtiger König gewesen zu sein, täte besser daran, sich zu fragen, warum er jetzt seine Persönlichkeit in der Form eines kleinen Angestellten findet.

Oft wird die Frage gestellt, warum wir unsere früheren Inkarnationen in der Regel vergessen. Es wäre doch so viel leichter, Karma zu bewältigen im Wissen darum, was früher falsch gemacht wurde. Die Antwort kann nur lauten: Eben darum! Die menschliche Individualität soll unbefangen und unbelastet von Erinnerung an früher vor die gleichen Probleme gestellt werden. Wird das Karma dann bereinigt, geschieht dies von einer höheren, dazu erworbenen Bewußtseinsstufe aus und nicht aus einer unreflektierten Reaktion, die kein Vorwärtsschreiten mit sich bringt.

Die Frage, ob zwischen den einzelnen Inkarnationen ein Geschlechtswechsel männlich-weiblich stattfindet oder ob der Wechsel der Polarität nur im Übergang von einer Evolutionsstufe zur anderen, etwa von der Tier- zur Menschenwelt oder von der Menschenwelt zur nächsthöheren, geschieht, wird unter Esoterikern verschieden beantwortet. Die Experimente der Reinkarnationstherapie sprechen eher für das letztere. In der westlichen Esoterik ist ein Zurückfallen in die untere Evolutionsstufe, die Tierwelt beispielsweise, nur ausnahmsweise und dann im Grenzbereich – zum Beispiel wenn eine Individualität gerade erst eine Inkarnation im Menschenreich erlebt hat – möglich. Die östliche exoterische Reinkarnationslehre sieht dies als Strafmaßnahme vor.

Heute scheint der Glaube an die Reinkarnation auch im Westen wieder an Boden zu gewinnen. Als vor einigen Jahren eine Sonntagszeitung eine Leserumfrage zum Thema »Leben nach dem Tode« veranstaltete, bekannten sich mehr Teilnehmer zur Reinkarnation als zu der herkömmlichen kirchlichen Anschauung. Dabei wissen nur wenige, daß die Reinkarnation über mehrere Jahrhunderte hinweg Bestandteil auch des Christentums war und erst im Konzil von Konstantinopel im Jahre 553 mit nur sehr knapper Mehrheit eliminiert wurde. Der Grund dafür ist klar: Leistungsgesellschaft und Reinkarnationsgedanke vertragen sich schlecht miteinander. Unser westliches Gesellschaftssystem, ob kapitalistisch oder marxistisch orientiert, beruht ganz auf der Maxime der Unwiederholbarkeit des menschlichen Lebens. Was du in diesem Leben nicht schaffst und erreichst, wirst du nie mehr erlangen. Deshalb arbeite und erwirb.

Die Reinkarnationslehre läßt hier viel mehr Raum. Was ich jetzt nicht schaffe, dazu werde ich später Gelegenheit bekommen. Ich habe Zeit. Wird diese Anschauung einmal Oberhand gewinnen – und das scheint heute durchaus realistisch –, dann wird unserer westlichen, auf stetiges Wirtschaftswachstum basierenden Leistungsgesellschaft ein wichtiges geistiges Fundament entzogen. Inquisitorische Maßnahmen der die Gesellschaft bestimmenden Mächte scheinen mir dann durchaus möglich, oder aber ein Umdenken aller, eine Rückbesinnung und somit ein allgemein besinnlicheres Leben.

Da das Thema Reinkarnation ein zentrales Anliegen der Esoterik ist, gibt es auch zahlreiche Bücher darüber. Nicht alle sind von gleichem Wert, und manche erschöpfen sich im bloßen Sensationshunger ohne tiefer auf diese für die persönliche Entwicklung des Menschen wichtige Frage einzugehen, denn je nachdem, wie jemand hier entscheidet, wird der weitere Lebensweg so oder eben anders verlaufen. Ich halte es deshalb für äußerst wichtig, daß jeder, der sich eingehender mit Esoterik beschäftigen will, hier zu einer persönlichen Antwort kommt, die nicht unbedingt in jeder Entwicklungsphase und in jedem Lebensalter gleich zu bleiben braucht.

Für sehr empfehlenswert halte ich von Christmas Humphreys *Karma und Wiedergeburt. Die Schicksalsstufen des Menschen als Weg zu seiner Vollendung und Vollkommenheit* (O.W. Barth-Verlag).

Ian Stevenson hat in einer langwierigen und mit höchster Akribie durchgeführten Untersuchung in seinem Buch *Reinkarnation. Der Mensch im Wandel von Tod und Wiedergeburt* (Aurum Verlag) zwanzig Fälle beschrieben, bei denen sich nach Ansicht des Verfassers Reinkarnation nachweisen läßt. Dieses Buch ist im Laufe der letzten Zeit eine Art Standardwerk zum Thema Reinkarnation geworden. Von den zur Reinkarnation zur Zeit erhältlichen Büchern setzt sich wohl Ronald Zürrer in seinem Buch *Reinkarnation. Die umfassende Wissenschaft der Seelenwanderung* (Govinda-Verlag, Zürich) am umfassensten mit diesem Thema auseinander.

Wer sich von seinem christlichen Glauben her mit diesem Thema auseinandersetzen möchte, findet viel Anregung und

Information in dem um die Jahrhundertwende erstmals erschienenen Buch von James Morgan Pryse *Reinkarnation im Neuen Testament* (Ansata-Verlag). Das Bändchen ist von Agnes Klein liebevoll und sorgsam neu herausgegeben worden.

Bereits zu einem Klassiker geworden auf diesem Gebiet ist von Stefan von Jankovic der persönliche Erfahrungsbericht über seine Nahtoderfahrung *Reinkarnation als Realität. Gedanken über Reinkarnations-Erlebnisse im klinisch toten Zustand* (Drei Eichen-Verlag).

Der amerikanische Psychologe Michael Newton veröffentlichte in seinem Buch *Die Reisen der Seele. Karmische Fallstudien* (Edition Astroterra) Protokolle von Hypnosesitzungen, die zeigen, daß Menschen sich an ihre Existenz zwischen den Leben in der geistigen Welt zu erinnern vermögen und daß jede Seele zusammen mit ihren Seelengefährten einen sinnvollen Lebensprozeß durchläuft. Das Buch ist wegen des sorgfältig editierten, reichhaltigen Materials sehr zu empfehlen.

Symbolik

Symbole sind die Sprache der Esoterik. Dies hat weniger mit Geheimnis, Verschlüsselung und Exklusivität zu tun, als vielmehr damit, daß die Energien der menschlichen Psyche durch Sinnesreize erweckt und fokussiert werden können. Bilder sind die älteste Sprache, die das Unbewußte versteht. Dies ist besonders deutlich im nächtlichen Traum erkennbar, wenn aus der Tiefe des Unbewußten Bilder emporsteigen, die eine Botschaft der Seele an uns enthalten.

Psychoanalyse und Tiefenpsychologie nehmen seit einiger Zeit den Traum wieder ernst (Freuds bahnbrechendes Buch *Traumdeutung* erschien 1899), aber die Entdeckung Freuds war im Grunde nur eine Wiederentdeckung von etwas, das die Menschen der archaischen Zeit wahrscheinlich viel umfassender wußten und handhaben konnten als unsere heutige Generation. Die frühesten Höhlenmalereien der Menschen enthalten Tierdarstellungen, von denen die Wissenschaft annimmt, daß sie dazu benutzt wurden, um die Menschen auf eine bevorstehende Jagd vorzubereiten. Die Jäger konfrontierten somit die erhoffte Beute bereits anhand eines Bildes, um ihre Angst zu überwinden oder die aggressiven Energien zu mobilisieren. Nun war es rein technisch unmöglich, immer und überall ausgearbeitete Bilder zu schaffen. Aber der Mensch entdeckte, daß sehr einfache und auf das Wesentliche reduzierte Darstellungen den gleichen Zweck erfüllten, wenn der Mensch sich bewußt war, was das Bild zum Ausdruck bringen wollte, und er seine eigenen Energien entsprechend projizierte. C. G. Jung ging davon aus, daß solche Projektionen und Erfahrungen über eine lange Zeit hinweg zum Allgemeingut der menschlichen Psyche wurden, zum kollektiven Unbewußten, wie er es nannte. Wir reagieren aus der Tiefe unserer Seele jeweils genau gleich wie unsere archaischen Vorfahren, auch wenn wir nicht bewußt wissen, was die reduzierten und stellvertretenden Zeichen bedeuten. Eine solche Verkürzung, Verfremdung und Zusammenfassung des ursprünglichen Bildes nennt man Symbol (von griechisch sym-ballein: zusammenwerfen); das ist auch dessen eigentliches Merkmal, während das intakte, realisierte Bild eher als Allegorie zu bezeichnen ist.

In der Esoterik sind Symbole nicht nur ein mächtiges Instrument für die magische Bewußtseinserweiterung, sondern sie dienen auch als Mittel, Informationen zu speichern und weiterzugeben. Daraus ist ersichtlich, wie wichtig in der Esoterik die Kenntnis der Symbole und die Beschäftigung mit ihnen ist. Die Symbole sind in der Esoterik nicht nur auf Bilder beschränkt, denn alles, was die Sinne anspricht, kann als Symbol verwendet werden.

Ein gutes Symbollexikon gehört zum unerläßlichen Werkzeug des Esoterikers; mehrere sind empfehlenswert, weil die Autoren auch verschiedene Akzente setzen. Das *Herder-Lexikon der Symbole* (Herder-Verlag) und *Knaurs Lexikon der Symbole* von Hans Biedermann (Droemersche Verlagsanstalt) sind zwei Bücher, die sich gegenseitig gut ergänzen. Als grundlegende Einführung in das Wesen der Symbolik ist das allgemeinverständlich gehaltene Buch von C. G. Jung *Der Mensch und seine Symbole* (Walter Verlag) geeignet. Zu empfehlen sind auch zwei Bücher von Ingrid Riedel, beide erschienen in der Reihe Symbole (Kreuz-Verlag): *Formen. Kreis, Kreuz, Dreieck, Quadrat, Spirale sowie Farben in Religion, Gesellschaft, Kunst und Psychotherapie.* Ferner sei hier noch einmal auf Eliphas Lévis *Einweihungsbriefe* verwiesen (siehe Seite 190).

Schamanismus

Schamane ist ursprünglich die Bezeichnung für die Stammeszauberer Innerasiens und Sibiriens. Heute werden die Zauberer und Medizinmänner der sogenannten Naturvölker unter dieser Bezeichnung zusammengefaßt. Der Schamanismus spielt seit einigen Jahren auch in der westlichen Esoterik eine bedeutende Rolle. Auch die Hexen können durchaus unter diesem Stichwort angeführt werden.

Heute ist der Schamanismus innerhalb der westlichen Esoterik Kult geworden. Dies hat seinen Grund im verlorenen Vertrauen in die bisher gültigen Werte der westlichen Zivilisation. Angesichts der drohenden ökologischen Katastrophe sehen viele, namentlich junge Menschen, im Schamanismus der naturverbunden gebliebenen Völker die einzige und rettende Alternative. Diese Strömung wurde gegen Ende der siebziger Jahre durch die Werke von Carlos Castaneda ausgelöst. In mehreren Bänden beschreibt Castaneda seine Lehrzeit beim mexikanischen Zauberer Don Juan, der ihn in die Geheimnisse der indianischen Naturmagie und Kosmogonie einweihte. Castanedas Werke, deren deutsche Übersetzungen zuerst als Raubdrucke im Untergrund zirkulierten, lösten eine wahre Kultbewegung aus. Für viele waren sie der Einstieg in die Welt der Esoterik überhaupt. Es gab allerdings immer Stimmen, die behaupteten, daß die Gestalt Don Juan eine Fiktion sei; Castaneda habe überhaupt den ganzen Stoff seiner Bücher in den Bibliotheken und nicht in Mexiko gefunden. Für den echten Castaneda-Fan ist das natürlich keine Frage, und auch die Zweifler an Castanedas Erlebnisbericht bestreiten nicht, daß das, was er erzählt, wissenschaftlich erforschten Fakten entspricht. Die Wirkung von Castanedas Büchern erscheint mir denn auch viel wichtiger als deren Inhalt. Wenn sie dazu beitragen, daß eine ganze Generation wieder Harmonie und Einklang mit der Natur sucht und dies als einen lebendigen Urquell der eigenen Existenz empfindet, dann sind es wahrhaft heilige esoterische Schriften. Gleichzeitig bewirkte das Interesse am Schamanismus, daß der Zivilisationshochmut des Westens in Frage gestellt wurde.

Der Klassiker unter den Büchern über den Schamanismus ist immer noch von Michael Harner *Der Weg des Schamanen. Ein praktischer Weg zu innerer Heilkraft.* (rororo TB 60144) oder (Ariston-Verlag). Wer sich vor allem für die Praxis des Schamanismus interessiert und sich eingehender damit vertraut machen möchte findet in *Zur Quelle der Kraft. Schamanistische Techniken für das Leben von heute* von Jose und Lena Stevens (Hermann-Bauer Verlag) einen populäreren und praktischen Ratgeber, wie die uralten Techniken der Schamanen den Bedürfnissen des modernen Menschen angepasst werden können.

Die Bücher von Carlos Castaneda sind alle deutsch im Fischer-Verlag als Taschenbuch oder Paperback erschienen.

Für den westlichen Menschen ist die Welt von Don Juan nicht leicht nachzuvollziehen. Eine gute Hilfe leistet darum Lothar Rüdiger Lütge in *Carlos Castaneda und die Lehren des Don Juan* (esotera-Taschenbücherei im Verlag Hermann Bauer). Ulla Wittmann versucht in ihrem Buch *Leben wie ein Krieger – Die verborgene Botschaft in den Lehren des Jaqui-Zauberers Don Juan* (Ansata-Verlag) aufzuzeigen, daß in den Lehren Don Juans Parallelen zum Taoismus, dem Zen-Buddhismus und zur Archetypenlehre C. G. Jungs zu finden sind. Ferner zu erwähnen ist Denis Dimm *Die Wirklichkeit und der Wissende. Studien über Carlos Castaneda.*

Hexen

Eng verbunden mit Magie und Schamanismus ist das Hexenwesen. Hexen sind aus den Märchen bekannt als böse Zauberinnen, die versteckt im Wald wohnen und über geheimnisvolle Kräfte verfügen. Historisch sind die Hexen vorwiegend aufgrund der erbarmungslosen Verfolgung bekannt, welche die Kirchen vor allem im 16. und 17. Jahrhundert gegen zahllose Menschen durchführten, die sie unter dem Vorwurf der Hexerei festnehmen, foltern und hinrichten ließen.

Wer oder was diese Hexen eigentlich waren, darüber gehen heute die Meinungen auseinander. Einige sehen darin eine heimliche Verschwörung gegen die Vormacht der Kirche und ihrer Ideologie. Dieser Protest äußerte sich deshalb in der Verehrung des Teufels als einem der christlichen Kirche entgegengesetzten Prinzip. Andere erblicken im Hexenwesen die Überreste einer alten Naturreligion aus vorchristlicher Zeit, deren Ursprünge bis in die Zeit von Atlantis zurückgehen könnten und deren Tradition im angelsächsischen Raum besonders von den Kelten gepflegt wurde. Gegenwärtig ist es auch Mode, im Hexenwesen eine Art

Vorläufer des modernen Feminismus zu sehen. Danach sollen die Verfolgungen Ausdruck der Diskriminierung und Unterdrückung der Stellung der Frau in der Gesellschaft gewesen sein.

Von allen Ansichten scheint mir diese die am wenigsten wahrscheinliche, denn es sprechen gewichtige Indizien dagegen. Der Hexenkult war immer ein heterosexueller Kult, indem neben einer Priesterin gleichberechtigt ein Priester mitwirkt. Dem Prinzip der Polarität wurde eine wichtige Rolle beigemessen. Daß der Hexenkult ausgeprägte sexualmagische Komponenten enthält, weist eher in die Richtung eines alten Fruchtbarkeitskultes.

Zudem waren die Männer der Verfolgung durch die Hexenjäger nicht weniger ausgesetzt als die Frauen. Im Bistum Würzburg wurde genau darüber Buch geführt, wer unter der Anklage der Hexerei verurteilt und verbrannt wurde. Aus dieser Aufstellung geht hervor, daß beinahe die Hälfte der wegen Hexerei Verurteilten und Verbrannten Männer waren. Somit halte ich die These des alten Fruchtbarkeits- und Naturkultes für am zutreffendsten. Es sieht beinahe so aus, als ob das von der Kirche in den Untergrund verbannte esoterische Wissen unter anderem auch in dieser populären, wenn auch manchmal korrumpierten Art weiterbestand. Dies gab mit den Anlaß für die wütenden Verfolgungen durch die Kirchen.

In moderner Zeit hat das Hexenwesen namentlich in England und den USA unter dem Namen Witchcraft oder Wicca eine große Wiederbelebung erfahren (witch ist von »wise« = »wicce«: wissen abgeleitet). Hervorgerufen wurde diese Renaissance vor allem durch die Bücher von Margaret A. Murray *The Witch cult in Western Europe* und *The God of the Witches*. Nach Margaret Murray ist der Hexenkult Ausdruck einer bis in die paläolithische Zeit zurückreichenden Verehrung eines gehörnten Gottes. Der eigentliche Inaugurator der Praxis des modernen Hexenkultes war aber Gerald B. Gardner, ein ehemaliger englischer Kolonialbeamter, der neben der Sexualmagie auch die rituelle Auspeitschung in den Kult einführte. Der alte Crowley (siehe Seite 132 ff.) hat in Gardners Auftrag verschiedene Hexenrituale für den praktischen Gebrauch in dessen Hexenzirkel geschrieben.

In der jüngsten Zeit hat von England und den USA her das auf Murray und Gardner fußende moderne Hexenwesen auch im deutschsprachigen Raum Verbreitung gefunden, wenn auch offensichtlich mehr feministisch akzentuiert.

Das Buch von Starhawk *Der Hexenkult als Ur-Religion der Großen Göttin* (Verlag Hermann Bauer) stellt den Hexenkult vor allem unter dem Aspekt des Matriarchats dar. Im Gegensatz zu M. Murray sieht die Autorin den Ursprung des Hexenwesens in einem archaischen Kult der »Großen Göttin« als des lebendigen Bildes schöpferischer Kraft und Stärke, als der Gebärerin und Ernährerin des Lebendigen. Das Buch enthält auch interessante Detailinformationen für den praktischen Gebrauch und versucht, das rituelle Geschehen psychologisch verständlich zu machen.

In die gleiche Richtung wie das Buch von Starhawk, aber noch mehr auf die praktische Anwendung ausgerichtet, ist von Zsuzsanna E. Budapest *Herrin der Dunkelheit, Königin des Lichts. Das praktische Anleitungsbuch für neue Hexen* (Goldmann Pp). Ferner von Marian Green *Das geheime Wissen der Hexen. Ein Lehrbuch zur Entwicklung magischer Fähigkeiten* (Knaur TB 86098).

Esoterik und Heilen

Es versteht sich von selbst, daß das Weltbild der Esoterik nur dann einen Sinn hat, wenn es sich praktisch im Alltag eines jeden Menschen auswirken kann. Gesundheit und Krankheit sind Gegebenheiten, mit denen sich jedermann in irgendeiner Form auseinandersetzen muß. Darum ist die Medizin das Gebiet, auf dem immer wieder in der verschiedensten Weise versucht wird, die Grundsätze der Esoterik anzuwenden. Daran hat sich seit Paracelsus nichts geändert. Heutzutage, wo das Vertrauen in die Möglichkeiten der sogenannten Schulmedizin mit ihren chemischen Medikamenten und aufwendigen Apparaturen immer mehr schwindet, wenden sich immer mehr Laien und auch Mediziner den alten Überlieferungen des esoterischen Heilens zu.

Dabei muß der Begriff esoterische Medizin genauer umschrieben und beschränkt werden. Nicht die Methode macht eine Heilpraxis zur esoterischen, sondern das ihr zugrunde liegende Weltbild. Esoterisch in diesem Sinne sind nur die Heilmethoden, die auf dem esoterischen Energiekonzept beruhen, also in jedem Falle bis auf die Smaragdene Tafel des Hermes Trismegistos (siehe Seite 62) zurückzuführen sind. Darunter fällt nicht automatisch alles, was mit dem Namen Naturheilkunde bezeichnet wird. Die sogenannte Naturheilkunde hat in vielen Fällen das gleiche Weltbild wie die Schulmedizin. Nur die Frage ist offen, ob ein Medikament auf künstlichem, chemischem Weg hergestellt und eingenommen werden kann, oder ob es auf »natürlichem« Weg aus dem Angebot der Natur und ihrer Pflanzenwelt gewonnen werden soll.

Bereits die ägyptischen Priester wandten Heilmethoden an, die man, obwohl eigentlich recht wenig darüber bekannt ist, als esoterisch bezeichnen kann, und die auf die eine oder andere Weise auch heute wieder angewandt werden (zum Beispiel: katathymes Bilderleben). Aber der eigentliche Ursprung der esoterischen Medizin, wie sie im Westen verstanden und ausgeübt wird, geht auf Paracelsus (siehe Seite 101 ff.) und Franz Anton Mesmer (siehe Seite 108 ff.) zurück. Mesmers von Paracelsus übernommene Thesen lauten, daß jede Krankheit eine Gleichgewichtsstörung der im Menschen vorhandenen kosmischen Energie ist. Der Heilungsprozeß besteht darin, daß dieses energetische Gleichgewicht wiederhergestellt wird, beziehungsweise Maßnahmen ergriffen werden, die dem Kranken behilflich sind, dieses Ungleichgewicht wieder mit den körpereigenen Heilkräften auszubalancieren. Dies kann dadurch geschehen, daß dem Kranken entweder mit oder ohne Medikamente die entsprechende Energie zugeführt wird. Daraus wird ersichtlich, daß es zwei Richtungen esoterischer Heilweisen, medikamentöse und nicht medikamentöse, gibt.

Von den medikamentösen Heilweisen hat sicherlich die Homöopathie den höchsten Bekanntheitsgrad erreicht: Sie geht auf den Arzt Samuel Hahnemann (1755-1843) zurück, der, wahrscheinlich ohne selbst Esoteriker zu sein, auf rein empirische Weise die Homöopathie entwickelte. Er erkannte, daß es nur eine Energie gibt, die je nach der Höhe der Dosierung Krankheiten hervorrufen oder auch heilen kann (im Grunde genommen das Prinzip der Magie).

Die Homöopathie ist zu kompliziert, als daß hier näher auf sie eingegangen werden kann. Ich verweise auf die unten angegebene Literatur. Diese Kompliziertheit hat verhindert, daß die Homöopathie Allgemeingut werden konnte. Heute wird manches als Homöopathie bezeichnet, was mit der klassischen Homöopathie von Hahnemann kaum etwas zu tun hat. Der Begriff ist weitgehend im populären Sprachgebrauch zum Synonym für Naturheilkunde verkommen.

Von der klassischen Homöopathie beeinflußt, aber eine durchaus selbständige Heilpraxis ist die Bach-Blütentherapie. Sie wurde in den dreißiger Jahren vom englischen Arzt Edward Bach entwickelt, erlebt aber erst heute im Zeitalter der Psychopharmaka ihren eigentlichen Durchbruch. Bach orientierte sich in seiner Diagnose nicht an körperlichen Symptomen, sondern ausschließlich an den negativen seelischen Zuständen, die als Folge widersprüchlichen Handelns zwischen den Absichten der Seele und der Persönlichkeit Ursache für körperliche Krankheiten werden können. Bach fand in achtunddreißig Blüten der Natur bestimmte Energiefrequenzen, die mit einem bestimmten Seelenkonzept, mit einer bestimmten Energiefrequenz im menschlichen Energiefeld übereinstimmen. Führt man einem gestörten Energiefeld im Menschen als eine Art Katalysator die entsprechende Blütenessenz zu, so kann sie mit ihrer eigenen Schwingungsfrequenz das gestörte Energiefeld wieder harmonisieren (nach Mechthild Scheffer).

Die nicht medikamentösen Heilweisen versuchen das gleiche, indem sie ohne Umweg über Stoffe oder Medikamente direkt auf das gestörte Energiefeld im Menschen einwirken wollen. Diese Richtung trägt den Sammelnamen »Geistheilung«. Die heute bekannteste und populärste Methode der Geistheilung ist Reiki. Zu den Geistheilungen zähle ich auch die verschiedenen Formen der Psychotherapie, namentlich die verschiedenen körperorientierten Therapien, wie etwa die Bioenergetik, auch wenn sich manche Psychotherapeuten dagegen zur Wehr setzen sollten.

Leider hat sich in den letzten Jahren gezeigt, daß die Rückbesinnung auf esoterische, geistige Heilweisen nicht nur positive Auswirkungen hat. Es muß betont werden, daß nicht jede Krankheit auf ein psychisches Ungleichgewicht zurückgeführt werden kann. Heute neigen viele an geistigen Heilmethoden Interessierte dazu, das Kind mit dem Bade auszuschütten und keine anderen Krankheitsursachen gelten zu lassen als psychisch bedingte. Das kann nicht nur gefährlich werden, sondern wird auch in hohem Maße lieblos, wenn sich manche Esoteriker – je weniger sie von Medizin verstehen, um so eher neigen sie dazu – ein Spiel daraus machen, aus den körperlichen Symptomen eines Menschen dessen Charaktereigenschaften und Psychogramm herauszulesen, ohne eine seriöse Abklärung zu treffen. Schulmedizin und Geistheilung arbeiten auf verschiedenen Ebenen, und jede Schule hat ihre Erfolge und Mißerfolge vorzuweisen. Die Methoden der Geistheilung erhalten erst dann ihren Sinn, vor allem bei chronischen Leiden, wenn der Arzt keinen Grund findet, daß die Krankheit auf der materiellen organischen Ebene ihren Ursprung haben könnte.

Esoterik und Heilen

Das Gebiet der esoterischen Medizin ist heute zu vielfältig geworden, als daß in diesem Rahmen ein Überblick möglich wäre. Die unten angeführte Literatur kann den ersten Einstieg in dieses vielfältige Gebiet erleichtern.

Eine Heilmethode, die in der letzten Zeit eine rasche und immer noch zunehmende Ausbreitung findet, weil sie auch für einen Laien relativ leicht zu erlernen und zu handhaben ist, ohne daß schädliche Nebenwirkungen auftreten, ist die Bach-Blütentherapie. Zum Kennenlernen der Bach-Blütentherapie sind die von Bach selbst verfaßten Schriften weniger geeignet. Sie bringen erst dann Gewinn, wenn man bereits etwas mit der Materie vertraut geworden ist.

Bücher über Homöopathie für den medizinischen Laien gibt es heute sehr zahlreich und von verschiedener Qualität. Ich beschränke mich deshalb auf die Angabe eines einzigen Titels, der mir für den Laien besonders verständlich und, was die praktische Anwendung betrifft, sehr sorgfältig geschrieben ist: Werner Stumpf *Homöopathie. Anleitung zur Selbstbehandlung. Über 500 Beschwerdebilder, genaue Anwendungs- und Dosierungsvorschriften für die passenden Arzneien. Mit Haus-, Reise- und Sport-Apotheke* (Gräfe und Unzer-Verlag). Das Buch enthält auch ein Literaturverzeichnis, das dem Einsteiger weiterhelfen kann.

Auch über die Bach-Blütentherapie gibt es heute zahlreiche, fast zu viele Publikationen, die sich zudem immer mehr in kleine und abgelegenste Spezialgebiete verästeln. Als Einstieg in die Bach-Blütentherapie für den Anfänger sind deshalb zwei Bücher zu empfehlen, die das Gebiet von verschiedenen Perspektiven her betrachten, und von denen jedes auf seine Weise bereits zum Klassiker geworden ist. Mechthild Scheffer gibt in ihrem Buch *Blumen, die durch die Seele heilen* (Hugendubel-Verlag) eine Darstellung der Bach-Blütentherapie aus einer geistig-esoterischen Sicht. Von diesem Buch ist eine gekürzte und auf das Wesentlichste beschränkte Fassung unter dem Titel *Selbsthilfe durch Bach-Blütentherapie* (Heyne TB 980) erhältlich.

Dr. med. Götz Blome ist Arzt und behandelt das Gebiet aus der Sicht des praktischen Arztes. Wer sich mit dem holistisch-esoterischen Weltbild noch nicht so vertraut fühlt, findet in seinem Buch *Mit Blumen heilen* (Verlag Hermann Bauer) den entsprechenden Einstieg. Dieses Buch bietet als Besonderheit und Erleichterung für den Anfänger auch einen Abschnitt über die Auswahl der Mittel nach astrologischen Gesichtspunkten.

Wer sich näher über Reiki orientieren will, findet diese Informationen in *Reiki. Heile dich selbst* von Brigitte Müller und Horst H. Günther sehr praxisnah beschrieben.

Wer sich für die Zusammenhänge zwischen Körper und Psyche interessiert, greift am besten zu *Krankheit als Symbol. Handbuch der Psychosomatik. Symptome, Be-Deutung, Bearbeitung, Einlösung* von Rüdiger Dahlke (C. Bertelsmann-Verlag). In die gleiche Richtung weist von Dr. med. Elliott S. Dacher *Ein Kurs in Selbstheilung. 18 Schritte zur Vorbeugung und Heilung von Krankheiten.* (Verlag Hermann Bauer). Ein Buch, das zusätzlich durch seine ausgewogene und sorgfältige Synthese von klassischer Schulmedizin und esoterischer Heilkunst seinen Wert hat. Nähere Informationen über das menschliche esoterische Energiesystem geben von Keith Sherwood *Kraftzentren des Lebens. Anleitung zur Harmonisierung des feinstofflichen Körpers* (Verlag Hermann Bauer) und Lilla Bek und Philippa Pullar *Chakra-Energie. Die Kraftzentren des menschlichen Körpers – Wege zur Erschließung und Harmonisierung der Lebensenergie*. Mit Anleitungen zu Entspannungs-, Körper und Meditationsübungen (O.W. Barth-Verlag).

Mehr praktisch orientiert ist *Die Kunst spirituellen Heilens* von Keith Sherwood (Verlag Hermann Bauer). Ferner vom bekannten englischen Heiler Tom Johanson *Heilkraft, die von innen kommt* (Verlag Hermann Bauer) und *Zuerst heile den Geist* (esotera-Taschenbücherei im Verlag Hermann

Bauer). Wer versuchen möchte, seine eigenen eventuell vorhandenen Heilkräfte zu entwickeln, findet Anleitung dazu in *Vom Herzen durch die Hände. Bedingungslose Liebe & Therapeutic Touch. Eine neue Methode des Heilens.* und *Die Heilkraft unserer Hände* von Dolores Krieger (beide Verlag Hermann Bauer).

Wer wirklich ganz genau Bescheid wissen will über die Grundprinzipien der esoterischen Medizin, wird kaum darum herumkommen, sich durch die 848 Seiten des Buches *Esoterisches Heilen* der Theosophin Alice A. Bailey durchzuarbeiten.

Esoterik des Ostens

Für viele ist die Weisheit des Ostens gleichbedeutend mit Esoterik überhaupt, eine Haltung, die, als Ausdruck westlicher Zivilisationsmüdigkeit, bereits im letzten Jahrhundert mit der beginnenden Industrialisierung einsetzte. Schon die im Jahre 1875 gegründete »Theosophische Gesellschaft« (siehe Seite 115) wandte sich in ihrer Entwicklung mehr und mehr der östlichen Geistigkeit, vorwiegend dem indischen Hinduismus zu. Ein eigentlicher östlicher Aufbruch unter der jungen Generation stellte sich ein, als sich die in den sechziger Jahren enorm populäre Musikgruppe »The Beatles« unter der Leitung eines indischen Yogis der Meditation zuwandte. In den siebziger Jahren gehörte ein Trip nach Indien beinahe schon zum konventionellen »Muß« der jungen Generation. Diese Hinwendung zum Osten kann sehr wohl als ein Auftakt zum Wassermann-Zeitalter betrachtet werden.

Dabei wird aber oft übersehen, daß auch der Westen seine eigene esoterische Tradition hat, die allerdings infolge der kirchlichen Repression nicht so offen gelehrt werden konnte, wie dies im Osten, der prinzipiell keine Kirchenbildung kennt, der Fall ist. Dies wird erst jetzt seit den achtziger Jahren mehr und mehr wieder erkannt. Der Akzent dieses Buches liegt auf dem Bereich der westlichen Esoterik, so daß ich nicht näher auf die östliche eingehen will und nur die Begriffe erwähne, die in den letzten Jahren auch hier bei uns Eingang gefunden haben.

Östliche Esoterik tritt meist unter dem Sammelnamen Yoga auf. Jedes System zum Erlangen von Erkenntnis und Erleuchtung ist auf seine Art Yoga. Das Wort bedeutet Joch nach dem doppelt gebogenen Holz, das im Osten den Ochsen zum Ziehen eines Wagens auf den Nacken gelegt wird. Das Joch bildet die Kontaktstelle, wo die Energie der Zugtiere in den zu bewegenden Wagen einfließt. Yoga ist die Kontaktstelle vom Menschen zu einer transzendenten (jenseitigen) Ebene.

Im Westen ist im populären Sprachgebrauch unter Yoga meist nur der Hatha-Yoga gemeint. Indessen gibt es viele Yogawege. Der Hatha-Yoga ist eine Methode, mittels verschiedener Übungen den menschlichen Körper durchlässiger und aufnahmebereiter für die transzendenten Energien zu machen. Raja-Yoga fördert die Entwicklung der Seelenkräfte, Bhakti-Yoga ist der Yoga der Konzentration, der Liebe und Hingabe an das Göttliche, und Inana-Yoga will mittels des Wissens Erkenntnis erlangen. Alle diese Methoden sind für den östlichen Menschen mit seiner Beschaffenheit, Mentalität und Kultur gedacht und ausgearbeitet. Ein westlicher Mensch kann manches Wertvolle daraus lernen, aber kaum je das anvisierte Ziel erreichen, weil er eben in seinem Wesen anders geartet ist als der östliche. Umgekehrt haben östliche Menschen mit dem westlichen Weg ihre Schwierigkeiten.

Ein weiteres Teilgebiet östlicher Weisheit, das im Westen gegenwärtig viel Beachtung findet, ist der Tantrismus, manchmal auch Tantra genannt. Leider wird er meist gründlich als eine Art Sexualyoga oder gar ausschließlich als raffinierte sexuelle Praxis mißverstanden. Der Tantrismus, von dem es eine hinduistische und eine bei uns bekanntere tibetisch-buddhistische Form gibt, betrachtet den ganzen Kosmos unter dem Aspekt der Energie: Alles ist letztlich kosmische Energie. Damit wird es möglich, die Transzendenz (Tantra kennt keinen speziellen Gottesbegriff) in jedem beliebig vorhandenen Ding, sei es Stein, Lebewesen oder was auch immer, zu erfassen und zu erkennen.

Das Wort Tantra heißt Gewebe, das Netz, und grob ausgedrückt bedeutet es, daß alles miteinander verwoben ist und letztlich das enthält, was wir im Westen göttlich nennen. Daß Erotik und Sexualität da inbegriffen sind, ist selbstverständlich, aber nie so aus dem Zusammenhang mit dem großen kosmischen Ganzen herausgelöst, wie gewisse westliche Bücher über Tantrismus dies glauben machen wollen. Der echte Tantrismus ist in hohem Maße angewandte praktische Esoterik auf allen Lebensgebieten und hat seiner Art nach sehr viel Ähnlichkeit mit der Alchimie (siehe Seite 179 ff.).

Im Westen wird meist übersehen, daß Tantra, wie die Alchimie, aus zwei Ebenen besteht. In der Alchimie gibt es die Ebene des Goldmachens, von der nichts anderes erwartet wird als die technische Anleitung zur Herstellung von materiellem Gold. Die eigentliche Bedeutung der Alchimie besteht aber in der Schritt für Schritt erfolgenden Transmutation der Prima Materia zu lauterem Gold, ein Weg der in der Psyche des Menschen mit viel Geduld und Beharrlichkeit zu gehen ist. Wer nur am materiellen Goldmachen interessiert ist, wird dieses Ziel kaum je erreichen, und seine Bemühungen enden letztlich in der Frustration. Den Stein des Weisen, das Tor zur Herstellung des Goldes zu bereiten, bleibt demjenigen vorbehalten, der in sich und mit sich selbst den Weg zur Transmutation gegangen ist. Er verfügt dann über die Möglichkeit, das Gold, auch das materielle, herzustellen. Aber das materielle Gold hat im Verlauf dieses Weges seine Bedeutung verloren oder gewandelt: Es ist nunmehr nur ein Nebenprodukt geworden, das nicht mehr im Zentrum seines

Interesses liegt. Wenn er sich entscheidet, es herzustellen, dann wird er es mit Weisheit einsetzen und verwenden.

So auch Tantra: Man kann sich dem Tantra und seinen Techniken und Ritualen mit der einzigen Absicht zuwenden, Lust und Ekstase (dem materiellen Gold gleich) in höchster Intensität zu finden. Das kann für den westlichen Menschen, sofern ihn der richtige Lehrer begleitet, ein Weg sein, Blokkaden zu lösen und tatsächlich zu einem neuen Seinsgefühl zu gelangen. Aber dieser Weg endet, bevor das eigentliche Ziel erreicht ist: die Erfahrung und das Leben der wahren Liebe, die dem Gold der Alchimie gleichzusetzen ist. Er wird die gleichen Erfahrungen machen wie der wahre Alchimist, der die Lösung zur Herstellung des materiellen Goldes gefunden hat und gleichzeitig erkennt, daß dieses materielle Gold einen anderen Stellenwert bekommen hat. Lust und Ekstase können zwar erfahren und gelebt werden, aber sie stehen nicht mehr im Zentrum, treten zurück hinter dem Wissen und Spüren um das Wesen der wahren Liebe.

Yoga und Tantra sind zwei grundlegende Wege jeder Esoterik, auch der westlichen. Yoga ist der Weg des Handelns und Tuns. Übungen und Rituale dienen dazu, einen bestimmten Seinszustand als Ziel zu erreichen, der vielleicht mit Erleuchtung bezeichnet werden kann. Der Weg des Tantra beginnt beim Sein. Der Tantriker lauscht auf sein individuelles Sein im Hier und Jetzt, lernt es mit Bewußtheit erkennen und akzeptieren – was manchmal auch ertragen bedeuten kann – und transmutiert diesen Seinszustand zur Erleuchtung, aus dem dann ein entsprechendes Handeln (Yoga) erfolgt.

Das Angebot an Literatur zum Thema Östliche Weisheit ist so reichhaltig, daß eine knappe Auswahl an empfehlenswerten Büchern äußerst schwer ist. Zum Thema Yoga empfehle ich das Buch *Yoga – Unsterblichkeit und Freiheit* von Mircea Eliade (suhrkamp taschenbuch 1127). Es ist eine grundlegende und sehr sorgfältige Darstellung der verschiedenen Yoga-Systeme einschließlich der tantrischen.

Wer Körper-Yoga (Hatha-Yoga) selbst kennenlernen will, findet eine Flut von mehr oder weniger guten Anleitungen dazu. Die Eigenart und die damit verbundenen Schwierigkeiten für den westlichen Menschen berücksichtigt meiner Meinung nach am besten Richard Hittleman. Der geeignetste Einstieg ist *Yoga – Das 28-Tage-Programm* (Heyne Taschenbuch 4546); man fährt weiter mit *Yoga-Meditation – Ein 30 Tage-Programm* (Mosaik-Verlag).

Eine wichtige Grundlage östlicher Esoterik bildet die Lehre von den Chakras (Energiefelder am menschlichen Körper). Dazu empfehle ich von Sharamon/Baginski *Das Chakra-Handbuch. Vom grundlegenden Verständnis zur praktischen Anwendung. Eine umfassende Anleitung zum Harmonisieren der Energiezentren durch Klänge, Farben, Edelsteine, Düfte, Atemtechniken, Naturerfahrungen, Reflexzonen und Meditationen* (Windpferd Verlagsgesellschaft). Separat dazu ist im selben Verlag von denselben Autoren eine Tonbandkassette erschienen: *Chakra-Meditation. Eine akustische Reise nach innen zu den Zentren der Kraft*. Ebenfalls sehr empfehlenswert sind zur praktischen Übung die *Chakra-Meditationen* von Silvia Wallimann (Bauer Tonprogramm).

Bücher zum Thema Buddhismus gibt es heute besonders zahlreich. Aus der Fülle des Angebotes weise ich als besonders geeignet hin auf *Ein Mann Namens Buddha. Sein Weg und seine Lehre* von Samuel Berchholz/Sherab Chödzin (Hrsg.) (Otto Wilhelm Barth Verlag). Dieses Buch ist eine Einführung für Neugierige, ein Lesebuch für Buddhismuskenner und eine Orientierungshilfe für Meditierende zugleich.

Quellentexte indischer Esoterik sind die *Upanischaden*, nach Schopenhauer »die lohnendste und erhebendste Lektüre, die auf der Welt möglich ist« (Diederichs Gelbe Reihe), ferner *Die schönsten Upanischaden. Der Hauch des Ewigen* (esotera-Taschenbuch), und die *Bhagavadgita* das Hohelied des Hinduismus, von der es zahlreiche Übersetzungen und Bearbeitungen gibt, z. B. *Bhagavadgita. Gesang des Erhabenen* (esotera-Taschenbuch im Verlag Hermann Bauer). Man beginnt am besten mit einer kommentierten Prosaübersetzung.

Sehr empfehlenswert sind die verschiedenen Bücher des Indologen Heinrich Zimmer, die besonders dazu geeignet sind, dem westlichen Menschen die farbenprächtige Welt der hinduistischen Mythologie nahezubringen.

Zum Thema Tantra gibt es heute unzählige Bücher, von denen ich einige nennen möchte, die mich durch ihre Qualität und Nützlichkeit überzeugt haben. Wer von dieser Thematik noch unbelastet ist, greift mit Vorteil zu dem meiner Meinung nach besten Buch, das zum Verstehen des Wesens von Tantra hinführt, Osho, *Tantra. Die höchste Einsicht* (Sannyasin-Verlag). Ein weiteres grundlegendes Werk, als Klassiker viel zitiert, ist von Herbert V. Guenther, *Tantra als Lebensanschauung* (Neuer Pawlak Verlag), das allerdings einiges an Behutsamkeit und Sorgfalt bei der Lektüre verlangt. Wer sich einfach nur informieren will, wähle von Ajit Mookerjee/Madhu Khanna, *Die Welt des Tantra* (Heyne TB 9548).

Wer sich wirklich tiefer auf dem Weg des Tantra engagieren will, wird früher oder später von Nik Douglas/Penny Singer *Das Große Buch des Tantra* (Sphinx-Verlag) zur Hand nehmen. Ein Buch, das besonders geeignet ist, wenn es um die Synthese des geistig-symbolischen Tantra mit dem materiell-körperlichen Tantra geht. Dieses Buch enthält viel Wissen, das früher aus guten Gründen geheimgehalten wurde; es wird sich deshalb nur dem wirklich Fortgeschrittenen ganz erschließen können. Das weitverbreitete und vielgelesene Buch von Margo Anand *Tantra – Die Kunst der sexuellen Ekstase* (Goldmann-Verlag) geht von tantrischen Elementen aus, will aber nicht zum Kern des alchimistischen Tantra führen. Das soll aber nicht seinen Wert als das beste Buch, das es momentan in deutscher Sprache zum Thema Sexualität und körperliche Liebe gibt, mindern. Dazu gibt es als praktische Übungsanleitungen die Tonbandkassetten *Die heilende Kraft der Liebe* und *Der kosmische Orgasmus* (Verlag Hermann Bauer, Freiburg i. Br.). Zum Abschluß des Themas möchte ich noch auf ein Buch hinweisen, das zwar von einer ganz anderen Seite her geschrieben wurde – aber ganz vom Geist des echten Tantra, erfahren aus der heutigen westlichen Welt heraus, durchdrungen ist: Samuel Widmer, *Im Irrgarten der Lust. 1. Band: Abschied von der Abhängigkeit, 2. Band: Die Geburt der Freude* (Editions Heuwinkel, Neu-Allschwil/Basel, 2 Bde.). Dieses Buch zeigt, daß nicht immer der Umweg über den Osten gegangen werden muß, sondern daß auch ohne strukturierte Übungen und Rituale mitten im Dasein in der westlichen Kultur das echte Tantra gefunden werden kann.

Wer sich näher mit tibetischer Religiosität auseinandersetzen will, hält sich an *Die Grundlagen tibetischer Mystik* von Lama Anagarika Govinda (Fischer Taschenbuch 1627). Gibt Govinda vor allem die theoretischen Grundlagen, so zeigt *Geistesschulung im tibetischen Buddhismus* von Lama Sherab Gyaltsen Amipa Beispiele der praktischen Spiritualität, die speziell mit westlichen Schülern erprobt wurden.

Daß die früher streng geheim gehaltenen Praktiken tibetischer Esoterik nunmehr auch im Westen bekannt werden, ist eine direkte Folge der Emigration der tibetischen Lamas und ihrer Spiritualität aus der jahrhundertealten Isolierung nach der chinesischen Invasion. Besondere Verdienste um die Vermittlung tibetischer Lehren in den Westen erwarb sich der amerikanische Forscher Walter Evans-Wentz. *Das Tibetanische Totenbuch* (Walter Verlag), *Milarepa – Tibets großer Yogi* (O. W. Barth-Verlag im Scherz Verlag) sind ein Muß für jeden westlichen Menschen, der ernsthaft die Lehren der tibetischen Mystik studieren will. Ein Buch, das sich einen großen Leserkreis geschaffen hat, ist *Das tibetische Buch vom Leben und vom Sterben* von Sogyal Ringpoche. Auch wenn es weniger mit dem klassischen tibetischen Totenbuch zu tun hat, bietet dieses Buch doch eine gute und für den westlichen

Menschen leicht nachvollziehbare Einführung in das Weltbild des tibetischen Buddhismus.

Sehr ausführlich ist das *Lexikon der östlichen Weisheitslehren. Buddhismus, Hinduismus, Taoismus, Zen* (O. W. Barth-Verlag).

I Ging

Das I Ging stammt aus der östlichen, genauer gesagt chinesischen Esoterik, wurde aber in den letzten Jahren auch im Westen heimisch. Das ist nicht zuletzt das Verdienst von Richard Wilhelm, der durch sein sicher bis heute unübertroffenes Buch das I Ging auch dem Westen nahebrachte, und von C. G. Jung, der sich intensiv mit dem I Ging auseinandersetzte. Das I Ging, das »Buch der Wandlungen«, ist seit 1000 v. Chr. nachweisbar und eigentlich eine Sammlung von Kommentartexten zu vierundsechzig sogenannten Hexagrammen, Figuren, die aus je sechs übereinanderstehenden, durchgezogenen oder gebrochenen Linien bestehen.

Grundprinzip des I Ging sind die Polarität und die sich ständig im Wandel befindenden kosmischen Kräfte. Der eine Pol heißt Yin, Erde, und repräsentiert die weibliche, passive, einfügsame, schwache, dunkle Energie. Yin wird mit einer gebrochenen Linie (- -) dargestellt. Yang, Himmel, ist die männliche, aktive, feste, kräftige und helle Energie. Yang wird mit einer durchgezogenen Linie (–) dargestellt.

Das I Ging wird heute hauptsächlich zu Orakelzwecken gebraucht. Dazu werden Schafgarbenstäbchen nach einem bestimmten Ritual gezogen oder Münzen geworfen und daraus ein Symbol, eben ein Hexagramm aus sechs übereinanderliegenden Yin- oder Yang-Linien gebildet. Einige dieser Linien sind Wandlungen, das heißt, sie sind im Begriff, sich in die gegenpolare Energie zu wandeln, und daraus entsteht dann ein neues Hexagramm. Der Fragende untersucht die Zusammensetzung des Hexagramms, namentlich die Wandlungslinien, und gewinnt so Aufschluß über die Qualität der kosmisch vorhandenen Energien in bezug auf seine Frage. Er erhält die Antwort, ob sie für sein Unterfangen günstig oder ungünstig ist. Das I Ging ist also fast eine Art kosmisches Zifferblatt, woran man die kosmische Energiequalität ablesen kann. Auch namhafte Forscher wie C.G. Jung sind immer wieder überrascht von den zutreffenden Aussagen, die auf diese Weise gewonnen werden können.

Wer sich mit dem I Ging eingehender befaßt, lernt, die verschiedenen Hexagramme in ihrem Aufbau tiefer zu verstehen und auf seine persönliche Situation zu übertragen. Das bedeutet, ganz aus der chinesischen Mentalität und Weltbetrachtung heraus denken zu lernen. Er wird dabei nicht auf das Buch von Richard Wilhelm, *I Ging*, verzichten können (Diederichs-Verlag). Vorher besorge man sich jedoch mit Vorteil das Buch von Claus Claussen *I Ging – kurz und praktisch* (Verlag Hermann Bauer), das in seltener Synthese Tiefsinn und Praxis miteinander verbindet und wahrscheinlich die beste Einführung ist, die gegenwärtig vorhanden ist. Wer sich dazu entschließt, das I Ging zu seinem täglichen Begleiter zu wählen, findet nützliche Hilfe im *Arbeitsbuch zum I Ging* von R. L. Wing (Hugendubel-Verlag oder Heyne Verlag), das für den Benutzer mit der Zeit zu einem Tagebuch und hilfreichen Dialogpartner wird. Die Tradition von Richard Wilhelm weiterzuführen und zu vertiefen versucht Carol K. Anthony in seinem *Handbuch zum klassischen I Ging* (Diederichs-Verlag).

Esoterische Belletristik

Nach allem, was wir bisher über Esoterik wissen, wird es sicherlich niemanden verwundern, daß esoterisches Wissen und Gedankengut nicht nur über den Weg der Lehrschrift oder der trockenen Abhandlung weitergegeben wird. Die Mythen der Menschheit dienten ja ihrer äußeren Form nach der Unterhaltung, erfüllten die Funktion, die heute das Fernsehen oder der Film weitgehend innehaben.

Schon die Antike kannte den esoterischen Roman; bekanntestes Beispiel ist *Der goldene Esel* von Apuleius, der die Einweihungsmysterien der Isis zum Thema hat. Auch die Sage vom Gral ist ja nichts anderes als in die Erzählform verkleidete Esoterik. So reizte es Esoteriker immer wieder, ihr Wissen in belletristische Form zu kleiden. Und immer wieder fühlten sich Dichter und Literaten von den phantastischen Möglichkeiten der Imagination, des Astralen, von der Esoterik überhaupt, angezogen und versuchten, sie dichterisch zu gestalten.

Falls esoterisches Wissen und schriftstellerisches Können zusammenkommen, was leider nicht immer der Fall ist, kann das Ergebnis höchst reizvoll sein. Ich kenne belletristische Werke, die tiefstes esoterisches Wissen zu vermitteln imstande sind. Einige Werke, die mir besonders gefallen, möchte ich hier herausgreifen und zur vertieften Lektüre empfehlen. Soweit belletristische Bücher ein bestimmtes Thema haben, werden sie unter dem entsprechenden Stichwort erwähnt.

Auch die esoterische Belletristik hat ihre Klassiker. Dazu zähle ich *Die drei Lichter der kleinen Veronika*. Roman einer Kindheit in dieser und jener Welt von Manfred Kyber (Drei-Eichen-Verlag oder Heyne Taschenbuch), eine wunderschöne, poetische Erzählung, die vor allem dem Einsteiger zu empfehlen ist. Ebenso *Die Möwe Jonathan* von Richard Bach (Ullstein-Verlag), ein Buch, dem man anmerkt, daß es aus einem intensiven persönlichen Erleben heraus geschrieben wurde. Es schildert auf sehr feine und poetische Art das Thema der »Meister« und ist notwendig für jeden, der sich über das Wesen des esoterischen Weges klarwerden will, über seine Höhen, aber auch Schwierigkeiten und Verzichte. Der gedrehte Film dazu mit der berühmten Musik von Neill Diamond ist der literarischen Vorlage mindestens ebenbürtig. Der Film ist auf Videocassette erhältlich.

Als esoterischer Schriftsteller von der Literaturwissenschaft am meisten anerkannt ist sicherlich Gustav Meyrink (1868-1932). Hier verbinden sich esoterische Wissenstiefe mit hoher literarischer Gestaltungskraft. Trotzdem kann ich die Romane von Meyrink dem Anfänger nur bedingt empfehlen. Sein expressionistischer Stil, wie er zur Zeit des Ersten Weltkrieges in der deutschen Literatur tonangebend war und den Meyrink bis ins Extrem pflegte, ist heute nicht mehr jedermanns Sache. Am meisten hat von den Büchern Meyrinks, wer schon etwas tiefer in die jeweilige Thematik eingedrungen ist, so daß er versteckte Anspielungen und Hinweise zu erkennen vermag. Am ehesten verständlich ist *Der Engel vom westlichen Fenster*, ein biographischer Roman um den englischen Magier John Dee und dessen Medium Edward Kelley. Am bekanntesten wurde Meyrink mit *Der Golem*, eine romanhafte Gestaltung der Sage vom künstlichen Menschen des Rabbi Löw im Prager Getto. Meyrink behandelt hier Magie und Kabbala. Um den jüdischen Chassidismus geht es in *Das grüne Gesicht* und in *Der Weiße Dominikaner* um die östliche Mystik und den Taoismus.

Über hohes esoterisches Wissen verfügte auch Franz Spunda, aber leider nicht über das entsprechende literarische Talent. Seine Romane sind im Stil der Groschenromane der zwanziger und dreißiger Jahre geschrieben. Seine Bücher sind vergriffen, mögen aber noch in vereinzelten Fällen über öffentliche Büchereien oder Antiquariate greifbar sein.

Ähnliches läßt sich auch von Hans Sterneder sagen. Wer über die gestelzte Sprache, die unechte und künstlich überhöhte Darstellung der Figuren hinweglesen kann, findet in *Der Wunderapostel* (esotera-Taschenbücherei im Verlag Hermann Bauer) eine leicht faßliche, aber doch auch eingehende Darstellung der elementaren esoterischen Lehren.

Ein Buch, dem ich unter den esoterischen Romanen wegen seines Informationsgehaltes eine Spitzenstellung einräume, ist *Der Rote Löwe* der ungarischen Schriftstellerin Maria Szepes. Es ist ein Roman, der sofort mitten in die entscheidenden Dinge hineinführt und daher gerade für den Anfänger bestens geeignet ist (Heyne-Taschenbuch).

Die phantastische und Fantasy-Literatur erlebt gegenwärtig einen beispiellosen Boom. Man kann ruhig sagen, daß die Bahnhofsbuchhandlungen mit ihrem fast unüberblickbaren Angebot an preiswerten, einschlägigen Taschenbüchern zu einer äußerst reichhaltigen esoterischen Datenbank wurden. Dies ist auch ein Zeichen der Zeit und dafür, daß der Geist weht, wo er will. Ich jedenfalls staune immer wieder über die Fülle an Esoterik, die ich beim Durchblättern dieser Bücher finde. Da das Angebot wirklich nicht mehr zu überblicken ist, gebe ich nur Titel an, die mir bei meinen eigenen Lesestreifzügen besonders gefallen haben.

Zwischen phantastischer und Fantasy-Literatur ist zu unterscheiden. Die phantastische Literatur nimmt die reale Welt, wie wir sie nennen, zum Ausgangspunkt, um dann hinter dieser Realität eine andere, manchmal dämonische, schreckenerregende, dann auch wieder märchenhafte, eben phantastische Realität aufzuzeigen. In der Vermischung dieser beiden Realitäten liegt meist der besondere literarische Reiz. Die Fantasy-Literatur hingegen verlegt das Geschehen gleich zu Anfang in eine imaginative, der gewöhnlichen Realität nicht zugängliche Welt. Der Autor gewinnt so die Möglichkeit, die Handlung in den verschiedensten denkbaren Modellen zu gestalten, ohne sich von der Tagesrealität behindern zu lassen. Es scheint mir kein Zufall, daß vielleicht gerade deswegen die Fantasy-Literatur vorwiegend eine Domäne der weiblichen Autoren ist, denn sie bietet

Gelegenheit, ein ganz anderes weibliches Selbstverständnis darzustellen, das nicht in unseren sozialen Gegebenheiten befangen ist. Die Gleichstellung mit gleicher Verantwortung von Mann und Frau im Zeichen der Polarität ist ja ein Kennzeichen echter Esoterik.

Wer sich von den zahlreichen Autoren intensiv mit Esoterik beschäftigt hat, ist nur selten auszumachen. Von Arthur Machen (1863-1947) wissen wir, daß er Mitglied des »Golden Dawn« war. Seine Erzählungen tauchen gelegentlich in Anthologien auf. Die berühmteste ist *Der große Gott Pan*, mehrere Romane und Erzählungen sind in deutscher Übersetzung im Verlag Piper R. & Co. erschienen.

Eine esoterische offensichtlich sehr kundige Autorin ist Marion Zimmer-Bradley. *Die Nebel von Avalon* ist eine romanhafte Nachdichtung des Mythos von König Artus, worin es der Autorin besonders gut gelingt, den Übergang von der alten, magisch orientierten Kultur zum neu aufstrebenden Christentum darzustellen (Wolfgang Krüger-Verlag).

Joy Chant beschwört in *Könige der Nebelinsel* (Bastei-Lübbe) die bei uns wenig bekannte keltische Sagenwelt in der Art, wie Gustav Schwab dies für die Antike getan hat.

Diejenigen, welche die englische Sprache beherrschen, mache ich besonders auf die Romane von Dion Fortune (1890-1946) aufmerksam, die bisher nur zum Teil ins Deutsche übersetzt wurden. In deutscher Sprache erhältlich sind *Die Seepriesterin* und als Fortsetzung *Mondmagie* (Smaragd-Verlag). Beide Romane haben die Magie des alten Atlantis und das daraus hervorgegangene Karma zum Thema. *The Goat-Foot God* behandelt das Aufbrechen der Energie von Pan im Leben eines gutbürgerlichen Engländers; *The Winged Bull* und *Ein dämonischer Liebhaber* (Smaragd-Verlag) sind Reminiszenzen an den »Golden Dawn«, dessen Mitglied Dion Fortune war. In *The Secrets of Dr. Taverner* schildert Dion Fortune in Anlehnung an die Sherlock-Holmes-Geschichten von Conan Doyle (der übrigens auch ein Verfasser esoterischer Literatur war) verschiedene Episoden mit wechselnder okkulter Thematik. Was Dion Fortunes belletristische Bücher besonders interessant und lesenswert macht, sind die Detailinformationen in und zwischen den Zeilen zu verschiedenen okkulten und esoterischen Themen, wie sie sonst nicht ohne weiteres zugänglich sind.

New Age

In der letzten Zeit hat der Begriff New Age eine starke Verbreitung gefunden. Es besteht die Gefahr, daß »New Age« mehr und mehr zu einem synonymen Begriff für Esoterik überhaupt wird. Da aber zwischen Esoterik und New Age ein ganz wichtiger Unterschied besteht, ist es notwendig, beide Begriffe klar zu definieren und auseinanderzuhalten.

Mit Esoterik wird ein Urwissen der Menschheit bezeichnet, das auf ganz bestimmten Wegen, die meist geheimer, unbekannter Natur waren, von Generation zu Generation weitergegeben wurde. Priester und Eingeweihte der verschiedensten Kulturkreise waren die Hüter dieser Tradition. Daß dieses Urwissen heute mehr und mehr allgemein gesucht und auch zugänglich wird, ist ein geistig-energetischer Prozeß, der für unsere Gegenwart seit etwa 1975 seinen Anfang genommen hat, und dessen Höhepunkt, trotz aller gegenteiligen Prophezeiungen, noch nicht erreicht ist.

Demgegenüber verzichtet New Age auf die bewußte Verbindung und den Rückgriff auf diese Urtradition oder kommt mit ihr in mehr zufälliger Weise in Kontakt. Praxis und Techniken der überlieferten Tradition werden zwar aufgenommen, aber nur nach pragmatischen Gesichtspunkten. So ist es für einen New-Age-Workshop durchaus üblich, beispielsweise indianische Tradition, Hermetische Bilderwelt und östliche Yogaübungen zu einem unreflektierten

Eintopf zu vermischen, sofern alles nur irgendwie zum gerade bearbeiteten Thema paßt.

Der Ausgangspunkt von New Age liegt in der Gegenwart, im sogenannten Wechsel des Paradigmas. (Paradigma bedeutet Muster und bezeichnet in diesem Falle das gewissermaßen einprogrammierte Verhaltensmuster der Menschheit, namentlich in der westlichen Zivilisation.)

New Age will die Zeit, die Menschheit, die Gesellschaft verändern. Esoterik weiß um die Unmöglichkeit dieses Unterfangens. Eine Veränderung und damit eine Änderung des Bewußtseins kann nur über die allmähliche Veränderung und Bewußtseinserweiterung jedes einzelnen, individuellen Menschen erfolgen, wobei die Esoterik hier mit sehr viel längeren Zeitbegriffen rechnet als New Age. Ändert sich jeder einzelne Mensch, so werden automatisch auch die Gesellschaft und die Welt anders.

Der Weg zum Wechsel des Paradigmas des Esoterikers führt über die Erkenntnis. (»Es ist so, es kann gar nicht anders sein.«) Aus dieser Erkenntnis erfolgt eine entsprechende Handlung (oder sollte es zumindest), deren Folge Veränderung ist. Der Akzent von New Age liegt nicht so sehr auf dem Wissen, das zur Erkenntnis führen soll. Vielmehr wird das Gefühl angesprochen. Hier wird auch vorausgesetzt, daß die Energie dieses Gefühls zu Aktion und daraus erfolgenden Resultaten führt, aber die Wirklichkeit zeigt, daß der Mensch auf diese Weise sehr leicht auf einen »Trip« gehen kann, dessen Visionen und Gefühle ihn für ein gewisses Hier und Jetzt den häßlichen und belastenden Alltag nicht gewahr werden lassen. Da aber die guten Gefühle nicht unbedingt in der irdisch-materiellen Realität, sondern in einer meist mehr oder weniger künstlich geschaffenen, ekstatischen »Seid-umschlungen-Millionen«-Stimmung ihren Ursprung haben, die meist einen bestimmten und begrenzten äußeren Rahmen erfordert, kann New Age auf diese Weise zu einer nichtchemischen Droge werden, mit allen Begleiterscheinungen, die Drogen haben können.

New Age ist auf die Gruppe, das Kollektiv ausgerichtet; daraus bezieht es auch seine Energie. Dadurch wird New Age zu einem Simulator des Mutterleibes, bei dem nicht klar ist, ob daraus auch eine Geburt des unabhängigen Individuums in die Bewußtheit der Tagesrealität erfolgt. Esoterik ist der Weg des einzelnen, des Individuums. So wie Einweihung nie ein Gruppenerlebnis sein, sondern nur individuell erfahren werden kann. Aus dem gleichen Grund läuft New Age auch immer wieder Gefahr, genau von den gesellschaftlichen Faktoren und Paradigmen, die es ja verändern will, usurpiert und vereinnahmt zu werden.

Zwei Bücher haben für New Age bereits die Bedeutung von Kultbüchern erhalten. Für Marilyn Ferguson hat in ihrem Buch *Die sanfte Verschwörung. Persönliche und gesellschaftliche Transformation im Zeitalter des Wassermanns* (momentan vergriffen) New Age seinen Ursprung weder in einem politischen noch in einem religiösen oder philosophischen System. Es handelt sich gewissermaßen um einen neuen Geist, der synchron in unserer Zeit an den verschiedensten Orten entsteht, ohne daß seine Träger miteinander in einer bewußten oder organisierten Verbindung stehen. Ähnliche Überlegungen äußert auch der Physiker Fritjof Capra in *Wendezeit* (Scherz-Verlag).

Zeitschriften

Das immer noch steigende Interesse an der Esoterik hat natürlich auch eine Reihe von Zeitschriften hervorgebracht, die sich speziell diesem Thema widmen. Sie sind sehr zahlreich und setzen recht unterschiedliche Akzente. Eine Zeitschrift über ein Spezialgebiet herauszugeben, die sich an einen von vornherein ausgewählten und daher begrenzten

Leserkreis wendet, ist immer eine ökonomisch riskante Sache, die erfahrungsgemäß in der Mehrzahl der Fälle schiefgeht. So erscheinen immer wieder neue Zeitschriften, die dann nach einigen Monaten oder wenigen Jahren ihr Erscheinen wieder einstellen. Aus der Fülle des Angebotes empfehle ich deshalb nur zwei Zeitschriften, die über eine längere Zeit ihren Platz zu behaupten vermochten, sich auch durch regelmäßiges Erscheinen auszeichnen und Informationen zum gesamten Gebiet der Esoterik bieten. Die zum Teil ausgezeichneten Zeitschriften zu einzelnen Gebieten der Esoterik (Astrologie etc.) führe ich hier nicht an, da der an diesen Gebieten Interessierte mit Sicherheit von selbst darauf stoßen wird.

Zu erwähnen wäre zuerst die monatlich im Verlag Hermann Bauer erscheinende *esotera*. Sie erscheint bereits seit mehr als dreißig Jahren und bietet wohl das umfassendste Spektrum zum Thema Esoterik, das heute in einer Zeitschrift deutscher Sprache erhältlich ist. Wer regelmäßig esotera liest, darf sich immer auf dem neusten und aktuellsten Informationsstand wissen, was das Geschehen und die Entwicklung auf der esoterischen Szene betrifft.

Eine etwas andere Konzeption hat *Spuren*, die vom Verlag Spuren in CH-Winterthur herausgegeben wird. *Spuren* wurde ursprünglich als Werbe- und Inseratenträger konzipiert für Seminar- und Kursangebote auf dem gesamten Gebiet der Esoterik. Mit der Zeit wurde der redaktionelle Teil immer mehr ausgebaut und erfuhr eine fortlaufende Qualitätssteigerung. Ist *esotera* mehr im Stil eines klassischen Nachrichtenmagazins konzipiert, trägt der redaktionelle Teil von *Spuren* eher feuilletonistische Züge. Beide Zeitschriften ergänzen einander vorzüglich.

Wie anfangen?

Obwohl ich mich bemüht habe, knapp und konzentriert zu bleiben, kann ich mir gut vorstellen, daß mancher Leser, besonders wenn er ohne Vorkenntnisse ist, fragt: Wo und wie soll ich nun beginnen? Jenen gebe ich den Rat, sich als Anfang folgende Bücher zu beschaffen: *Der Rote Löwe* von Maria Szepes (siehe Seite 232); *Die Seepriesterin* sowie *Mondmagie* von Dion Fortune (siehe Seite 233 f.) und *Sieben Säulen der Esoterik. Grundwissen für Suchende* von Hans-Dieter Leuenberger. In meinem Buch *Sieben Säulen der Esoterik* habe ich den Versuch unternommen, das allgemeine nicht nach Sachgebieten geordnete Grundwissen der Esoterik in eine für den heutigen Menschen verständliche und nachvollziehbare Sprache zu bringen. Betrachtet man mein vorliegendes Buch *Das ist Esoterik* als den ersten Schritt, bildet *Sieben Säulen der Esoterik* den weiterführenden, vertiefenden zweiten Schritt.

Wer sich eingehender in die Esoterik einarbeiten will, für den ist ein Lexikon mit den entsprechenden Fachbegriffen absolute Notwendigkeit. Das *Lexikon des Geheimwissens* von Horst E. Miers (Goldmann Verlag) bietet sich hier in erster Linie an.

Wer Esoterik weniger durch Bücher sondern durch eigene praktische Erfahrung kennenlernen will, findet in Samuel Sagan *Tor zu inneren Welten – Das Übungsbuch zur Öffnung des dritten Auges* ein umfassendes Lehrbuch, das allerdings beharrliches tägliches Training verlangt. Zur Ausübung sind keine spirituellen Vorkenntnisse notwendig. Ziel dieser Praxis ist nicht das Erlernen von verschwommenem Trance-Hellsehen, sondern sein Selbst zu finden, um die Welt von da aus sehen und erkennen zu lernen.

Personenregister

Abraham 72
Alexander der Große 62, 69
Andreä, Johann Valentin 105
Aquino, Thomas von 83, 98
Arimathia, Josef von 95
Aristoteles 69, 83
Assagioli, Roberto 186
Augustus 77

Baba, Sai 156
Bach, Edward 217
Bacon, Roger 98, 100
Bailey, Alice A. 173, 198
Balduin, König 87
Balsamo, Guiseppe 109, 110
Barret, Francis 126
Bennett, Allan 134
Bergson 129
Besant, Annie 124, 125, 130, 199, 200, 202
Besant, Frank 124
Blavatsky, Helena 111, 113, 115, 116, 117, 119, 120, 121, 123, 124, 125, 127, 186, 198, 202
Boron, Robert de 166
Bouillon, Gottfried von 87
Buddha, Gautama 157, 158
Bulwer-Lytton 114, 126

Cäsar, Julius 84
Cagliostro 109, 110, 124
Castaneda, Carlos 211, 212
Crowley, Aleister 111, 130, 131, 132, 140, 142, 188, 200

Dee, John 231
Diamond, Neill 231
Doyle, Conan 234

Einstein, Albert 157
Elten, Jörg Andreas 150
Eschenbach, Wolfram von 95, 96, 166
Eurydike 70
Eusebius 50

Farr, Florentine 130
Feliciani, Lorenza 109
Fortune, Dion 130
Freud, Sigmund 102, 112, 143, 209

Gardner, Gerald B. 214, 215
Goethe 110, 199
Golowin, Sergius 195
Graves, Robert 85
Green, Marian 164
Gurdjieff 140, 143, 144, 145
Gutenberg, Johannes 26

Hahnemann, Samuel 217
Hartmann, Franz 120, 198
Hirsig, Lea 137
Hitler 135
Hoffmann, Ernst Amadeus 111
Humi, Kut 115, 119

Jesus von Nazareth 39, 74, 75, 76, 77, 78, 95, 158, 205
Jung, C.G. 28, 111, 112, 180, 183, 205, 210, 213, 228

Kelley, Edward 231
Kellner, Karl 199
Khul, Djwal 119
Konstantin 78
Krishnamurti 125, 156, 200
Künleg, Drukpa 39

Lama, Dalai 56
Laotse 159
Lavater 110
Leadbeater, C.W. 125, 202
Lévi, Eliphas 111, 112, 113, 114, 115, 126, 127, 133, 184, 189
Lewis, Matthew Gregory 112
Ludwig, XV 111
Ludwig, XVI 111
Luther, Martin 105

Machen, Arthur 130
Mackenzie, K.R.H. 126
Magnus, Albertus 98, 100
Mahavira 158
Marie-Antoinette 111
Mathers, MacGregor 129, 130, 134
Mathers, Samuel Liddle 128
Mesmer, Franz Anton 108, 109, 216
Milarepa 39
Molay, Jacques de 92
Moses 72, 73
Murray 215
Mussolini 138

Nietzsche, Friedrich 145

Olcott, Henry Steel 116, 124
Orpheus 70

Osho 143
Ouspensky 142

Papus 114
Paracelsus 101, 103, 108, 199, 216
Patanjali 159
Payen, Hugo von 87, 88
Perls, Fritz 186
Plato 54, 56, 66, 68, 69, 81, 100, 204
Plotin 81, 82
Plutarch 50, 58
Pythagoras 66, 67, 68, 69, 89, 91, 145, 199, 204

Rabelais 137
Regardie, Israel 130, 131
Reich, Wilhelm 28
Rider-Haggard, Henry 130
Rohan, Kardinal 110

Saint-Germain, Graf von 110, 119, 128
Salomo 72
Scheffer, Mechthild 218
Schopenhauer, Arthur 204, 225
Schwab, Gustav 233
Shelly, Mary W. 112
Spunda, Franz 231
Steiner, Rudolf 125, 130, 199, 201, 203
Stewart, Robert J. 164
Stoker, Bram 130

Teertha 149
Tiberius 50
Titus 72
Trismegistos, Hermes 62, 100, 110, 121, 180
Troyes, Chrestien de 95, 166
Tyana, Apollonius von 81, 82, 114

Personenregister

Wagner, Richard 95, 96
Waite, A.E. 130, 131, 197
Walpole, Horace 112
Westcott, William 126, 127, 128, 130
Wilhelm, Richard 228
Wilson, Colin 124

Woodford, A.F.A. 127
Woodman, William Robert 126, 127, 128, 130

Yeats, William Butler 130

Zimmer, Heinrich 226

Bibliographie

Bhagavadgita. Gesang des Erhabenen. Freiburg, Hermann Bauer, 6. Auflage, 1994.
Chakra-Meditation. Eine akustische Reise nach innen zu den Zentren der Kraft.
Das ägyptische Totenbuch. München, Artemis.
Lexikon der östlichen Weisheitslehren. Buddhismus, Hinduismus, Taoismus, Zen. München, O.W. Barth, 1986.
Thomas-Evangelium.
Vorträge für die Arbeiter am Goetheanumbau.

Amipa, Lama Sherab Gyaltsen: *Geistesschulung im tibetischen Buddhismus* (vergriffen).
Anand, Margo: *Tantra – Die Kunst der sexuellen Ekstase.* München, Goldmann, 1996.
Anthony, Carl K.: *Handbuch zum klassischen I Ging.* München, Diederichs, 1989.
Apuleius: *Der goldene Esel.* Zürich, Mawesse, 1994.
Ashcroft-Nowicki, Dolores: *Der Baum der Ekstase. Ein Handbuch der Sexualmagie für Fortgeschrittene.* Saarbrücken, Neue Erde, 1993.
Ashcroft-Nowicki, Dolores: *Magische Rituale.* Freiburg, Hermann Bauer, 1994.
Bach, Richard: *Die Möwe Jonathan.* Berlin, Ullstein, 1987.
Baigent, Michael und Leigh, Richard: *Der Tempel und die Loge. Das geheime Erbe der Templer in der Freimaurerei.* Bergisch-Gladbach, Lübbe, 1990.
Bailey, Alice A.: *Esoterisches Heilen.* Genf, Edis, 1983.
Barret, Francis: *The Magus* (vergriffen).
Bek, Lilla und Pullar, Philippa: *Chakra-Energie. Die Kraftzentren des*

menschlichen Körpers – Wege zur Erschließung und Harmonisierung des feinstofflichen Körpers. München, Scherz, 1990.

Berchholz, Samuel/Chödzin, Sherab: *Ein Mann namens Buddha. Sein Weg und seine Lehre.* München, Goldmann, 1996.

Bernbaum, Erich: *Der Weg nach Shambhala.* Freiburg, Hermann Bauer, 1995.

Besant, Annie: *Uralte Weisheit.* München, Hirthammer, 1981.

Biedermann, Hans: *Herder-Lexikon der Symbole* (vergriffen).

Biedermann, Hans: *Knaurs Lexikon der Symbole.* München, Droemer Knaur, 1998.

Blavatsky, Helena: *Die entschleierte Iris.* Satteldorf, Adyar, 1993.

Blavatsky, Helena: *Die Geheimlehre.* Satteldorf, Adyar, 1993.

Blavatsky, Helena: *Die Stimme der Stille.* Satteldorf, Adyar, 1993.

Blome, Götz, Dr. med.: *Mit Blumen heilen.* Freiburg, Hermann Bauer, 8. Auflage, 1996.

Brunton, Paul: *Geheimnisvolles Ägypten.* Bergisch-Gladbach, Lübbe, 1979.

Budapest, Zsuzsanna E.: *Herrin der Dunkelheit, Königin des Lichts. Das praktische Anleitungsbuch für neue Hexen.* Freiburg, Hermann Bauer, 4. Auflage, 1997.

Bulwer-Lytton, E.G.: *Die letzten Tage von Pompeji.* Frankfurt, Insel-Verl., 1984.

Bulwer-Lytton, E.G.: *Vril oder eine Menschheit der Zukunft.* Dornach, Verlag a. Goetheanum, 5. Auflage, 1996.

Bulwer-Lytton, E.G.: *Zanoni.* München, Scherz, 1994.

Butler, W. E.: *Das ist Magie.* Freiburg, Hermann Bauer, 2. Auflage, 1994.

Butler, W. E.: *Die hohe Schule der Magie.* Freiburg, Hermann Bauer, 6. Auflage, 1997.

Capra, Fritjof: *Wendezeit.* München, DTV-Verlag, 1992.

Chant, Joy: *Könige der Nebelinsel* (vergriffen).

Charpentier, Louis: *Macht und Geheimnis der Templer* (vergriffen).

Claussen, Claus: *I Ging – kurz und praktisch.* Freiburg, Hermann Bauer, 1998.

Cranston, Saylvia: *Leben und Werk der Helena Blavatsky – Begründerin der Modernen Theosophie.* Satteldorf, Adyar.

Crowley, Aleister: *Das Buch des Gesetzes.*

Crowley, Aleister: *Die tausend Masken des Meisters* (vergriffen).

Dacher, Elliott S., Dr. med.: *Ein Kurs in Selbstheilung. 18 Schritte zur*

Vorbeugung und Heilung von Krankheiten. Freiburg, Hermann Bauer, 1997.

Dahlke, Rüdiger: *Krankheit als Symbol. Handbuch der Psychosomatik. Symptome, Be-Deutung, Bearbeitung, Einlösung.* München, Bertelsmann, 1996.

Deschner, Karlheinz: *Abermals krähte der Hahn. Eine kritische Kirchengeschichte.*

Deschner, Karlheinz: *Der gefälschte Glaube. Eine kritische Betrachtung kirchlicher Lehren und ihrer historischen Hintergründe.* München, Kusebeck v. d., 1988.

Dimm, Denis: *Die Wirklichkeit und der Wissende. Studien über Carlos Castaneda* (vergriffen).

Douglas, Nik/Singer, Penny: *Das Große Buch des Tantra.* München, Hugendubel, 1996.

Eichenberger, Brigitte: *Astrologie-Fibel. Ein Wegweiser für Laien.* Wettswil, Astrodata, 1995.

Eliade, Mircea: *Schmiede und Alchimisten.* München, Klett, 2. Auflage, 1980.

Eliade, Mircea: *Yoga – Unsterblichkeit und Freiheit.* Frankfurt, Insel, 1988.

Endres, Franz Carl/Schimmel, Annemarie: *Das Mysterium der Zahl.* München, Diederichs, 9. Auflage, 1996.

Evans-Wentz, Walter: *Das Tibetanische Totenbuch.* Düsseldorf, Walter, 19. Auflage, 1996.

Evans-Wentz, Walter: *Milarepa – Tibets großer Yogi.* München, Scherz, 4. Auflage, 1978.

Evola, Julius: *Die Hermetische Tradition. Von der alchimistischen Umwandlung der Metalle in Gold. Entschlüsselung einer verborgenen Symbolsprache.* München, Scherz, 2. Auflage, 1990.

Fährmann, Johannes: *Großer Theosophischer Katechismus. Grundlegende Gesamtdarstellung der Theosophischen Weltanschauung in Frage und Antwort.* Calar, Schatzhammer.

Favre, Antoine: *Esoterik* (vergriffen).

Ferguson, Marilyn: *Die sanfte Verschwörung. Persönliche und gesellschaftliche Transformation im Zeitalter des Wassermanns* (vergriffen).

Fielding, Charles: *Die praktische Kabbala.* Freiburg, Hermann Bauer, 2. Auflage, 1996.

Fortune, Dion: *Die mystische Kabbala.* Freiburg, Hermann Bauer, 1993.

Fortune, Dion: *Die Seepriesterin*. Köln, Smaragd.
Fortune, Dion: *Ein dämonischer Liebhaber*. Köln, Smaragd, 1991.
Fortune, Dion: *Mondmagie*. Köln, Smaragd, 1990.
Fortune, Dion: *The Goat-Foot God*. New York, Weiser.
Fortune, Dion: *The Secrets of Dr. Taverner*. New York, Weiser.
Fortune, Dion: *The Winged Bull*. New York, Weiser.
Frick, Karl R.H: *Das Reich Satans*. Graz, Akademische Druck- und Verlagsanstalt.
Frick, Karl R.H: *Die Erleuchteten*. Graz, Akademische Druck- und Verlagsanstalt, 1973.
Frick, Karl R.H: *Gnostisch-theosophische und alchimistisch-rosenkreuzerische Geheimgesellschaften bis zum Ende des 18. Jahrhunderts*. Graz, Akademische Druck- und Verlagsanstalt.
Frick, Karl R.H: *Gnostisch-theosophische und freimaurerisch-okkulte Geheimgesellschaften bis an die Wende zum 20. Jahrhundert*. Graz, Akademische Druck- und Verlagsanstalt.
Frick, Karl R.H: *Licht und Finsternis*. Graz, Akademische Druck- und Verlagsanstalt, 1975.
Frick, Karl R.H: *Luzifer/Satan/Teufel und die Mond- und Liebesgöttinnen in ihren lichten und dunklen Aspekten – eine Darstellung ihrer ursprünglichen Wesenheit in Mythos und Religion* (vergriffen).
Golowin, Sergius: *Die Welt des Tarot. Geheimnis und Lehre der 78 Karten der Zigeuner*. Basel, Sphinx, 1992.
Govinda, Lama Anagarika: *Die Grundlagen tibetischer Mystik*. München, Scherz, 1982.
Graves, Robert: *Die weiße Göttin*. Reinbek, Rowohlt, 1985.
Green, Marian: *Das geheime Wissen der Hexen. Ein Lehrbuch zur Entwicklung magischer Fähigkeiten*. München, Droemer, 1996.
Green, Miranda Jane: *Keltische Mythen* (vergriffen).
Greer, Mary K.: *Women of the Golden Dawn. Rebels and Priestesses*. New York.
Gregory, Matthew: *Der Mönch* (vergriffen).
Guénon, René: *Der König der Welt*. Andechs, Dingfelder, 1987.
Guenther, Herbert V.: *Tantra als Lebensanschauung* (vergriffen).
Gurdjieff: *Begegnungen mit bemerkenswerten Menschen*. Basel, Sphinx, 1992.
Harner, Michael: *Der Weg des Schamanen. Ein praktischer Weg zu innerer Heilkraft*. Kreuzlingen, Arston, 2. Auflage, 1995.
Hittleman, Richard: *Yoga – Das 28-Tage-Programm*. München, Heyne, 1991.

Hittleman, Richard: *Yoga-Meditation – Ein 30-Tage-Programm* (vergriffen).
Hope, Murry: *Magie und Mythologie der Kelten. Das rätselhafte Erbe einer Kultur.* München, Heyne, 1990.
Howe, Ellic: *The Magicians of the Golden Dawn. A Documental History of a Magical Order 1887-1923.* London, Routledge & Keagen Paul.
Humphrey, Christmas: *Karma und Wiedergeburt. Die Schicksalsstufen des Menschen als Weg zu seiner Vollendung und Vollkommenheit.* München, Scherz, 1980.
Jankovic, Stefan von: *Reinkarnation als Realität* (vergriffen).
Johanson, Tom: *Heilkraft, die von innen kommt.* Freiburg, Hermann Bauer, 1993.
Johanson, Tom: *Zuerst heile den Geist.* Freiburg, Hermann Bauer, 1993.
Jung, C. G.: *Der Mensch und seine Symbole.* Solothurn, Walter, 1991.
Kaiser, Ernst: *Paracelsus.* Reinbek, Rowohlt.
Kampenhout, Daan van: *Heilende Rituale. Verbesserung der Lebensqualität.* Freiburg, Hermann Bauer, 2. Auflage, 1997.
Krieger, Dolores: *Die Heilkraft unserer Hände.* Freiburg, Hermann Bauer, 2. Auflage, 1995.
Krieger, Dolores: *Vom Herzen durch die Hände. Bedingungslose Liebe Therapeutic Touch. Eine neue Methode des Heilens.* Freiburg, Hermann Bauer, 2. Auflage, 1994.
Kyber, Manfred: *Die drei Lichter der kleinen Veronika.* München, Heyne, 1984.
Lauenstein, Diether: *Die Mysterien von Eleusis.* Urachhaus, Stuttgart, 1987.
Lechner, Auguste: *Auf der Suche nach der Gralsburg.* Würzburg, Arena, 15. Auflage, 1996.
Lechner, Auguste: *Parzifal.* Würzburg, Arena, 1993.
Leisegang: *Die Gnosis.* Stuttgart, Kröner, 1985.
Lengyel, Lancelot: *Das geheime Wissen der Kelten.* Freiburg, Hermann Bauer, 1991.
Leuenberger, Hans-Dieter: *Sieben Säulen der Eosterik. Grundwissen für Suchende.* Freiburg, Hermann Bauer, 2. Auflage, 1990.
Lévi, Eliphas: *Der Schlüssel zu den großen Mysterien* (vergriffen).
Lévi, Eliphas: *Einweihungsbriefe in die Hohe Magie und Zahlenmystik* (vergriffen).

Lévi, Eliphas: *Transzendentale Magie*. Basel, Sphinx, 1992.

Lurker, Manfred: *Ägyptische Unterwelts-Bücher* (vergriffen).

Lurker, Manfred: *Das Ägyptische Totenbuch*. Freiburg, Herder, 2. Auflage, 1997.

Lurker, Manfred: *Lexikon der Götter und Symbole der alten Ägypter. Handbuch der mystischen und magischen Welt Ägyptens*. München, Scherz, 1987.

Lütge, Lothar Rüdiger: *Carlos Castaneda und die Lehren des Don Juan*. Freiburg, Hermann Bauer, 1989.

Machen, Arthur: *Der große Gott Pan*.

Malory, Thomas Sir: *Die Geschichte von König Artus und den Rittern seiner Tafelrunde*. Frankfurt, Insel, 1977.

Markale, Jean: *Die Katharer von Montsegur. Das geheime Wissen der Ketzer* (vergriffen).

Matthews, Caitlin und John: *Der westliche Weg* (vergriffen).

Meyer, Rudolf: *Zum Raum ward hier die Zeit. Die Gralsgeschichte*. Stuttgart, Urachhaus, 1980.

Meyrink, Gustav: *Das grüne Gesicht*. München, Droemer Knaur, 1992.

Meyrink, Gustav: *Der Engel vom westlichen Fenster*. Berlin, Ullstein, 1993.

Meyrink, Gustav: *Der Golem*. Berlin, Ullstein, 1981 und München, Langen-Müller, 1989.

Meyrink, Gustav: *Der Weiße Dominikaner*. München, Langen-Müller (vergriffen).

Miers, Horst E. *Das Lexikon des Geheimwissens* München, Goldmann, 1997.

Monroe, Douglas: *Merlyns Lehren. 21 Lektionen in praktischer Druidenmagie*. Freiburg, Hermann Bauer, 3. Auflage, 1997.

Monroe, Douglas: *Merlyns Vermächtnis*. Freiburg, Hermann Bauer, 5. Auflage, 1996.

Mookerjee, Ajit/Khanna, Madhu: *Die Welt des Tantra* (vergriffen).

Muck, Otto: *Alles über Atlantis. Alte Thesen, neue Forschungen*. München, Droemer Knaur, 1992.

Müller, Brigitte und Günther, Horst H.: *Reiki. Heile dich selbst*. München, Erd, 1991.

Müller, Ernst: *Das Rad des Lebens*.

Müller, Ernst: *Das Spiel des Lebens*.

Müller, Ernst: *Der Baum des Lebens*.

Müller, Ernst: *Der Sohar – Das heilige Buch der Kabbala.* München, Diederichs (vergriffen).
Müller, Ernst: *Schule des Tarot.*
Murray, Margaret A.: *The God of the Witches.* New York.
Murray, Margaret A.: *The Witch cult in Western Europe.* New York.
Newton, Michael: *Die Reisen der Seele. Karmische Fallstudien.* Wettswil, Astrodata, 1996.
Nichols, Sallie: *Die Psychologie des Tarot. Tarot als Weg zur Selbsterkenntnis nach der Archetypenlehre C.G. Jungs.* Interlaken, Ansata, 1989.
Osho: *Der Weg des Buddha* (vergriffen).
Osho: *Tantra. Die höchste Einsicht.* München, Goldmann, 1998.
Ouspensky, P.D.: *Auf der Suche nach dem Wunderbaren. Perspektiven der Welterfahrung und der Selbsterkenntnis.* München, O.W. Barth, 1978.
Pagel, Elaine: *Versuchung durch Erkenntnis. Die gnostischen Evangelien.* Frankfurt, Suhrkamp, 1987.
Papus: *Die Kabbala.* Wiesbaden, Fourier, 1993.
Parfitt, Will: *Der Baum des Lebens* (vergriffen).
Parfitt, Will: *Die persönliche Qabbalah. Ein praktisches Lehrbuch zum Verständnis des (eigenen) Lebensbaumes.* M + T, Zürich.
Plassmann, J.O.: *Orpheus. Altgriechische Mysterien.* München, Diederichs.
Pryse, James Morgan: *Reinkarnation im Neuen Testament.* Interlaken, Ansata (vergriffen).
Rabelai: *Gargantua* (vergriffen).
Rahn, Otto: *Kreuzzug gegen den Gral.* Struckum, Verlag für ganzheitliche Forschung und Kultur (vergriffen).
Ravenscroft, Tresor: *Der Heilige Gral. Ursprung, Geheimnis und Deutung einer Legende.*
Ravenscroft, Tresor: *Der Kelch des Schicksals.* Basel, Sphinx (vergriffen).
Ravenscroft, Tresor: *Der Speer von Golgatha* (vergriffen).
Ravenscroft, Tresor: *Die heilige Lanze.* München, Universitas, 1996.
Ravenscroft, Tresor: *Die Suche nach dem Gral* (vergriffen).
Regardie, Israel: *Das magische System des Golden Dawn.* Freiburg, Hermann Bauer.
Regardie, Israel: *Das magische System des Golden Dawn.* Freiburg, Hermann Bauer.

Regardie, Israel: *What You should know about the Golden Dawn.* Santa Monica/Kalifornien, Falcon Press.
Rinpoche, Sogyal: *Das tibetische Buch vom Leben und vom Sterben* (vergriffen).
Roethlisberger, Linda: *Der sinnliche Draht zur geistigen Welt. Ein Lehrbuch zur Entfaltung der medialen Anlagen und der eigenen Persönlichkeit.* Freiburg, Hermann Bauer, 1996.
Roll, Eugen: *Die Katharer.* Stuttgart, Mellinger, 1987.
Rosenberg, Alfons: *Durchbruch zur Zukunft.* Bietigheim, Lorber und Turm, 1987.
Sagan, Samuel: *Tor zu inneren Welten. Das Übungsbuch zur Öffnung des dritten Auges.* Freiburg, Hermann Bauer, 1998.
Scheffer, Mechthild: *Blumen, die durch die Seele heilen.* München, Heyne, 1989.
Scheffer, Mechthild: *Selbsthilfe durch Bach-Blütentherapie.* München, Heyne, 1988.
Scholem, Gershom: *Die jüdische Mystik in ihren Hauptströmungen.* Frankfurt, Suhrkamp (vergriffen).
Scholem, Gershom: *Zur Kabbala und ihrer Symbolik.* Frankfurt, Suhrkamp, 1973.
Schopenhauer, Arthur: *Bhagavadgita* (vergriffen).
Schopenhauer, Arthur: *Die schönsten Upanischaden. Der Hauch des Ewigen* (vergriffen).
Schopenhauer, Arthur: *Upanischaden* (vergriffen).
Schult, Arthur: *Astrosophie. Lehre der klassischen Astrologie.* Bietigheim, Lorber und Turm, 1986.
Schult, Arthur: *Dantes Divina Commedia als Zeugnis der Tempelritter-Esoterik.* Bietigheim, Lorber und Turm, 1961.
Schult, Arthur: *Die Weltsendung des Heiligen Gral im Parzival des Wolfram von Eschenbach.* Bietigheim, 2. Auflage, 1989.
Schultz, Wolfgang: *Dokumente der Gnosis.* München, Matthes & Seitz, 1986.
Schuré, Eduard: *Die großen Eingeweihten.* München, O.W. Barth, 1983.
Schwab, Gustav: *Die Sagen des klassischen Altertums.* Ditzingen, Reclam, 1996.
Schwab, Gustav: *Die weiße Göttin.* Ditzingen, Reclam, 1996.
Schwarz, A.A./Schweppe, R.P./Pfau, W.M.: *Wyda. Die Kraft der Druiden. Ein ganzheitlicher Weg zur Gesundheit und Spiritualität.* Freiburg, Hermann Bauer, 3. Auflage, 1998.

Sharamon/Baginski: *Das Chakra-Handbuch.* Aitrang, Windpferd.
Sherwood, Keith: *Die Kunst spirituellen Heilens.* Freiburg, Hermann Bauer, 1994.
Sherwood, Keith: *Kraftzentren des Lebens. Anleitung zur Harmonisierung des feinstofflichen Körpers.* Freiburg, Hermann Bauer, 1994.
Starhawk: *Der Hexenkult als Ur-Religion der Großen Göttin.* München, Goldmann, 1992.
Steiner, Rudolf: *Die Geheimwissenschaft im Umriß.* Dornach, Steiner Rudolf, 1987.
Steiner, Rudolf: *Theosophie; Wie erlangt man Erkenntnis höherer Welten?* Dornach, Steiner Rudolf.
Sterneder, Hans: *Der Wunderapostel.* Freiburg, Hermann Bauer, 1993.
Sterneder, Hans: *Tierkreisgeheimnis und Menschenleben.* Freiburg, Hermann Bauer, 1993.
Stevens, Jose und Lena: *Zur Quelle der Kraft. Schamanistische Techniken für das Leben von heute.* Freiburg, Hermann Bauer, 4. Auflage, 1995.
Stevenson, Ian: *Reinkarnation. Der Mensch im Wandel von Tod und Wiedergeburt.* Braunschweig, Aurum, 1992.
Stewart, Robert J.: *Merlin – Das Leben eines sagenumwobenen Magiers.* München, Heyne, 1996.
Stumpf, Werner: *Homöopathie. Anleitung zur Selbstbehandlung. Über 500 Beschwerdebilder, genaue Anwendungs- und Dosierungsvorschriften für die passenden Arzneien.* München, Gräfe + Unzer, 12. Auflage, 1998.
Surya, G.W.: *Paracelsus – richtig gesehen.* Bietigheim, Rohm, 1980.
Sutcliff, Rosemary: *Die Abenteuer der Ritter von der Tafelrunde.* München, Gräfe + Unzer, 1996.
Sutcliff, Rosemary: *Galahad.* Stuttgart, Freies Geistesleben, 3. Auflage, 1991.
Sutcliff, Rosemary: *Lancelot und Ginevra.* Stuttgart, Freies Geistesleben, 2. Auflage, 1991.
Sutcliff, Rosemary: *Merlin und Artus.* Stuttgart, Freies Geistesleben, 1988.
Symonds, John: *Aleister Crowley. Das Tier 666. Leben und Magick.* Basel, Sphinx, 1988.

Symonds, John: *Das Tier 666*. München, Hugendubel, 1996.
Szepes, Maria: *Der Rote Löwe*. München, Heyne, 1992.
Tegtmeier, Ralph: *Der heilende Regenbogen. Sinnvolle Spiele, Experimente und Meditationen zum kreativen Umgang mit den geheimnisvollen Energien von Klang, Farbe und Licht*. Haldenwang, Schangrila, 1985 (vergriffen).
Tegtmeier, Ralph: *Magie und Sternenzauber* (vergriffen).
Tegtmeier, Ralph: *Okkultismus im Abendland* (vergriffen).
Tegtmeier, Ralph: *Tarot. Geschichte eines Schicksalsspiels*. Köln, DuMont Buchverlag (vergriffen).
Teichmann, Frank: *Der Mensch und sein Tempel – Ägypten*. Stuttgart, Urachhaus, 1978, 1985, 1992, 1991.
Teichmann, Frank: *Die XVII Bücher des Hermes Trismegistos*. Neuausgabe nach der ersten deutschen Fassung von 1706 (vergriffen).
Teichmann, Frank: *Kybalion. Eine Studie über die hermetische Philosophie des alten Ägypten und Griechenland* (vergriffen).
Tetzlaff, Irene: *Der Graf von Saint-Germain. Licht in der Finsternis*. Stuttgart, Mellinger, 1980.
Tributsch, Helmut: *Die gläsernen Türme von Atlantis. Erinnerungen an Megalith-Europa*. Berlin, Ullstein, 1986.
Uexküll, Waldemar von: *Die Mysterien von Eleusis* (vergriffen).
Waite, A.E.: *The Book of Black Magic and the Pacts*. New York.
Wallimann, Silvia: *Chakra-Meditationen*. Freiburg, Hermann Bauer, 1990.
Walpole, Horace: *Schloß Otranto* (vergriffen).
Wehr, Gerhard: *Der innere Weg*. Reinbek, Rowohlt (vergriffen).
Wehr, Gerhard: *Esoterisches Christentum. Von der Antike zur Gegenwart*. Stuttgart, Klett-Cotta, 1975.
Weiss, Claude: *Horoskopanalyse. Band 1: Planeten in Häusern und Zeichen. Band 2: Aspekte im Geburtsbild* (vergriffen).
Wichmann, Jörg: *Die Renaissance der Esoterik* (vergriffen).
Wichmann, Jörg: *Eine kritische Orientierung* (vergriffen).
Widmer, Samuel: *Im Irrgarten der Lust. 1. Band: Abschied von der Abhängigkeit, 2. Band: Die Geburt der Freude*. Parouge, Edition Heuwinkel, 1997.
Wilhelm, Richard: *I Ging*. München, Diederichs.
Wilson, Colin: *Das Okkulte*. Wiesbaden, Fourier (vergriffen).
Wing, R. L.: *Arbeitsbuch zum I Ging*. München, Heyne, 1993.

Wittmann, Ulla: *Leben wie ein Krieger – Die verborgene Botschaft in den Lehren des Jaqui-Zauberers Don Juan*. Interlaken, Ansata, 1988.
Xylander, Ernst von: *Lehbruch der Astrologie*. Bern, Origo, 1983.
Yate, Frances A.: *Aufklärung im Zeichen des Rosenkreuzes*. Stuttgart, Klett-Cotta.
Zimmer-Bradley, Marion: *Die Nebel von Avalon*. Frankfurt, Krüger, 1990.
Zürrer, Ronald: *Reinkarnation. Die umfassende Wissenschaft der Seelenwanderung*. Neuhausen, Govinda, 3. Auflage, 1994.

Verlag Hermann Bauer · Freiburg im Breisgau

Hans Dieter Leuenberger

Sieben Säulen der Esoterik
Grundwissen für Suchende

256 Seiten, gebunden; ISBN 3-7626-0373-1

In den letzten Jahren hat die Popularisierung esoterischen Wissens dazu geführt, daß der Begriff Esoterik eine Bezeichnung geworden ist, unter der sich alles und jedes zusammenfassen und zu einem subjektiv-persönlich gefärbten Bild verarbeiten läßt. Bereits in seinem Buch *Das ist Esoterik* hat Hans-Dieter Leuenberger auf meisterhafte Art und Weise Klarheit in dieses Begriffschaos gebracht. *Sieben Säulen der Esoterik* – in gewisser Weise eine Fortsetzung von *Das ist Esoterik* – dient der Vertiefung und Erweiterung esoterischer Grundkenntnisse.
Einweihung, Tradition, Menschlichkeit, Göttlichkeit, Reinkarnation, Magie und das Rosenkreuzertum sind sieben Hauptelemente des längst nicht mehr geheimen Wissens. Heute, wo Esoterik nicht mehr an geschlossene Logen gebunden ist, bieten gerade die Lehren des Rosenkreuzertums beste Anhaltspunkte für jeden Menschen, der esoterische Prinzipien individuell leben will.
Magie indes betrifft nach heutigem Verständnis alles, was der handelnde Mensch unternimmt, um sich und sein Leben mit der großen kosmischen Schöpfungsordnung in Verbindung und Harmonie zu bringen. Leuenberger schildert, wie menschliche Selbsterkenntnis zum praktischen Umgang mit kosmischen Energien führt – zur Erfahrung des Göttlichen. Er liefert die entscheidenden Richtlinien, nach denen der Esoteriker Übungen und Praktiken auswählen sowie selbst entwickeln kann. Als Esoteriker und Theologe faßt der Autor schließlich auch ein heißes Eisen an und zeigt, wie Christentum und Esoterik miteinander zu vereinen sind.

Verlag Hermann Bauer · Freiburg im Breisgau

Verlag Hermann Bauer · Freiburg im Breisgau

Hans Dieter Leuenberger

Tarot – kurz & praktisch

205 S., mit 78 s/w-Abb., geb.; ISBN 3-7626-1100-9

Mit gewohnter Klarheit und Sorgfalt vermittelt Hans-Dieter Leuenberger alles, was man für den Umgang mit dieser Divinationsmethode wissen muß: Ein wertvolles Werkzeug für alle, die ohne langes theoretisches Studium mit dem Tarot arbeiten wollen.

Engelmächte

Vom praktischen Umgang mit kosmischen Kräften

195 S., 4fbg. Abb., geb.; ISBN 3-7626-0430-4

Der Autor untersucht die Frage nach dem Wesen und Wirken der Engel. Dabei vermittelt er ein umfassendes Bild dessen, was unter dem Begriff Engel verstanden werden kann und wie sie als kosmische Kräfte unser Leben beeinflussen. Er weist dem Leser Wege, wie er mit diesen Kräften durch Meditation und Visualisierungen aktiv Verbindung aufnehmen kann.

Verlag Hermann Bauer · Freiburg im Breisgau

Das führende Magazin für Neues Denken und Handeln

Das Bewußtsein bestimmt die Welt um uns herum. Vom Bewußtsein hängt es ab, ob Sie ein glückliches, sinnerfülltes oder scheinbar glück- und „sinnloses" Leben führen. Es prägt unser Denken und Handeln.

Das ist das Spezialgebiet von **esotera**: das „Wesentliche" des Menschen, sein Bewußtsein, seine verborgenen inneren Kräfte und Fähigkeiten. **esotera** gewährt Einblick in die „wahre Wirklichkeit" hinter dem „Begreifbaren". Und gibt Antworten auf die brennenden Fragen, die irgendwann jeden zutiefst bewegen: Woher wir kommen – und wohin wir gehen.

esotera weist Wege aus der spirituellen Krise unserer Zeit. Wege zu einem erfüllteren Dasein: mit kompetenter Berichterstattung über neueste und uralte Erkenntnisse, mit faszinierenden Reportagen, aktuellen Serien und praktischen Info-Rubriken: z.B. Literatur-, Musik- und Video-Besprechungen, Leser-Forum, Marktnische usw.

Die ständigen Themenbereiche in jedem Heft:
**Neues Denken und Handeln
Ganzheitliche Gesundheit
Spirituelle Kreativität
Esoterische Lebenshilfen
Urwissen der Menschheit
Paranormale Erscheinungen**

Und jeden Monat das „KURS-BUCH", die umfangreichste Zusammenstellung esoterischer und spiritueller Veranstaltungen, Kurse, Reisen und Seminare weltweit – als kostenloses Extra zu jedem Heft dazu.

Im Zeitschriftenhandel. Oder Probeheft direkt von

Verlag Hermann Bauer KG,
Postfach 167, 79001 Freiburg
Bestell-Tel. 0180/5001800
Bestell-Fax 0761/701811

e-mail: info@esotera.freinet.de
Internet: http://www.esotera-magazin.de
e-mail: HERMANN-BAUER-KG@T-ONLINE.DE
Internet: http://www.Hermann-Bauer.de